rüffer & rub

Willi Fehlmann

Manifest. Zukunft

Die Tätigkeits-gesellschaft

Der rüffer & rub Sachbuchverlag wird vom Bundesamt
für Kultur mit einem Strukturbeitrag für die Jahre
2016–2020 unterstützt.

Erste Auflage Sommer 2018

info@ruefferundrub.ch | www.ruefferundrub.ch

Schrift: GT Sectra
Druck und Bindung: Books on Demand, Norderstedt
Papier: Cremeweiß, 90 g/m²

ISBN 978-3-906304-20-5

VORWORT

»Utopie erwächst aus einem das Sein überholenden Bewusstsein«, schrieb der Philosoph Helmuth Plessner. »Out of the Box«-Denken würden wir heute sagen, dies aber radikal. Die »Box«, das ist das reale gesellschaftliche Sein, das sind Probleme wie AHV (Rentenversicherung), Flüchtlinge, Arbeitslosigkeit, die nicht mehr rentierende Energiewirtschaft usw. Die Diskussionen finden allesamt innerhalb der Box statt, das heißt, Politik und Wirtschaft versuchen die Probleme mit denselben Ansätzen zu lösen, mit denen sie geschaffen wurden. Sie wollen das System optimieren, aber die Grenzen des Optimierbaren sind erreicht. Es braucht eine grundsätzliche Neugestaltung, um neue Qualitäten zu entwickeln.

Ich gehöre zu den sogenannten 68ern, was ich als eine Verpflichtung empfinde. Uns waren alle Möglichkeiten offen, aber wir haben es versäumt, eine solidarische Gesellschaft zu entwickeln. Wir haben die Dynamik des neoliberalen Kapitalismus falsch eingeschätzt, und unsere Enkel werden uns dies vorwerfen.

Meine Generation – geboren 1945 – wurde nach dem Zweiten Weltkrieg in den Aufbau Europas hineingeboren und erlebte einen enormen Aufschwung der Wirtschaft und eine rasante Entwicklung neuer Technologien. »Aufbau!« war das Motto unserer Elterngeneration. Zwanzig Jahre später kam die berechtigte Frage, was denn nach dem Aufbau zu tun sei. Es war die 68er-Generation, die Neues suchte, gewohnte Denkmuster störte und Traditionen infrage stellte. Die 1970er- und frühen 1980er-Jahre waren voller neuer Erkenntnisse. Es schien ein Paradigmawechsel absehbar, weg von »immer mehr«, hin zu mehr Lebensqualität und mehr Gerechtigkeit. Themen wie »Waldsterben« oder die »Ölkrise« und ihre wirtschaftlichen Auswirkungen machten bewusst, dass die natürlichen Ressourcen endlich sind und das Wirtschaftssystem immer anfälliger werden wird. Diese kritischen Aspekte wurden aber sogleich vom wirtschaftlichen Aufschwung, durch den Vietnamkrieg und die sich entwickelnde Globalisierung überdeckt. Die Erfolge der Gewerkschaften und ihre neuen Arbeitsmodelle wurden gefeiert, und das gesellschaftliche System nicht mehr infrage gestellt. »Mehr« war bereits wieder Mainstream. Es galt, die globale Welt als Marktchance zu nutzen. Die nun nicht mehr so junge 68er-Generation hatte diese globale Wirtschaftsentwicklung weder antizipiert noch verhindert. Im Gegenteil, viele von uns waren später in Schlüsselfunktionen und gestalteten diese Entwicklungen mit. Die Folge waren und sind wirtschaftliche Krisen und eine Entsolidarisierung der Gesellschaft.

Heute stehen wir an der Schwelle einer technologischen Entwicklung, wie wir sie seit der industriellen Nutzung der Dampfmaschine und der Erfindung des Verbrennungsmotors nicht mehr erlebt haben. Diese gegenwärtige Entwicklung wird die Gesellschaft in ihren Grundfesten verändern, oder wie Ray Kurzweil meint, dass die nächsten hundert Jahre in ihrer Dynamik den 20 000 vorherigen entsprechen werden. Damals lebten die Menschen noch in Höhlen. Die Optimierungsrituale haben sich überlebt. Es gilt, einen neuen Diskurs zu starten. Wenn dies nicht gelingt, wird die soziale Ungleichheit wachsen und damit der fruchtbare Boden für soziale Unrast geschaffen.

Mein Anliegen ist es aufzuzeigen, dass es Alternativen gibt. Darum entwickle ich in dem Buch eine Realutopie, eine Utopie, die sich verwirklichen lässt. Mir reicht es nicht, Optimierungen heutiger Modelle (etwa der Rentenversicherung AHV) zu diskutieren. Ich entwickle vielmehr einen ganzheitlichen Ansatz in einem wahrscheinlichen Szenario einer künftigen Gesellschaft.

Noch ein Hinweis zur Lektüre: Die verschiedenen Teile sind über einen längeren Zeitraum und aus verschiedenen Anlässen entstanden und nicht immer direkt verbunden. Darum können die Teile auch für sich gelesen werden.

INHALTSÜBERSICHT

I. Utopie

Wir müssen die Zukunft neu denken. Die Sparprogramme und Optimierungen der Sozialsysteme kommen an ihre Grenze, und die soziale Ungleichheit wächst weltweit. Es herrscht generell die Meinung, dass es keine Alternativen gibt. In diesem Teil erinnere ich an die Funktion einer Realutopie und stelle dar, wie sich die Vorstellungskraft und damit das Wünschen in unserer Gesellschaft entwickelt hat. Dabei wird deutlich, dass sich die Inhalte der Wünsche verändert haben, aber das jeweilige Sein, die gesellschaftliche Situation immer den Horizont der Zukunftsentwürfe bestimmt. Waren es früher Religion und Ständeorganisation, so sind es heute der Konsum und die Ökonomisierung der Gesellschaft, die die Vorstellungskraft des Individuums begrenzen.

II. Privat ist besser – Die Welt des Neoliberalismus

In diesem Teil habe ich einige Aspekte meiner Schrift »Privat ist besser« integriert und weiter ausgeführt. Leider hat sich die liberale Utopie einer freiheitlichen Gesellschaft zu einer Doktrin der freien Wirtschaft gewandelt. Es entstand ein ökonomischer Freiheitsbegriff, der alle anderen gesellschaftlichen Systemteile dominiert. Der Staat soll sich aus dem Wirtschaften heraushalten, außer man braucht Steuergelder zur Stützung von Wirtschaftsteilen. Damit ist im Kern ein antidemokratischer Ansatz formuliert. Die heute extremste (oder reinste) Form des Neoliberalismus ist die Uber-Ökonomie, eine Share-Ökonomie, in der es nur noch Selbständige gibt, die sich gegeneinander durchsetzen müssen. Parallel dazu entwickeln sich Monopolisten, die Information, Produktion und Distribution beherrschen wollen.[1] Diese Monopolisierungstendenz ist im Prinzip eine antikapitalistische Entwicklung, gegen die sich der Neoliberalismus gewehrt hat.

III. Die Freizeitgesellschaft – und ihr Ende

Es ist gelungen, die Arbeitszeit in den letzten 150 Jahren von 80 auf 35 Stunden zu reduzieren und gleichzeitig das Bruttosozialprodukt zu steigern. Das war die Realutopie der Freizeitgesellschaft: Man arbeitet ganz wenig und kann sich die Freizeit leisten. Als Gesellschaft können wir uns auch ein komfortables Sozialsystem leisten. Ein Sozialsystem, das in Europa Millionen von Arbeitslosen und Sozialhilfeempfängern finanziert. Es ist aber auch eine Gesellschaft der sozialen Ungleichheit, der Diskriminierung entstanden. Wer nicht erwerbstätig ist, ist auch kein vollwertiges Mitglied dieser Gesellschaft. Diese Einstellung hält sich hartnäckig. Die technologischen Entwicklungen werden in naher Zukunft die Arbeitswelt, aber auch die Gesellschaft stärker verändern als die Einführung der Dampfmaschine und des Verbrennungsmotors. Das waren vor allem physische Ergänzungen der menschlichen Fähigkeiten, nun werden kognitive Fähigkeiten ergänzt. Die Konsequenzen können wir erst erahnen, es wird aber ein Übergang zu einem neuen Zeitalter sein. Die traditionelle Arbeit wird nicht überflüssig, aber die Menschen werden kaum noch involviert sein. Künstliche Intelligenz wird die Arbeitsplätze ablösen. Das ist das Ende der Freizeitgesellschaft, denn Freizeit gibt es nur, wenn man Erwerbsarbeit hat.

Die meisten Menschen werden sich die Freizeit noch weniger als heute leisten können, und sehr viele werden überhaupt keine Erwerbsarbeit mehr finden. So löst sich der Dualismus von Arbeitszeit mit Beitrag zum Bruttosozialprodukt und Freizeit, finanziert durch Arbeit, auf.

Diese Entwicklung widerspricht allen Erfahrungen der Vergangenheit, und es besteht die Gefahr, dass man Lösungen sucht, die sich in der Vergangenheit bewährt haben, die aber die Probleme nicht lösen werden.

In diesem Kapitel stelle ich auch dar, wie die Parameter des Kapitalismus ins Wanken geraten. So zum Bespiel: Wenn die Gestehungskosten gegen null sinken, gibt es keinen Preis mehr, und Profit ist kaum mehr möglich. Es ist spannend, die strategischen Abwehrmechanismen der großen Firmen zu diskutieren.

IV. Die solidarische Tätigkeitsgesellschaft

Wir brauchen einen realutopischen Entwurf der Gesellschaft. Die Entwicklung ist disruptiv, es wird eine völlig neue gesellschaftliche Situation entstehen, in der die gewohnten Annahmen zu falschen Lösungen führen. Darum entwerfe ich ein Bild einer Gesellschaft, in der sich die Menschen nicht mehr über Erwerbsarbeit definieren, sondern ihre Identität über sinnvolle Tätigkeiten finden. In diesem Entwurf hat die Erwerbsarbeit mit ihrem Beitrag zum Bruttosozialprodukt (BSP) eine wichtige Funktion, aber nicht mehr die heutige Dominanz. Es ist eine Gesellschaft, in der es keine Arbeitslosen, Ausgesteuerten, Harz-IV-Empfänger oder andere Empfänger von Sozialleistungen mehr gibt. Voraussetzungen dazu sind die Entmystifizierung des BSP, ein neuer Service Public (Grundversorgung) und eine Sozialisation zur Selbstgestaltung.

V. Projekt »Manifest.Zukunft«

In diesem Teil wird das Projekt »Manifest.Zukunft« vorgestellt. Es soll eine Plattform aufgebaut werden, auf der sich die verschiedenen Netzwerke austauschen können.

Epilog Mai 2018

Das Manuskript wurde Ende 2016 fertig geschrieben. Inzwischen hat die disruptive Entwicklung weiter an Fahrt zugenommen. Immer mehr Befugte und Unbefugte sprechen über die Digitalisierung und die Zukunft der Arbeit. In diesem Kapitel wird auf Basis der neusten Informationen nochmals auf die Arbeitsmarktsituation und das Schlagwort »Digitalisierung« eingegangen und in diesem Zusammenhang auch das Thema »Produktivität« aufgegriffen.

Prolog – Wir schreiben das Jahr 2035

Die Zeit läuft, was jetzt noch »Zukunft« ist – ist jetzt »Gegenwart« und jetzt schon »Vergangenheit«.

ERINNERUNGEN

Erinnern Sie sich noch an die bürgerliche Phase ab 2015? Von 2012–2015 legte die Schweizer Nationalbank eine Franken-Obergrenze fest. Das war eigentlich ein kleiner Wirtschaftskrieg, so eine Art Heimatschutzaktion. Die Unternehmen konnten sich von der Finanzkrise 2008 erholen und sich auf die Aufhebung des Frankenschutzes vorbereiten. Es war allen klar, dass diese Maßnahme nicht über viele Jahre durchgehalten werden konnte. Der Schutz wurde 2015 zu teuer und darum aufgehoben. Nun war des Wehklagens kein Ende. Der starke Franken war in der Folge an allem Unbill schuld. Die Unternehmer begründeten damit Verlagerungen von Unternehmensteilen ins Ausland und Stellenabbau. Einige Branchen ersuchten um staatliche Unterstützung in Form von geringeren Mehrwertsteuern oder Subventionen. All dies wurde vom Volksvermögen bezahlt. Das war und ist die Ambivalenz des Neoliberalismus: Man braucht keinen Staat, außer es geht Firmen oder Branchen nicht gut, dann muss der Staat dieses Marktversagen ausgleichen.

Es war auch die Zeit der Entstehung des absoluten Neoliberalismus: jeder gegen jeden. Die Bürgerlichen dominierten alle Gremien im Parlament und Dornröschen SP versuchte mit Päckli-Politik[2] zu retten, was zu retten war. Die Gewerkschaften kämpften für einen besseren Kündigungsschutz, und die Wirtschaftsfachleute der SP forderten mehr Ausbildung.

Internationale Experten sagten voraus, dass eine technologische Revolution bevorstünde, die viele Arbeitsplätze vernichten würde. Doch in der Schweiz war man sich einig, dass die Unkenrufe Übertreibungen seien. Aus der Erfahrung wusste man, dass bisher jede technologische Entwicklung positiv genutzt werden konnte. Es waren immer wieder neue, wenn auch andere Arbeitsplätze entstanden.

Die Share-Ökonomie wurde positiv bewertet. Das Versprechen, dass sich alle selbständig machen und sich im freien Markt anbieten können, ging von einem unendlichen Markt für persönliche Dienstleistungen aus. Damals führten der Personenbeförderungsdienst Uber und die Unterkunft-Vermietungsplattform Airbnb zu großen Diskussionen. Der Staat meinte, Uber sei ein Arbeitgeber, der auch Sozialleistungen bezahlen müsste. Uber definierte sich logischerweise als Plattformanbieter. Hier konnte sich jedermann als Fahrer einloggen, wenn er gewisse Kriterien erfüllte. Uber verglich sich mit Ricardo und anderen, damals bekannten Marktplatz-Plattformen, bei denen auch niemand auf die Idee kam, es seien Arbeitgeber. Zu dieser Zeit wurde auch die Idee eines Grundeinkommens an der Urne verworfen. Zwar war sich die Parteien von rechts bis links einig, dass die Sozialsysteme neu überdenkt werden müssen, aber über die Maßnahmen hatten sie unterschiedliche Ansichten. Rechts vertraute auf die Marktkräfte und den Individualismus, links hatte keine bessere Idee, als dagegen zu sein.

In den folgenden Jahren spitzte sich die Situation zu. Es gab immer mehr Erwerbslose. Schon im Januar 2016 verkündete 20 Minuten – damals ein Gratisblatt – »12 000 Industriejobs weg seit Mindestkurs-Aus«. Die Bank Credit Suisse kündigte Stellenabbau an, so auch die Pharmakonzerne Novartis und Roche sowie viele andere Großfirmen.

Es kamen auch Signale vom Arbeitsmarkt in den USA. Dort hatte man die Zahl der Arbeitsplätze gesteigert, aber eigentlich entstanden fast nur noch Teilzeit- und sogenannte Minijobs. Das war ansatzweise bereits in Europa so. Darum konnte 2015 der Autohersteller Volkswagen 700 Leiharbeiter ohne Kostenfolgen entlassen.

Die Unkenrufe verdichteten sich. Von der Technologiefront kam die Meldung, dass man 50% der Arbeitsplätze abbauen könnte. Nun war allerdings nicht mehr nur die Industrie betroffen, wo Industrie 4.0 (die Anwendung von intelligenten Algorithmen) voll im Gange war, sondern auch Büroarbeiten. Die Forschung sagte, dass alle Mitarbeitenden überflüssig würden, die irgendeine gut beschreibbare Arbeit ausführen, also etwa Formulare ausfüllen, disponieren, buchen. Man nahm an, dass nicht nur die Industriehallen ohne Menschen auskommen werden, sondern auch die Büros. Man hätte durchaus schon vorhandene Erfahrungen einbeziehen können: Im Einzelhandel diskutierte man um 2010 die Entwicklung des Internetverkaufs und meinte, dass dieser in den nächsten Jahren kaum zunehmen würde. Darum baute man munter weitere Shoppingcenters, die dann allerdings leer standen.

In der Schweiz war die vorherrschende Meinung noch immer, dass alles halb so schlimm werde. Viele kleine und mittlere Unternehmen (KMU) machten gar nichts, andere optimierten ihre Prozesse. Die Großfirmen bauten da und dort Arbeitsplätze ab, aber alles sozialverträglich. Die Politik senkte die Steuern für Unternehmen. Die Gewerkschaften halfen mit, sich selber aufzulösen, indem sie mehr Arbeitsplatzsicherheit und höhere Löhne forderten und damit Investitionen in neue Technologien rentabel machten. Es gehörte auch zur vorherrschenden Meinung, dass die Digitalisierung nicht die massiven Auswirkungen haben würde, da schon lange immer mehr Computer im Einsatz seien und die Produktivität damit nicht gesteigert wurde.

Zwischen 2020 und 2025 setzte eine exponentielle Entwicklung ein. Die Arbeitslosenzahlen explodierten, und Jugendliche fanden kaum noch Arbeit. Das duale Ausbildungssystem, lange weltweit bewundert, hatte ausgedient. Die Innovationen durch künstliche Intelligenz – neue Roboter und Applikationen – folgten in immer kürzeren Abständen und wurden immer schneller produktiv. Die

Firmen verbesserten die Produktivität enorm und steigerten so die Gewinnausschüttungen für die Aktionäre und das Management. Die Regionalen Arbeitsvermittlungszentren (RAV) hingegen konnten die Leute nicht mehr vermitteln, und die meisten gingen schon gar nicht mehr hin. Diese Institution wurde später abgeschafft. Nun waren alle Arbeitnehmenden im freien Markt auf sich gestellt.

Die bürgerliche Mehrheit im Parlament setzte regelmäßig Steuerreduktionen durch. Dividenden wurden nicht besteuert, der Kapitaltransfer blieb frei, die Erbschaftssteuer wurde reduziert, ebenso die Unternehmenssteuern. Der Staat wurde so systematisch geschwächt.

Da man die Steuergelder nur von der Mittelschicht nahm, verarmte diese ähnlich wie in den USA. Nur noch etwa 10% der Erwerbstätigen konnten ihr Einkommen in der Schweiz steigern und Vermögen bilden. Die Prämien der Krankenkassen stiegen stetig und konnten von 50% der Bevölkerung nicht mehr ohne staatliche Unterstützung bezahlt werden. 50% der RentnerInnen brauchten gleich nach der Pensionierung Ergänzungsleistungen. Das Sozialsystem kollabierte.

Der Staat brauchte Geld, und die liberale Fraktion sah die Lösung in immer mehr Privatisierung. So wurden Spitäler, Schulen, Universitäten privatisiert, gekauft von internationalen Konglomeraten aus Investoren und Unternehmen. Swisscom wurde verkauft und die SBB aufgeteilt. Internationale Stromfirmen übernahmen die maroden Energiefirmen der Schweiz. Aus der Versilberung der Firmen entstand kurzfristig Liquidität, die Gewinnverluste wurden unter den Teppich gewischt.

Nun zeigte sich ein Phänomen, das einzelne Wirtschaftswissenschaftler schon 2015 und früher vorausgesagt hatten. Man hatte hoch produktive Unternehmen generiert, aber es war zu wenig Geld da zum Konsumieren. Es war, als hätte man einen Ferrari, aber könnte sich das Benzin nicht leisten.

Um 2020 aktivierten diese Entwicklungen eine Gruppe von vernünftigen Leuten aus Zivilgesellschaft und Politik. Sie organisierten sich über Plattformen als eine sozialpolitische Bewegung. Da es der ehemals mittelständischen Bevölkerungsschicht wirklich schlecht ging, konnte sich diese Bewegung zu einem Mainstream entwickeln. Man könnte dies mit dem Erfolg der Gewerkschaften im 20. Jahrhundert vergleichen. Damals waren die Arbeitsverhältnisse so schlecht, dass sich die Arbeitenden organisierten und viele Verbesserungen erkämpften.

Diese sozialpolitische Bewegung warnte vor einer Brasilianisierung der Gesellschaft – die ansatzweise schon da war: eine zunehmende soziale Ungleichheit, eine Unübersichtlichkeit und Unsicherheit von Arbeits-, Biografie- und Lebensformen, wie sie in Brasilien schon lange herrschten.[3]

Das Ziel der Bewegung war, eine solidarische Tätigkeitsgesellschaft zu verwirklichen, in der die Erwerbsarbeit nur noch eine Tätigkeit unter vielen ist, also nicht mehr allein identitätsstiftend ist. Neben einer lateralen Shareökonomie sollte ein Sockel von Grundleistungen, ein neuer Service Public geschaffen werden, der ein würdiges Leben ermöglichen sollte. Man wollte keine »Ausgesteuerten«, »Arbeitslosen«, »Sozialhilfeempfänger« mehr, sondern eine solidarische Gesellschaft, in der alle ihren Platz finden können. Zu Beginn wurden die Themen dieser Bewegung von der neoliberalen Fraktion stark kritisiert. Man warf ihr Sozialismus und Kommunismus vor. Doch die Unternehmen erkannten auch, dass sie wieder Kaufkraft schaffen mussten, damit sie ihre Produkte verkaufen konnten.

Es begann ein Kampf für den freien Zugang zu allen Bildungsinstitutionen, für ein Grundeinkommen, freie Grundversicherung und günstigen Wohnraum. Hatte man 2015 noch für ein isoliertes Grundeinkommen geworben, wurde jetzt ein Paket geschnürt, das alle Forderungen von »Solidarische Schweiz« bündelte. In den folgenden Jahren setzte sich die Erkenntnis immer mehr durch, dass nicht die Finanzierung für die Umsetzung der Ziele ein Problem darstellte, sondern der kulturelle Wandel. Die Neudefinition der bürgerlichen Identität stellte das Haupthindernis dar. Da jetzt Maschinen mit Maschinen die Produktivität schafften, waren die Menschen zunehmend damit überfordert, da sie sich nicht mehr über ihre Arbeit und Jobhierarchien definieren konnten.

Neue Steuermodelle wurden entwickelt, die Einkommens- und Vermögensverteilung so regelten, dass alle BürgerInnen eine existenzielle Grundlage bekamen und der Staat seine Investitionen finanzieren konnte. So fand man Lösungen wie die 2018 noch belächelte Mikrosteuer auf alle digitalen Transaktionen.

Es entwickelte sich eine Art dritter Weg: ein im eigentlichen Sinne liberales Wirtschaftssystem, in dem jede und jeder sich betätigen konnte, sei es im Arbeitsverhältnis, Auftragsverhältnis oder in einem Nicht-Lohn-Bereich. In einem Parallelmarkt außerhalb des Bruttozialprodukts entstanden viele Komplementärwährungen, die das finanzielle System stabilisierten. Spitäler, Bildungsinstitutionen und andere Anbieter von Grundleistungen (Swisscom, SBB, Post) wurden in Not-for-Profit-Organisationen umgewandelt. An den Universitäten schaffte man all die Bologna-Artefakte ab.

Der Staat wurde mehr und mehr zurückgedrängt, da man viele Verwaltungsbereiche nicht mehr brauchte. Die vielen Krankenkassen verschwanden, Versicherungen wurden zu einem Luxusgut, obligatorische Pensionskassen und AHV/Rentenversicherungen wurden überflüssig. So sparte man Milliarden. Das war ja auch gleichzeitig die Idee der neoliberalen Fraktion. Im Prinzip wurde nun wirklich jeder seines Glückes Schmied. Nur, Glück wurde nicht mehr einseitig materiell als Lohneinkommen definiert. Erwerbsarbeit war nicht mehr der Hauptpfeiler der Identität.

LEBENSENTWÜRFE – 2035

Franz, 20-jährig

Franz ist 2015 geboren. Seine Eltern, geb. 1986, haben bei einer Großbank gearbeitet und wurden kurz vor seiner Geburt arbeitslos. Ein Schock, da man das überhaupt nicht erwartet hatte. Sie waren aber gut ausgebildet und bekamen noch eine gute Abfindung. Diese, plus ihre private Altersvorsorge, nutzten sie, um sich selbständig zu machen. Sie wollten nicht den demütigenden Prozess der Arbeitslosenversicherung durchlaufen. Sie machten damit, was 2015 noch 40 829-mal gemacht wurde. So viele Firmengründungen gab es. Sie hofften, dass sie ihre Bankkenntnisse privat anbieten könnten. Leider mussten sie dann aber erleben, dass Private sich schon damals über verschiedene Plattformen informieren konnten, das heißt, sie brauchten kaum noch Finanzberatung. Auch über Steuern konnte man sich im Internet gut informieren, und Firmen hatten ihre eigenen Möglichkeiten. Der Markt war also sehr eng. Die Eltern von Franz wurstelten sich dann mit vielen verschiedenen kleinen Jobs durch, allerdings ohne Alterssicherung oder Arbeitsausfallversicherung. So kamen sie 2020 zur Bewegung »Solidarische Schweiz«. Sie waren desillusioniert über die »freien« Möglichkeiten im alten System und setzten sich für eine andere Zukunft für Franz ein.

Franz, ein guter Schüler, der vor einem Jahr die Matura mit Bravour bestanden hat, wird an der ETH Artificial Intelligence studieren. Wie viele seiner Generation will er aber zuerst mal die Welt bereisen. Das kann er selbstbestimmt tun, denn seit er 18 ist, erhält er den Erwachsenenbetrag des Grundeinkommens. Er bekommt auch noch etwas »Startkapital« dazu, da die Eltern einen Teil seines Kindergrundeinkommens für ihn gespart haben.

Jetzt ist er wieder zurück und hat sich an der ETH immatrikuliert. Die heutige Grundversorgung mit Grundeinkommen und kostenloser Bildung erlaubt ihm ein konzentriertes Studium. Da er sich nicht um die Finanzierung des Alltags kümmern muss, kann er seine Interessen ganz auf die Fachgebiete konzentrieren. Es ist abzusehen, dass er einige Jahre am MIT (Massachusetts Institute of Technology) und anderen für sein Fachgebiet wichtigen Unis arbeiten wird. Für ihn ist es bereits absurd, dass man studiert, um eine hohes Gehalt zu erreichen. Er will einen Beitrag zur Gestaltung der Welt leisten und darum forschen und entwickeln.

Franziska, 30-jährig

Franziska hat an der Universität St. Gallen Betriebswirtschaft studiert und im Bereich Finanzwirtschaft promoviert. Sie hat Praxislabs bei einem Finanzdienstleister gemacht, der sie dann auch eingestellt hat. Heute ist sie bereits als Abteilungsleiterin tätig und verdient über CHF 120 000.

Sie findet die heutige Organisation der Tätigkeitsgesellschaft super. Es gibt keine Nachteile für ihre Karriere. Es könnte auch sein, was jetzt noch weit weg ist, dass sie doch noch Kinder haben wird, und es ist beruhigend zu wissen, dass auch dann durch das Grundeinkommen für sie gesorgt ist. Sie oder ihr Partner könnte dann auf 50% Erwerbsarbeit reduzieren.

Erich, 40-jährig

Erich hat Bauzeichner gelernt und ist 2019 arbeitslos geworden. Er durchlief alle Stadien der Arbeitslosigkeit: RAV, Vermittlungsversuche, Zusatzausbildungen ... Später fand er eine Stelle als Logistiker, wurde aber wieder wegrationalisiert, worauf der RAV-Prozess wieder einsetzte. Seit 2025 lebt er als »Ausgesteuerter« vom Sozialamt. Er musste in eine ganz einfache Wohnung umziehen und kann sich kaum etwas leisten. Die Bevormundung durch das Sozialamt ist für ihn eine große Belastung. Zum Glück hat er eine Freundin, die bis 2025 bei der Migros an der Kasse arbeitete, dann aber auch wegrationalisiert wurde. Es braucht niemanden mehr an der Kasse, die Waren werden automatisch gescannt und über das Smartphone abgebucht.

Seit der Einführung der Grundversorgung hat das Elend ein Ende. Erich und seine Freundin können nun selbstbestimmt leben, sie sind nicht mehr stigmatisiert durch Arbeitslosigkeit. Toll ist auch, dass sie in einer Siedlung leben, die eine Alternativwährung eingeführt hat. Er betreibt nun mit seiner Freundin zusammen einen 3D-Druckershop in der Siedlung. Bezahlt wird mit der internen Währung.

Nicole, 50-jährig

Nicole arbeitet als Pflegefachfrau und Stationsleiterin an einem Kantonsspital. Sie hat die ganze Ökonomisierung der Spitäler miterlebt und ist froh über die Veränderungen in den letzten Jahren. Der Leistungsdruck hat nachgelassen, und die Unterstützung durch neue Technologien ist sehr positiv. Nun können sich die Pflegefachleute wieder vermehrt den PatientInnen zuwenden.

Sie selbst spürte, dass ihr der Job als Stationsleiterin zu anstrengend wurde. Da sie aber alleinerziehend ist, hatte sie keine Wahl. Nun, mit der Einführung der Grundversorgung kann sie neu wählen.

Sie entscheidet sich, dass sie noch zu 60% als Pflegefachfrau arbeiten und sich die übrige Zeit in der Politik im Dorf engagieren will. Susanne, eine Freundin von Nicole im selben Alter, entscheidet sich für ihre Hobbys Malen und Fotografieren. Endlich kann sie diese vertiefen. Sie kann mit dem neuen Service Public leben, einfach allerdings, aber ohne Existenzängste. Hilfreich ist auch, dass man im Quartier eine Komplementärwährung entwickelt hat. So kann sie ihre Produkte auch in diesem Kreis anbieten.

Das wurde erreicht

Die heutige Grundversorgung ist ein Fortschritt, der mit den Erfolgen der Gewerkschaften im 20. Jahrhundert vergleichbar ist. Da wurde eine Arbeitszeitreduktion von 80 auf 40 Stunden erreicht, und die Bedingungen am Arbeitsplatz wurden immer wieder verbessert. Das wurde erreicht, obschon die soziale Marktwirtschaft eigentlich gegen alle neoliberalen Prinzipien eingeführt wurde. Die Unternehmen hatten gelernt, wie sie damit umgehen konnten, und die Angestellten profitierten eine lange Phase.

»Solidarische Schweiz« hat erreicht, dass die Sparorgien der Zeit um 2010 beendet wurden, Unternehmen florieren und BürgerInnen mit selbstbestimmten Perspektiven leben können.

I.
Utopie

UTOPIE, DER SKIZZENBLOCK DER ANDEREN GESCHICHTE

Die utopische Funktion ist der Skizzenblock der anderen Geschichte. Skizzen des Guten, des Besseren; Skizzen einer Gesellschaft, in der Menschen ohne Existenzängste leben können. Dem entgegen steht die reale gesellschaftspolitische Situation. Das System, in dem die Menschen konkret leben. Da ist kein Platz für die Utopie des Besseren, da herrscht die Realpolitik, in der es keine Alternativen gibt, wie schon Margaret Thatcher sagte und heute Angela Merkel immer wieder betont.

»Es ist nicht das Bewusstsein der Menschen, das ihr Sein, sondern umgekehrt ihr gesellschaftliches Sein, das ihr Bewusstsein bestimmt«,[4] so drückte es Karl Marx 1859 aus. Das gesellschaftliche Sein, das ist die Realität des Alltags. Und doch gibt es immer wieder Menschen und auch geschichtliche Phasen, in denen das andere als möglich aufscheint. So war es in den 1970er-Jahren und, erstaunlicherweise, auch schon im Mittelalter.

Im 13. Jahrhundert erkannten die Mönche, dass das Sein, die tägliche Realität das Bewusstsein prägt. Darum regelten sie alles. Sie wollten im Orden ein bestimmtes Bewusstsein und gestalteten das Sein entsprechend (wir würden heute von Environment Engineering sprechen): Der Tagesablauf, die Bauweise, das Essen, alles war normiert, und alle mussten sich daran halten.

Die Mönche erkannten noch etwas Grundsätzliches: Das Zusammenleben muss auf der Bedarfslogik und nicht auf der Leistungslogik aufbauen. Es ist nicht die Frage, wie viel jemand leistet und welchen Lohn er dafür bekommen soll, sondern, was jemand braucht, um sich am gesellschaftlichen Leben beteiligen zu können und seine Existenz zu sichern. Es war den Mönchen ein Grundanliegen, die Armut zu überwinden und allen ein bedarfsgerechtes Leben zu ermöglichen.

Das sind ganz frühe, utopische Ansätze, die in den Orden auch gelebt wurden. Diese Konzepte waren allerdings noch in ein religiöses System eingebettet, in dem das Diesseits nur als Vorbereitung auf das Jenseits gedacht wurde. Die Mönche wollten den Grundbedarf decken, das Jenseits wird dem Christen ja geschenkt! Durch Leistung kann man nicht in den Himmel kommen. Umso erstaunlicher ist es, dass gerade das christliche Abendland die extremste Leistungslogik entwickelt hat.

Ich bin kein Kenner des Mittelalters. Die Darstellungen von Ferdinand Seibt finde ich in diesem Zusammenhang aber enorm spannend.[5] Seibt zeigt auf, dass es vor und zur Zeit von Thomas Morus (1478–1535), dem Londoner Großbürger und Autor von »Utopia«, verschiedene utopische Entwürfe einer anderen Gesellschaft gab.

Hans Hergot[6] (hingerichtet 1527) war einer dieser frühen Utopisten. Er schrieb auf Deutsch und war nicht so gebildet wie Morus, dessen Werk auf Lateinisch erschien. Die von Hergot entwickelte Staatsphilosophie war für das damalige Bewusstsein revolutionär. Er entwarf eine Gesellschaft, in der alle gleich sind (fast, denn wie später auch bei Marx und den Gewerkschaften, war die Frau nicht als politisches Wesen gemeint). Damit löste er utopisch die ständische Gesellschaft auf. Um dies zu erreichen, forderte er Bildung für alle, auch für die Mädchen; sie sollten die Männer unterstützen können – immerhin.

Revolutionär war auch, dass Hergot eine diesseitige Utopie entwarf und so den religiösen Dreischritt überwand: Paradies – Tal der Tränen – Himmelreich. Er postulierte, dass das Hier und Jetzt für sich genommen wichtig sei und nicht nur eine Prüfung für das Jenseits darstelle.

Nur am Rande sei bemerkt, dass er, im Gegensatz zu Marx, keinen Umsturz von unten annahm. Es scheint fast, als hätte er das Wesen des Kapitalismus erfasst, wenn er schreibt: *»Es sind* *drey Tisch inn der Welt | der erst vberflüssig und zuviel darauf | Der ander mittelmessig unnd eyn bequeme notturfft | Der dritte ganz notdürftig.«* Er kommt zu einem überraschenden Schluss: Es gibt nicht den Aufstand der Armen, sondern die Reichen greifen an: *»Do seyn kommen die von dem vberflussigen tisch vnnd wollten nemen von dem wenigern tische das brodt. Hieraus erhebt sich der kampf.«*

Hergot war überzeugt, dass Gott sowohl den überflüssigen wie auch den notdürftigen Tisch umstoßen wird. Anscheinend reichte die Vorstellungskraft noch nicht so weit, dass er den Leuten empfahl, ihr Schicksal selber in die Hand zu nehmen. Das war noch Gottessache.

Erst durch die Aufklärung wurde das utopische Denken sanktionsfrei möglich. Leider haben sich seither immer wieder neue Ideologien oder Religionen etabliert, die diese Funktion des Wünschens, der Vorstellung einer besseren Welt auf das real möglich Scheinende limitierten. So haben die vielen zivilisatorischen Errungenschaften zu immer neuen Herrschaftsformen geführt, und die andere Welt blieb eine erträumte Möglichkeit. Wenn allerdings heute Fans an einer Veranstaltung Beethovens »Ode an die Freude« mitgrölen, dann träumen sie nicht mehr von der besungenen »Tochter aus Elysium«. Sie sind nur in dieser Welt des Jetzt, und ihr Bewusstsein ist leerer als dasjenige eines mittelalterlichen Bauern, der noch eine religiöse Hoffnung hatte. Zum besseren Verständnis dieser kritischen Bemerkung die folgenden Ausführungen.

DAS SEIN BEGRENZT DIE VORSTELLUNGSKRAFT UND DAMIT DAS WÜNSCHEN

»*Utopie erwächst aus einem das Sein überholenden Bewusstsein.*«[7] Helmuth Plessner

Die gesellschaftliche Realität bestimmt das Bewusstsein und begrenzt so die Vorstellungskraft und damit das Wünschen. Darum kann man sich keine andere Gesellschaft vorstellen, und die Wünsche beziehen sich immer auf den gegebenen Spielraum. Um zu einer Utopie zu kommen, braucht es die Fähigkeit, die gesellschaftlichen Systemgrenzen zu überwinden und Vorstellungen zu entwickeln, die diese Grenzen der gegenwärtigen Verhältnisse sprengen. Das meinte Plessner in obigem Zitat.

Im Folgenden stelle ich in groben Zügen dar, wie sich durch die gesellschaftliche Entwicklung die Vorstellungskraft erweitert hat und mehr Wünschen möglich geworden ist; wie aber die realen Verhältnisse immer wieder Grenzen setzen und die Entwürfe für eine andere Zukunft auf das Vorhandene beschränken. Diese Beschränkungen haben immer neue Herrschaftsverhältnisse ermöglicht, und diese haben wiederum die Beschränkungen definiert. Überschreitende Ansätze sind Randphänomene geblieben, von Hergot im Mittelalter bis heute.

Bei uns in Europa lässt sich eine Entwicklung der Gesellschaft zu immer höherer Komplexität verfolgen. Das gesellschaftliche System wird differenzierter und damit komplexer. Diese zunehmende Komplexität verspricht mehr Entscheidungsfreiheit und mehr Freiraum für Wünsche. Die Kehrseite davon ist, dass man sich entscheiden muss, weil kaum etwas gegeben ist. Das ist für viele eine Überforderung. Diese Entwicklung dauert schon seit Jahrhunderten, mit fließenden, überlappenden Übergängen. Die gesellschaftliche Ausdifferenzierung verläuft gemäß des Soziologen Niklas Luhmann von einer segmentierten über eine stratifizierte hin zu einer offenen, pluralistischen Organisation. Regional finden wir aber die verschiedenen Komplexitätsstufen nebeneinander, was immer wieder zu gesellschaftlichen Konflikten führt.[8] Man denke nur an das Frauenbild der verschiedenen Kulturen.

Theoretisch ist die Funktion von Komplexität enorm spannend. Darwins Aussage, dass »the fittest« sich durchsetze, ist Allgemeingut geworden. Es ist aber nicht so bekannt, dass er nie gesagt hat, was denn dieses »Fittere« ausmachen würde. Es waren die Biologen um Ernst von Weizsäcker, die herausfanden, dass Komplexität das Merkmal ist.[9] Ein komplexeres System setzt sich gegenüber den anderen durch, »fitter« heißt also »komplexer, ausdifferenzierter«. Dieses Theorem scheint allgemeingültig zu sein. So haben sich komplexere Gesellschaften (systemtheoretisch »differenziertere«) gegenüber den »einfacheren«, weniger komplexen Gesellschaften durchgesetzt. Komplexität ist der Treiber von Entwicklung.

Segmentierte Gesellschaftsform

In nicht komplexen Gesellschaften waren die verschiedenen Großfamilien oder Clans alle gleich organisiert. Wenn wir uns eine Großfamilie im alten Albanien vorstellen, dann waren – und sind oft heute noch – die Rollen von Tochter, Sohn, Vater und Mutter klar definiert. Jede Rolle war die Identität des Individuums und definierte auch richtiges und falsches Verhalten. In der Nachbarschaft waren wiederum Großfamilien, die nach denselben Gesetzen – damals dem Kanun – organisiert waren. Der Kanun regelte die sozialen und wirtschaftlichen Verhältnisse.

Die Rolle der Frau etwa war klar beschrieben: Sie ist im Kanun ein Schlauch, in dem eine Ware transportiert wird. Traditionell besteht ihre Aufgabe darin, Knaben zu gebären und so die Nachkommenschaft zu sichern. Sie hat kaum Rechte, aber man darf sie auch nicht in die Blutrache einbeziehen, da ist sie geschützt.

Das Wünschen und die Vorstellungskraft beschränkten sich auf den Wunsch nach einem Knaben, Mädchen nahm man in Kauf, solange Knaben geboren wurden. Gab es nur Mädchen, wurde die Frau verstoßen (dass der Mann das Geschlecht des Kindes definiert, war noch unbekannt – und wäre wohl als Unsinn abgetan worden).

Der Clan als Ganzes träumte wahrscheinlich davon, dass er prosperiere und viele Mitglieder habe. Die Vorkommnisse des Lebens (Tod, Nachfolge, Streit) waren genau geregelt. Die Hoffnungen des Einzelnen waren auf die Erfüllung dieser Regeln ausgerichtet. Man hatte keine weitergehenden Wünsche offen. Theoretisch formuliert, handelte es sich um ein nicht komplexes System mit klaren Systemgrenzen.

Mit dem heutigen Bewusstsein finden wir diese Frauenrolle entwürdigend, damals war das einfach so und wurde nicht infrage gestellt. Reste davon finden wir noch in Kulturen, in denen Frauen es akzeptieren, dass sie von Männern geschlagen werden. Sie gehören dem Mann, also darf er das.

Das Sein, also die durch Gesetze und Moral definierte gesellschaftliche Realität, definierte das Bewusstsein, und nur Abweichler überschritten es und mussten mit Strafen rechnen (Häretiker, Verführer) oder bekamen eine bestimmte Rolle zugeordnet (weiser Mann, Prophet), die gelebt werden durfte, aber keine systemverändernde Wirkung hatte.

Stratifizierte Gesellschaftsform: Die ständische Gesellschaft im Mittelalter

In der ständischen Ordnung der Gesellschaften Europas bestanden nicht mehr gleichartige Segmente nebeneinander, sondern im Prinzip wurden drei Ebenen gebildet: Klerus, Adel und Bauern.[10] Für jeden Stand gab es klare Rollendefinitionen, und auch die Beziehungen zwischen den Ständen waren klar geregelt.

Das ganze System wurde als göttliche Ordnung definiert und damit mit Himmel und Hölle verbunden. Den drakonischen Strafen im Diesseits folgten ewige Strafen im Jenseits. Innerhalb des Standes, in den man hineingeboren wurde, war aber viel mehr an Vorstellung möglich als in der Clangesellschaft. Das Individuum war in seiner Rolle nicht mehr auf die Familie beschränkt. Innerhalb des Standes konnte man sich durchaus bewegen und entsprechende Wünsche und Hoffnungen haben. Man konnte sich eine Frau, einen Mann aus einer anderen Familie wünschen – und auf dem Dorffest kennenlernen. Der Adel wiederum verbandelte sich strategisch, um mehr Macht zu bekommen. Das Wünschen wurde vielfältiger, aber immer nur innerhalb des Standes. Der Bauernsohn wünscht sich eine gute Bäuerin zur Frau und nicht eine Prinzessin. Die Religion/Ideologie des Diesseits und das gesellschaftliche Sein verlegten die Gleichheit ins Jenseits. Darum war es auch klar, dass man dienen musste – und sei es mit Fronarbeit. Niemand dachte an einen Aufstand oder eine Revolution. Die Gesellschaft war komplexer geworden, die ständische Ordnung gab den Rahmen respektive den Horizont für die Vorstellungskraft.

Anfänge der offenen, pluralistischen Gesellschaft

Gemäß Niklas Luhmann legte sich der Adel mit den Hansestädten ein fremdes Ei ins Nest.[11] Die Organisation der Hansestädte – die Hanse nahm ihren Ausgangspunkt Mitte des 12. Jahrhunderts in Lübeck und war ein Kaufmanns- und Städtebund – war differenzierter, also komplexer als die ständische Ordnung und wurde so zu einem wichtigen Treiber der Auflösung der ständischen Gesellschaft.

Aus Geldbedarf gab man den Hansestädten weitgehende Handelsrechte, und bald war das aufstrebende Bürgertum, durch das die Hansestädte zu Reichtum kamen, nicht mehr ständisch organisierbar. Die neue Ordnung basierte auf Erfinderreichtum und

Erfolg. Die Leistungslogik etablierte sich. Es entstand eine Hierarchie der erfolgreichen Händler. Natürlich war auch hier noch lange eine klare Ordnung zwischen den Schichten. Die »Herrschaft« verkehrte nicht mit dem gemeinen Volk, und es war bis in die jüngste Zeit auch klar, wer im Vorderhaus und wer im Hinterhaus wohnte. Im Prinzip gab es in den Städten aber keine Stände mehr, und auch die Macht von Adel und Klerus wurde zurückgedrängt. Ohne Historiker zu sein, nehme ich an, dass diese Entwicklung der Hansestädte eine Determinante für die Entstehung unserer pluralistischen Gesellschaft und des Kapitalismus war.

Die Vorstellungskraft weitete sich damals aus. Die Händler konnten Ideen entwickeln, wie sie Flotten einsetzen und reich werden könnten. Sie waren in ihren Wünschen nicht mehr an einen Stand gebunden.

Gleichzeitig entwickelte sich eine Ideologie des Wohlstandes. Das Wünschen, die Vorstellungen über die Zukunft werden von nun an auf das »mehr« ausgerichtet. Erfolg bildet den Eckpfeiler der Identität und zeigt sich im materiellen Wohlstand. Diese Struktur wurde durch die Kopplung von Wohlstand, Fleiß und göttlichem Wohlwollen verstärkt. Wenn ich also fleißig bin und Gott wohlgefällig, dann werde ich Wohlstand anhäufen. Gleichheit wurde noch nicht als gesamtgesellschaftliches Prinzip definiert. Sie galt nur innerhalb der Zünfte und Händlerfamilien. Im Prinzip war es das Glück der Geburt, dass man nicht als Hintersasse darben musste. Gleichheit war immer noch vor Gott, also im Jenseits.

Aber es gab im ausgehenden Mittelalter Denker wie Thomas Morus, der sich eine Gesellschaft mit einer diesseitig definierten Gleichheit vorstellen konnte. Er war ein Vorläufer moderner Utopien, die nicht mehr an religiöse Systeme gebunden sind.

Der Weg zur heutigen, pluralistischen Gesellschaft

Wie oben bemerkt, geht es mir nicht um historische Vollständigkeit oder Genauigkeit. Mir ist die Entwicklung der Möglichkeit zu mehr Vorstellungskraft wichtig. Die historische Entwicklung zeigt, dass diese Möglichkeiten sich prinzipiell erweitert haben, aber immer innerhalb von Systemgrenzen gefangen blieben. Diese Systemgrenzen sind durch das Sein definiert. Seien es Clans, Stände, Händlerfamilien oder Zünfte, es war immer klar, was wie sein muss und wer welche Rolle in dieser Gesellschaft besitzt. Diese Rollen bildeten weiterhin die Identität der Individuen.

Ich bezeichne dieses Sein als die konkrete Ideologie, die das Bewusstsein prägt. Es ist nicht nur die Religion, obschon diese über Jahrhunderte die prägendste Ideologie war, es sind die jeweiligen Sinn-Definitionen einer Gesellschaft. Der Sinn in einer konkreten geschichtlichen Situation definiert die Träume und Wünsche der Menschen. Wenn der Kanun der Albaner den Sinn definierte und so akzeptiert war, dann war die Rolle der Frau gegeben, und ihr Wünschen richtete sich danach. Für einen Adligen und einen Bauern war ebenso klar, dass die Bauern Fronarbeit leisten mussten, da diese Ordnung von Gott gegeben war.

Wenn der Sinn darin bestand, möglichst viel Erfolg mit Handel von Getreide zu haben, dann war es logisch, dass sich alles Trachten eines Hanseaten darauf konzentrierte. Er wusste auch, warum ein anderer keinen Erfolg hatte. Mit der Entwicklung zu einer offenen, pluralistischen Gesellschaft veränderte sich auch die Rolle der Frau. Sie war bei den Hanseaten nun akzeptiert als Leiterin des Haushalts und als Ergänzung zum Hausherrn.

Heute ist die pluralistische Gesellschaft in Europa in unterschiedlichste Teilsysteme aufgeteilt: Bildungswesen, Gesundheitswesen, Politik, Recht, Religion, Familie, Verbände, Wirtschaft, Militär usw. Im Prinzip ist die Trennung von Rolle und Identität vollzogen, und das Individuum muss wählen, wohin es gehören will.

Man wird nicht mehr in einen bestimmten Stand hineingeboren, und die Familiensituation definiert nicht mehr zwingend die Laufbahn der Kinder. So kann jemand keiner Kirche angehören und keinen Militärdienst leisten oder als Unternehmer einer linken Partei angehören. Ein Kind aus der Unterschicht kann ebenfalls eine akademische Laufbahn einschlagen. Im Prinzip muss jede oder jeder sich entscheiden, zu welchen Teilsystemen sie oder er gehören will und was die eigene Identität ausmachen soll. Faktisch ist allerdings die gesellschaftliche Sozialisation weiterhin entscheidend für die Vorstellungskraft.

Diese Entwicklung der Teilsysteme war ein langer Prozess, und ich habe den Eindruck, dass bis zu den Studentenunruhen der 68er-Jahre Schichten bestanden haben, die immer noch ständische Ähnlichkeiten hatten: Herrschaft, Unternehmer, Chef.[12] So war es zur Zeit meines Vaters (geb. 1912) noch undenkbar, dass er Clubpräsident werden könnte und sein Chef eine bloßes Clubmitglied wäre. Ein Chef war überall Chef. Das ist ein Überbleibsel aus früheren gesellschaftlichen Gegebenheiten, als die Rolle die Identität des Rollenträgers ausmachte.

Die 68er-Jahre haben einen wichtigen Beitrag zur Bildung einer funktionalen Gesellschaft geleistet. Durch die Destruktion von formalen Autoritäten – Schupos, Lehrern, Pfarrern, Chefs – entstand die Möglichkeit, Autorität funktional zu definieren. Ein Polizist von heute ist sich bewusst, dass er eine Funktion hat. Er kann darum durchaus auch homosexuell sein und/oder in einer linken Partei mitwirken.

Die Vorstellungskraft, die Möglichkeit des Wünschens in der offenen, pluralistischen Gesellschaft

Man sollte nun meinen, dass in der heutigen, offenen Gesellschaft, in der alle ihre Identität wählen können und Ideen für eine bessere Welt nicht mehr mit Sanktionen belegt werden, es nur so von Utopien wimmeln würde. Dem ist leider nicht so. Es sind noch immer nur einzelne Personen oder einzelne Gruppen, die alternative Entwürfe zum realen Sein entwickeln.

Nach dem Zweiten Weltkrieg war der Wiederaufbau Europas das wichtigste Ziel. Das Wirtschaftswunder wurde Wirklichkeit – mithilfe von viel US-amerikanischem Geld und 1953 einem Schuldenschnitt in Deutschland. Deutschland war auf der Überholspur bis zum Vietnamkrieg, der die US-Wirtschaft wieder ankurbelte. Es wuchs eine neue Generation heran, junge Leute, die sich fragten, was denn nach dem Wiederaufbau sein sollte. Aufbauen kann ja kein dauerhaftes Ziel sein. Die verschiedenen Bewegungen Ende der 1960er-Jahre (Hippies in den USA, Studenten in Europa) wehrten sich gegen den Vietnamkrieg, dann auch gegen die Usurpation von Chile. Die traditionellen Werte der bürgerlichen Gesellschaft wurden infrage gestellt. Die Jungen suchten neue Lebensformen. Dann kam 1974 die Ölkrise und machte bewusst, dass die fossilen Vorräte nicht unendlich sind. Das ganze kapitalistische Wirtschaftssystem, das Menschen und Natur ausbeuten muss, wurde infrage gestellt.

Die Zeit zwischen 1965 und 1980 war eine Zeit des Aufbruchs, der Hoffnungen und ideologiekritischer Diskurse. Durch die Auseinandersetzung mit den Kriegen, der Macht der Wirtschaft und den aufkommenden Umweltthemen entstanden kreative Entwürfe zu einem neuen Gesellschaftsvertrag. Man sah die Möglichkeit einer anderen Wirtschaftsform und eines anderen Umgangs mit der Natur. Die Hippies in USA, die Studentenunruhen in Europa, der Club of Rome und Wissenschaftler in St. Gallen: Alle suchten Neues, Auswege aus der eindimensionalen Welt des »mehr«, des Konsums und des einseitig verstandenen Fortschritts. Ein Paradigmawechsel schien notwendig und möglich.[13]

Bei den Studentenunruhen ging es nicht bloß um den Kampf gegen Autoritäten, sondern um den Freiraum zur Selbstgestaltung, um die Möglichkeit, sich selbst zu definieren und zu entwickeln – den Traum des Möglichen auszuschöpfen. Dazu musste ein anderes Verständnis von Autorität und von Gesellschaft überhaupt gefunden werden. Im Juni 1968 fanden die Globuskrawalle in Zürich statt. Die Gründe für die Auseinandersetzung zwischen den jungen Demonstranten und der Polizei waren vielfältig. Es ging um mehr Mitsprache an der Universität und die Forderung eines autonomen Jugendzentrums in der Stadt – generell, um Emanzipation und freiheitliche Selbstgestaltung (z.B. mit langen Haaren im Militärdienst).

Es waren aber nicht nur die Jungen, die eine neue Welt suchten. So kaufte 1971 Theo Pinkus, der linke Verleger und Buchhändler aus Zürich, das Haus »Salecina« in Maloja (Engadin).[14] Es wurde zu einem internationalen Treffpunkt für Diskussionen. Herbert Marcuse machte da Urlaub. Aber man lag auch nackt im Garten und provozierte so die Touristen. Provokation, Umdefinition von Sinn, das waren die Zeichen der Zeit. Es entstanden Entwürfe, die über politische Grenzen hinweg gedacht wurden, und es wird wohl trotz allen Publikationen zum 50-jährigen Jubiläum noch länger dauern, bis die Tragweite im geschichtlichen Horizont aufgearbeitet ist.

Es ist eine Zeit verpasster Chancen. Viele negative Entwicklungen, die uns seit 2008 beschäftigen, wurden damals diskutiert. Diesen Diskurs hätte man positiv aufgreifen und gestalten können. Leider hat sich eine ganz andere Tendenz durchgesetzt. Die jungen Leute von damals übersahen die Dynamik des liberalen Systems und die einsetzende Globalisierung. Während sie auf die Straße gingen und gegen Pinochet protestierten, gratulierte Kissinger ihm, und die neoliberale Schule von Milton Friedman jubilierte: Endlich ein Land, das den Liberalismus total umsetzt. Chile war das Labor der Neoliberalen.

Der Kapitalismus war gerade am Durchstarten, als man ihn tot glaubte. Es entwickelte sich die weltweite Konsumgesellschaft, und ein Paradigmawechsel rückte in weite Ferne. Die Konsumgesellschaft suggeriert totale Wahl- und Wunschfreiheit. Jede und jeder kann zwischen zigtausend verschiedenen Turnschuhtypen wählen; Ferienreisen sind in die ganze Welt möglich; es gibt vierzig verschiedene Automarken und Tausende von Varianten, um seiner Persönlichkeit Ausdruck zu verleihen.

Wenn ein 12-Jähriger meint, er müsse Nike-Turnschuhe tragen, um in seiner Clique akzeptiert zu sein, dann ist das eine Perversion des Wünschens, gesteuert durch Werbung in der Konsumgesellschaft, die diese Idee kreiert. Es ist nicht mehr sein Wunsch, sondern der Erfolg einer Marketingabteilung einer Firma, die es geschafft hat, Wunschziele zu vermitteln. Wünschen bedeutet nicht mehr, einen Traum von einer besseren Welt zu haben, es ist keine utopische Funktion, sondern eine eindimensionale Auswahl zwischen Gleichem.

Das ist das reale Sein: Konsum und riesige Auswahl, eine Überflussgesellschaft. Dieses Sein prägt das Bewusstsein. Marcuse hat vom eindimensionalen Menschen gesprochen[15] und meinte damit genau diese Freiheit des Wünschens – innerhalb desselben. Die Vorstellungskraft wird wiederum durch die herrschende Ideologie begrenzt.

Die reale gesellschaftliche Situation (das Sein) dient immer der Macht – die sie geschaffen hat

Eine wichtige Frage ist, wem ein bestimmtes Sein, eine konkrete gesellschaftliche Organisation nützt. Es klingt abgedroschen, wenn man es »Sicherung der Herrschaftsverhältnisse« nennt, genau das ist es aber. Das gesellschaftliche Sein ist immer so organisiert, dass es einer kleinen Gruppe von Menschen in der Gesellschaft dient. Diese Gruppe wird mächtig und reich und kann die Gier nach mehr Geld/Macht befriedigen. Das war im 7. Jahrhundert genauso wie im 21. Jahrhundert. Ging es im 7. Jahrhundert um die Durchsetzung des kirchlich-römischen Rechts gegen die lokalen weltlichen Gesetzgebungen und Glaubensrichtungen (was auch mehr Vermögen für Rom bedeutete),[16] so geht es heute um die Sicherung der 5% der Bevölkerung, die 95% des deklarierten Vermögens besitzt.

Auf der sogenannt rationalen Ebene gibt es immer gute Gründe, die erklären, warum es so sein muss, wie es ist. Früher war es die notwendige göttliche Ordnung – in vielen Gegenden heute noch –, heute heißt das Arbeitsplatzsicherheit oder individuelle und unternehmerische Freiheit. Bei Zuwiderhandeln wird nicht mehr mit der Hölle gedroht, aber mit Arbeitsplatzverlust, weniger Freizeit, sinkendem Wohlstand, weniger Sozialleistungen usw. Darum brauche es diese Art des kapitalistischen Systems; es gebe keine Alternative.

Weil es keine Alternativen gab, leisteten Bauern Fronarbeit. Heute müssen Kinder in Malaysia auf dem Bauch liegend in Zwischenböden einer Fabrik arbeiten, damit Jugendliche im Westen ihre Nike-Klamotten tragen können. Es scheint für beide – in Malaysia und im Westen – keine Alternative zu geben.

Das jeweilige gesellschaftliche Sein ist immer ohne Alternative, es muss so und kann nicht anders sein. Man kann dieses System nur optimieren, aber nicht im Prinzip ändern. Die wesentliche Einsicht ist meiner Meinung nach, dass es immer dasselbe Sein war und durch die technologische Entwicklung nur seine Gestalt verändert hat.[17]

Allerdings entsteht die Macht ja nicht aus dem Nichts, sie hat konkrete Wurzeln und muss von den nicht Mächtigen auch ermöglicht werden. Ergo könnten die nicht Mächtigen auch entsprechende Veränderungen in Gang setzen. Das haben die Gewerkschaften im letzten Jahrhundert begriffen und im New Deal und der Sozialen Marktwirtschaft viel erreicht. Damals waren die Herrschenden aber auf die Menschen in ihren Betrieben angewiesen, heute kaum noch.

In Teil III stelle ich dar, wie der Liberalismus das heutige Sein wesentlich beeinflusst. Wer diese Dynamik begriffen hat, der kann auch verändernd eingreifen – theoretisch.

Die liberale Utopie

Wie oben geschildert, ist die Idee einer selbstbestimmten Gesellschaft eine Utopie, für die man im ausgehenden Mittelalter auf das Schafott ging. Die Aufklärung ging dann einen Schritt weiter und postulierte eine individuelle Freiheit. Das war eine Kampfansage an die Aristokratie und die Patrizier.

Immanuel Kant war sich dieser rebellischen Kraft sehr bewusst. Er riet zur Vorsicht. Ein Offizier soll sich im Dienst einordnen und gehorchen, aber als Bürger in der Öffentlichkeit seine Meinung frei äußern. Das Rebellische kommt durch das freie Denken, das alle Dogmen hinterfragt und damit Bestehendes infrage stellt. Kant musste in deutschen Landen vorsichtig sein mit solchen Ideen, denn die Fürsten und die Kirche wollten ihre Macht nicht verlieren.

In England (Vereinigtes Königreich) ging John Locke schon um 1690 weiter. Er war nach den vielen Kriegen überzeugt, dass der Despotismus von Machthabern nur durch die Gewaltentrennung und demokratische Rechte verhindert werden kann.

Das waren liberale Utopien, die eine Leitfunktion hatten. England folgte der Idee, und die amerikanische Verfassung ist davon geprägt. Das scheint uns heute irgendwie selbstverständlich, aber im 18. Jahrhundert war das revolutionär. In der Schweiz war diese liberale Utopie im 19. Jahrhundert sehr wirksam.

Der Historiker Edgar Bonjour (»Geschichte der schweizerischen Neutralität«) gibt dazu ein eindrückliches Stimmungsbild der Situation: »*Zu Beginn der Restauration strömten polit. Flüchtlinge, u.a. Bonapartisten, franz. Königsmörder und ab 1817 liberale dt. Jungakademiker, in die Schweiz. Diese wurden von den Mächten der Hl. Alli-*

anz, die sich als Garantinnen der Schweizer Neutralität und des Bundesvertrags verstanden, als liberale Widerstandszellen betrachtet. Inhaltlich verzerrte Berichte von Spionen und Agitatoren schürten das Misstrauen. 1820 erinnerte Metternich den Präs. der Tagsatzung daran, dass sich alle Mitgliedstaaten der Hl. Allianz revolutionären Bewegungen gegenüber zum Widerstand verpflichtet hatten. Da sein Appell wenig Wirkung zeigte, übergab er dem Vorort im Namen Österreichs, Preußens und Russlands zwei dezidiert formulierte Schreiben. Das erste forderte die sofortige Ausweisung aller Flüchtlinge des Piemonteser Aufstands von 1821, das zweite übte heftige Kritik an der Schweizer Presse. Nach dem Kongress von Verona Ende 1822 drohte Metternich der Schweiz, dass sie bei Nichtbeachtung der Forderungen ihren Neutralitätsstatus verlieren würde. Unter diesem Druck verabschiedete die Tagsatzung am 14.7.1823 das P. Dieses sah die allg. Zensur auf der Grundlage der Beschlüsse von 1805 und 1812 vor, auferlegte bestimmten Redaktoren ein Schreibverbot und veranlasste die Einstellung einiger Zeitungen. Flüchtlinge, die der Agitation überführt wurden, ließ man ausweisen. Die Repression zeitigte bald eine gegenteilige Wirkung, da sie dem Ansehen der Regierung in liberalen Kreisen und einigen Kantonen schadete und das nationale Bewusstsein stärkte. 1829 hob die Tagsatzung das P. ohne eine offizielle Protestnote aus dem Ausland auf.«[18]

Der Liberalismus war nicht einheitlich, es gab unterschiedliche Strömungen. Gestritten wurde vor allem über die Frage, wie weit die Freiheiten des Volkes gehen sollten. Die Patrizier wollten nicht zu viele Zugeständnisse machen. Zur Erinnerung: In der Schweiz wurden das allgemeine Männerwahlrecht, die Gewaltentrennung, Öffentlichkeit der Ratsverhandlungen, die Glaubens-, Vereins-, Versammlungs-, Presse-, Handels- und Gewerbefreiheit sowie das Recht auf Eigentum und das Petitionsrecht erst 1830 eingeführt. Ein demokratischer Liberalismus hatte sich damit durchgesetzt. Das ist noch keine 200 Jahre her!

In dieser geschichtlichen Betrachtung, die hier sehr verkürzt wiedergegeben ist, versteht man einen Friedrich August von Hayek besser. Er wird als Vater des Neoliberalismus bezeichnet. Das stimmt wohl auch, aber er war ein besorgter Bürger, der nicht wollte, dass wieder kollektive Strukturen entstehen, die die Freiheit des Einzelnen verunmöglichen. Er sah die demokratischen Errungenschaften des 18./19. Jahrhunderts in Gefahr. Wenn man den Gedankengang von Lenin ernst nimmt, so waren diese Befürchtungen nicht unberechtigt. Lenin war überzeugt, dass der freie Markt verschwinden würde, und er sah die Chance in der Auflösung der Konkurrenz (der »zersplitterten Kapitalisten«) in einem kollektiven Markt mit einem großen Monopolkapitalisten, den man dann schließlich sozialisieren kann – fertig ist der Sozialismus. *»Auf der historischen Stufenleiter gibt es zwischen dieser Stufe [ein Kapitalist] und derjenigen, die Sozialismus heißt, keinerlei Zwischenstufen mehr«,*[19] so Lenin 1917.

Verschiedene Studien zeigen, dass diese Annahme nicht spezifisch marxistisch war. Auch andere, liberale Theoretiker gingen davon aus, dass der freie Konkurrenzmarkt verschwinden würde. Die Krise der 1930er-Jahre und der Zweite Weltkrieg gaben dem Staatsinterventionismus – häufig mit Keynesianismus gleichgesetzt – so viel Auftrieb, dass ein Staatsmonopolismus wahrscheinlich schien.

Hayeks Streitschrift »Weg zur Knechtschaft« (1944) war vor allem eine Warnung vor staatlicher Monopolisierung. Die Interventionen des Staates, so seine Annahme, setzen eine Spirale in Gang, einen eigendynamischen Prozess zu weiteren Interventionen. Diese Spirale führt unweigerlich in eine sozialistische oder faschistische Diktatur, in die »Knechtschaft«. Das bedeutet das Ende freier Märkte und bürgerlicher Freiheiten und somit das Ende der Demokratie. Für ihn waren Liberalismus und Demokratie eng verknüpft. Er formulierte die Angst eines Liberalen, der wusste, wie viel es gekostet hat, bis man diese bürgerlichen Freiheiten erkämpft hatte. Darum kämpften Hayek und seine Mitstreiter für einen neuen Liberalismus. Ich meine, dass Hayek die Gefahren richtig erkannt, aber dann immer mehr Schlussfolgerungen im Sinne der »amerikanischen Schule« gezogen hat. Die amerikanische Schule, repräsentiert durch Milton Friedman, entwickelte einen fast sektiererischen Eifer,[20] und der Kommunismus wurde zu einem Totschlagargument, das jede rationale Diskussion verhinderte.[21]

Es ist paradox, dass die Entwicklung des Hayek-Liberalismus zu einer Marginalisierung der Demokratie führte, instrumentalisiert von mächtigen Interessengruppen. So stehen wir heute vor vielen privatwirtschaftlichen Monopolen, und eigentlich gibt es keinen freien Wettbewerb mehr.[22]

Hayek verriet letztlich seine eigene Utopie. Pierre Vergniaud ging im 18. Jahrhundert dafür auf das Schafott, Hayek adaptierte und wurde zu einem Kämpfer für den Neoliberalismus, der seine ursprüngliche Idee usurpierte. So bewahrheitet sich das geflügelte Wort von Vergignaud »die Revolution frisst ihre eigenen Kinder«: *»Citoyens, il est à craindre que la révolution, comme Saturne, ne dévore successivement tous ses enfants et n'engendre enfin le despotisme avec les calamités qui l'accompagnent.«*[23] Die Kalamitäten dieses Verrats definieren das Wirtschaftssystem bis heute.

II.
Privat ist besser – Die Welt des Neoliberalismus

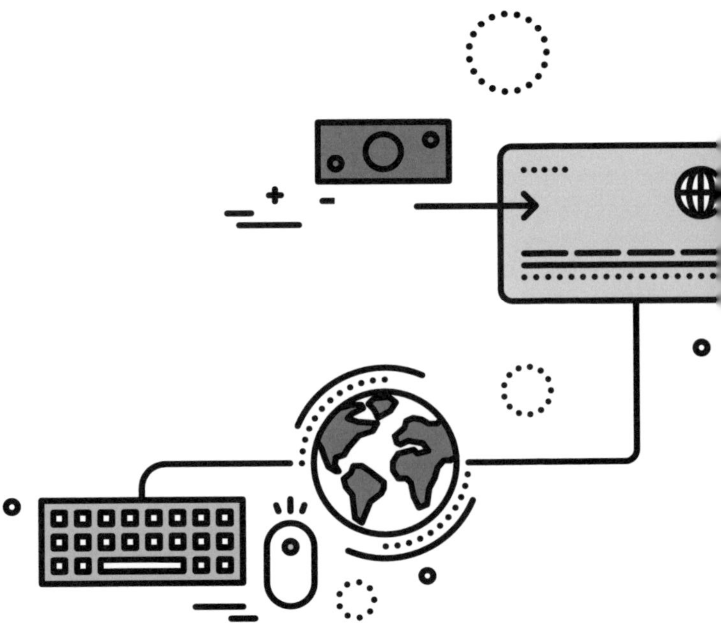

DAS AXIOM

Der ursprüngliche Liberalismus hat seine Utopie mit der Entwicklung der Demokratie eigentlich verwirklicht. Es war eine Realutopie, zumindest für die USA und Europa. Diese Utopie ist aber zu einer Doktrin verkommen, dem Neoliberalismus, die Ungleichheit zwischen Regionen und auch sozialen Schichten schafft. Sein Freiheitsbegriff bezieht sich auf die Wirtschaft und lässt sich in einem Axiom festhalten: Der Markt reguliert sich selbst. Darum braucht es keinen regulierenden Staat für die Wirtschaft. Der Staat soll sich auf Marktversagen, die Gerichtsbarkeit und die Sicherheit beschränken, alle anderen Bereiche sind dem Wirtschaftssystem zuzuschreiben, also auch das Sozialsystem. Alle Bereiche müssen ökonomischen Prinzipien folgen. Dies gilt auch für das Individuum. Es muss sich in den Wirtschaftsprozess einfügen und produktiv werden. Das ist der Homo Oeconomicus.

Befolgt man dieses Axiom, so die neoliberale Annahme, ergeben sich Wachstum und Wohlstand für alle. Damit hat man einen Theorierahmen für Volkswirtschaft, Betriebswirtschaft und die soziale Gestaltung der Gesellschaft.

Etwas akademisch, aber nicht polemisch formuliert, steht in einem »Discussion Paper« des Max-Planck-Instituts für Gesellschaftsforschung (MPIfG):[24]

»Wir [MPIfG] definieren Liberalisierungspolitik als politisch herbeigeführte und politisch legitimierte[25] Delegation von Allokations- und Distributionsentscheidungen an Märkte. Sie zielt also auf die ***Durchsetzung von Marktprinzipien,*** *zu denen insbesondere zählen*

1. ***Das Prinzip der Eigenverantwortlichkeit:*** *Die betroffenen Einheiten sind für die Erwirtschaftung der von ihnen beanspruchten Ressourcen selbst verantwortlich.*

Bemerkung des Autors: Demzufolge sollen auch öffentliche Spitäler oder andere öffentlich-rechtliche Betriebe eigenständig, ohne Subventionen ihre Investitionen finanzieren.

2. ***Das Prinzip dezentraler Entscheidungsfindung:*** *Den betroffenen Einheiten steht bei der Entscheidung über Ressourcenverwendung ein Mindestmaß an autonomem Ermessensspielraum zu.*

Bemerkung des Autors: Das ist in der Schweiz auf der politischen Ebene sehr ausgeprägt. Viele Kompetenzen liegen bei den Kantonen und Gemeinden. Die öffentlich-rechtlichen Betriebe sind auf dem Weg in diese eigenständige und dezentrale Funktionsweise.

3. ***Das Prinzip der Konkurrenz:*** *Die betroffenen Einheiten konkurrieren um die Ressourcen und um Möglichkeiten des Mitteleinsatzes.*

Zur Erreichung dieser Teilziele kommen drei Instrumente zum Einsatz:

1. Der Abbau staatlich administrierter [...] Quersubventionierung (zur Durchsetzung des Prinzips der Eigenverantwortlichkeit);

2. Die Stärkung des Privateigentums und der mit ihm einhergehenden Freiheiten (zur Durchsetzung des Prinzips dezentraler Entscheidungsfindung);

3. Wettbewerbspolitik durch staatliche Eingriffe gegen Monopolbildung und andere Wettbewerbsbeschränkungen und -verzerrungen (zur Durchsetzung des Konkurrenzprinzips).«

Liberalisierungspolitik greift also grundsätzlich in die gesellschaftliche Verteilung von Verantwortlichkeiten und Risiken ein und verändert Orte und Modi der Steuerung von Ressourcenproduktion und -verteilung.

Konkret: Der Staat soll sich aus dem Wirtschaften heraushalten, die Rahmenbedingungen für obige Möglichkeiten setzen und sich immer mehr überflüssig machen. Beim Staat bleiben nur Jurisdiktion und Sicherheit (Militär, Polizei). Für alle anderen Aufgaben sind die obigen Prinzipien anzuwenden, das heißt, alle diese Aufgaben sind zu liberalisieren und dem freien Markt auszusetzen.

Diese Liberalisierungspolitik ist in der EU unterschiedlich umgesetzt. Es zeigt sich aber eine Tendenz zur Konvergenz der Systeme im wirtschaftlichen Bereich.[26] Im Prinzip hieße Liberalisierung noch nicht Privatisierung, aber der Neoliberalismus postuliert, dass private Organisationen besser geführt werden. So meinte Alan Greenspan noch im Mai 2005 bei einer Rede *»that private regulation generally has proved far better at constraining excessive risk-taking than has government regulation«*.[27]

DER NEOLIBERALISMUS IST KRISENAFFIN

Aus den regelmäßigen ökonomischen Krisen geht der Liberalismus immer gestärkt hervor. Er wird zuerst totgesagt und feiert dann die nächste Hochblüte. Paradoxerweise engagiert sich in den Krisen der Staat und verhindert so das postulierte Gleichgewicht im Markt. In der Schweiz kann man sich dabei sogar auf die Verfassung berufen, die festhält, dass bei Marktversagen der Staat Arbeitsplätze sichern muss.[28] Allerdings, und das ist ein neoliberaler Trick, die Interventionen des Staates sichern die Vermögenden ab. Wenn diese Sicherheit wiederhergestellt ist, soll der Staat sich wieder zurückziehen. Vordergründig werden diese Mechanismen sozialpolitisch motiviert. Es geht um die Erhaltung von Arbeitsplätzen und um die volkswirtschaftliche Verantwortung.

2014 wurde dieser Mechanismus skurril. In den TTIP-Verhandlungen[29] sollten Investoren einklagbare staatliche Garantien bekommen, die sie vor Verlusten schützen. Da wurde die staatliche Gönnerhand schon vorweggenommen. Zur Erinnerung: Der Staat, das sind die Steuerzahlerinnen und Steuerzahler und nicht irgendwelche anonymen Patrons.

Krisen gelten allerdings als eine Art Naturkatastrophe. Weder ihr Auftreten noch ihr Ausmaß kann man voraussehen: Alan Greenspan stellte sich 2008 einem langen Hearing und betonte, dass schon sehr gut sei, wenn man 60% richtig prognostiziere. Die Finanzkrise stelle jedoch nicht seine Grundsätze infrage, sondern der Staat versage. Damit lastete er die mangelhafte Bewältigung der Krise dem Staat an: *»[T]hose of us who have looked to the self-interest of lending institutions to protect shareholder's equity (myself especially) are in a state of shocked disbelief. Such counterparty surveillance is a central pillar of our financial markets' state of balance. If it fails, as occurred this year, market stability is undermined [...]«*[30] Nun soll also plötzlich zu wenig genau kontrolliert worden sein, der Staat hat versagt – aber, wie oben vermerkt: Die Vermögen sind wieder gesichert.

Martin Wolf, ein exzellenter Analyst der Finanz- und Eurokrise, glaubt aber nicht so recht, dass aus dem Saulus Greenspan ein Paulus geworden ist: *»It is* [die Kritik am freien Markt] *as if the Pope declared he no longer believed in the Resurrection of Jesus Christ.«*[31] Vielleicht haben ja Greenspan angesichts der Finanzkrise wirklich Zweifel an seinem Glauben geplagt. Er fing sich jedoch schnell wieder auf und sprach bald nur noch von »flaw«, eine Art Schönheitsfehler, der schnell wieder ausgebessert werden sollte.

So hat auch die Krise von 2008 überhaupt keine Bremsspuren im Neoliberalismus hinterlassen. Städte privatisieren munter drauflos, im Gesundheitswesen läuft eine Welle von Privatisierungen und privaten Beteiligungen (Public Private Partnership – PPP).

DIE US-AMERIKANISCHE GESCHICHTE ALS EINE WURZEL DES NEOLIBERALISMUS

Die US-amerikanische Geschichte wird in den Diskussionen um den Liberalismus vernachlässigt. Es ist nicht nur eine Person (Milton Friedman) und dessen Schule wirkungsmächtig, Es ist auch die spezifische Identität der USA: Die USA sind seit der Gründung auf individuelle Freiheit ausgerichtet. Das zeigt sich in der Rechtsprechung. Während man sich in Europa auf ein Grundgesetz verlassen kann, das in den verschiedenen Gesetzesbereichen ausgelegt wird, muss in den USA das Individuum das Recht immer wieder neu erkämpfen. Wer den längeren Atem - sprich mehr Geld - hat, gewinnt tendenziell. Das ist ein Selbstverständnis von individuellen Freiheiten gegenüber den Gesetzen, das uns Europäern fremd ist (allerdings sind auch hier amerikanische Tendenzen erkennbar - z.B., dass Anwälte heute ihre Prozente von der zu erstreitenden Summe als Honorar verrechnen).

In der jüngsten Geschichte haben diese unterschiedlichen Auffassungen zu vielen Missverständnissen und Behinderungen geführt, z.B. im Balkan: Es war in Bosnien wie auch noch heute im Kosovo nicht klar, ob man eher »europäisch« oder »US-amerikanisch« denken soll. Die dortige Gesetzgebung ist darum oft ein Mischmasch von beidem. Gret Haller, die Schweizer Politikerin und Autorin, hat dieses Problem am Beispiel »Bosnien«[32] sehr deutlich dargestellt: *»Historisch gesehen verzichtete das Individuum [in Europa] auf seine Urfreiheit, trat diese dem Staat ab und erhielt im Gegenzug eine Freiheit, die nun nicht mehr die ›Freiheit des Stärkeren‹ ist, sondern eine Freiheit, welche allen dem Staat unterworfenen in gleichem Maße zusteht [...] Darin liegt ein grundlegender Unterschied zu den Vereinigten Staaten, wo Freiheit zwar auch allen zusteht, aber praktisch genießt derjenige mehr Freiheit, der sie sich erkämpft.«*[33] - und das Geld dazu hat, möchte ich ergänzen.

In der Geschichte der USA ist diese Auffassung von Freiheit sowohl individuell wie auch im Staatsverständnis dominant. Sie erklärt auch, warum sich ein Milton Friedman gegen andere Strömungen unter den Liberalen durchgesetzt hat. Es gab nämlich sehr wohl sozialere Strömungen, die sich mit der sozialen Marktwirtschaft anfreunden konnten und keine Angst hatten, dass diese wieder zu einer »Knechtschaft« führen würde.

Da Europa sich in den letzten dreißig Jahren immer mehr »amerikanisiert« hat, lohnt es sich, die Auswirkungen der US-Identität genauer zu analysieren. Dieser Exkurs schafft mehr Verständnis für die heutige Auffassung von Konkurrenz und auch für die Abzocker-Mentalität.

Individuelle Freiheit und das Recht auf Selbstvereidigung

Die Western-Filme illustrieren eine durchaus gelebte Identität: Wenn die Freiheit des Individuums angegriffen wird, dann sind alle Reaktionen erlaubt. In dieser Situation müssen keine übergeordneten Gesetze eingehalten werden. Dies gilt auch für den Staat: Wenn die Interessen der USA infrage gestellt werden, dann sind alle Reaktionen zur Verteidigung legitim – und Angriff ist die beste Verteidigung. Da braucht es keine Abstimmung mit internationalen Vereinbarungen. Da die USA sich als Weltpolizist und das Gesetz sehen, können sie anderen Staaten dieselbe Handlungsweise untersagen. Hält sich ein Staat nicht an dieses Verbot, hält also internationale Abkommen nicht ein, so riskiert er eine Selbstverteidigungsreaktion der USA. Gemäß diesem Glauben verletzt Russland in der Ukraine internationales Recht, was Sanktionen gegen Russland rechtfertigt. Hingegen sind der amerikanische Einsatz von Drohnen in irgendwelchen Ländern oder der Einmarsch im Irak legitime Aktionen, und sie sollen deshalb von der Weltgemeinschaft unterstützt werden.

In den USA versteht man darum oft nicht, warum die Europäer im Parlament so ausführlich diskutieren müssen, bis sie beispielsweise einen Entscheid zum militärischen Eingreifen in Afghanistan fällen. Die Interessen der USA sind doch die Interessen aller, also muss man gemeinsam handeln.

Da der Staat vom Erfolg der Wirtschaft abhängig ist, verknüpft sich diese Auffassung mit den Interessen von Unternehmen: Wenn man als Unternehmen für den Staat wichtig ist, dann wird er einen auch entsprechend unterstützen. Was gut ist für General Motors, ist auch gut für die USA – so lautet die lapidare Kurzformel dafür. Auf diese Weise entstand eine US-zentrierte Machtballung, die bis zum Aufstieg Chinas[34] alle anderen Tendenzen überrollen konnte, sei es wirtschaftlich, militärisch oder kombiniert. Dazu im Folgenden ein paar geschichtliche Hinweise zur Erinnerung.

Die USA »befreien« Länder im Dienste ihrer Unternehmen

Die Europäer haben viele Länder missioniert und kolonialisiert. Die Vereinigten Staaten haben diese Tradition nicht. Aus US-amerikanischer Sicht ist ihre militärische Eroberung jeweils eine Befreiung und Stabilisierung von unterdrückten Ländern. Ihre Erzählung ist die folgende: Die USA verhelfen den Menschen in jenen Ländern zu demokratischen Gesetzen und einem besseren Leben. Der europäische Kolonialismus hingegen war eine Ausbeutung von Ländern.

Aus amerikanischer Sicht ist es selbstverständlich, dass man die eroberten Länder auch wirtschaftlich unterstützen muss, denn sonst ist ihre Stabilität nicht gewährleistet. Es ist auch klar, dass sich der Staat nach einer Intervention wieder zurückzieht. Die Verantwortung und Chance der Entwicklung liegt bei den privaten Unternehmen, denn privat ist allemal besser als staatlich. So hat man eine klare Rollenteilung: Der Staat, häufig in militärischer Form, schafft Sicherheit für die Unternehmen, und die privaten

Unternehmen können den Staat zur Unterstützung anfordern, wenn ihre Interessen gefährdet sind. Der Staat ist immer nur Lückenbüsser und hat sonst keine Existenzberechtigung, darum soll er sich auch immer wieder zurückziehen.

So hat es 1895 auf Hawaii angefangen ...

Das oben skizzierte Zusammenspiel von Privat und Staat feierte ausgerechnet auf der Trauminsel Hawaii Premiere. Hawaii war bis 1893 ein freies Königreich, gehörte also nicht zu den USA. Amerikaner waren allerdings auf Hawaii als Missionare tätig. Einer dieser Missionare hatte um 1830 eine schöne, soziale Idee. Er überzeugte den damaligen König, mit einer Landreform vielen Kleinbauern Eigentum zu verschaffen. Der König willigte ein, die Landreform wurde realisiert und 1840 in der Verfassung verankert. Der Staat hielt nur noch wenige Prozente des Landes als eigenen Grundbesitz.

An sich war dies eine soziale Form der Privatisierung, die auch eine Grundlage zu einer demokratischen Entwicklung hätte sein können. Es war aber auch der Schritt in die freie Marktwirtschaft mit ihren Gesetzmäßigkeiten. Eine der Gesetzmäßigkeiten setzte sich in der Folge schnell durch: Die Missionare hatten Geld und kauften viel Land von den Kleinbauern. Nun hatte man anstelle der früheren staatlichen Ländereien und Untertanen neu Großgrundbesitzer und Landarbeiter. Die Landreform wurde so zu einem Vorteil für die Habenden. Da sie schon hatten, bekamen sie noch mehr.

Die Großgrundbesitzer bauten sehr erfolgreich Zuckerrohr an und exportierten die Ware in die USA. Das ging so lange gut, bis die Produktivität Hawaiis allmählich zu einer gefährlichen Konkurrenz für die Zuckerrohrbauern in den USA wurde. Ab diesem Zeitpunkt war klar, dass der amerikanische Staat eingreifen musste, denn nun waren die Interessen der USA tangiert. Die USA reagierten darauf mit Zollschranken zum Schutz der einheimischen

Bauern. In der Folge wurde der Zuckerrohranbau auf Hawaii unrentabel.

Die zu Großgrundbesitzern gewordenen Missionare suchten nach Lösungen. Sie besannen sich darauf, dass auch sie US-Bürger waren und wandten die US-Logik an: Hilf dir selbst! Sie kamen auf die einleuchtende Idee, dass Hawaii zu den USA gehören müsste, wenn sie die Zölle weghaben wollten. Also sprachen sie beim Präsidenten vor, der seine Unterstützung zusagte. Nötig war nun ein legitimer Grund, in Hawaii einzuschreiten. Diesen erhielt man mit der Behauptung der Farmer, auf der Insel gäbe es gefährliche Unruhen, die USA müssten hier wieder Ruhe schaffen. Der renommierte amerikanische Journalist und Autor Stephen Kienzler beschreibt es so:

»This revolution was carried out with amazing ease. The leader of the Hawaiian revolutionaries, this missionary planter elite, simply announced at a meeting one day, ›We have overthrown the government of Hawaii, and we are now the new government‹. And before the queen was able to respond, the U.S. ambassador had 250 Marines called to shore from the ship that was conveniently off the coast of Honolulu and announced that since there had been some instability and there seemed to be a change of government, the Marines were going to land to protect the new regime and the lives and property of all Hawaiians.«[35]

Interessant ist in diesem Zusammenhang die Aussage »*The U.S. ambassador had 250 Marines called to shore from the ship that was conveniently off the coast of Honolulu and announced that since there had been some instability*«. Die vordergründige Rechtfertigung für den Militäreinsatz war »Instabilität«. Das war zwar gelogen, respektive manipulativ herbeigeführt, aber es genügte, um Truppen zu schicken. Eine kleine Episode, die wohl in Europa kaum wahrgenommen wurde, aber der Mechanismus ist derselbe, mit dem sich George Bush die Zustimmung zum Einmarsch im Januar 1991 in den Irak holte: Hussein besitze Massenvernichtungswaffen. Das gefährde Amerika und die Welt, ergo müssen wir etwas tun. Der Wahrheitsgehalt der Aussage war unwesentlich, und Bush hatte schon vor seinem Entscheid abklären lassen, ob das Volk ihm bei diesem Argument folgen würde.

Die Königin Lili'uokalani auf Hawaii ihrerseits sah keine Instabilität – und es gab ja auch keine. Aber da war es schon zu spät: Nach einer schwachen Konterrevolution war die Machtverteilung klar und Hawaii wurde durch einen Putsch 1894 zur Republik Hawaii. Zum Präsident wurde der US-Amerikaner Stanford Dole ernannt. Seit 1959 ist Hawaii der 50. US-Bundesstaat.

Dieser Vorgang hat prototypischen Charakter für die späteren weltweiten »Unterstützungsaktionen« der USA. Es braucht einen Anlass, der Lobbyisten in Gang setzt. Diese überzeugen den US-Staat von politischen Unruhen und rechtfertigen damit den Einmarsch. Die Missionare auf Hawaii hatten begriffen, dass jeder seines Glückes Schmied ist und man Opportunitäten nutzen muss.

Dieses Nutzen von Opportunitäten ist ein US-amerikanisches Prinzip, das immer wieder funktioniert. Ein hoher amerikanischer Ex-Militär bei der UNO sagte mir, dass die USA die Welt kontrollieren wollen, dazu aber keine Detailstrategie haben, sondern immer wieder Opportunitäten clever nutzen.[36]

... und so ging es über 100 Jahre weiter

Im Spanisch-Amerikanischen Krieg 1898 wurden Kuba und anschließend die Philippinen von den Spaniern »befreit«, dann Nicaragua, Iran, Guatemala, Südvietnam, Chile, Grenada, Panama, Afghanistan, Irak. Insgesamt wurden in diesen hundert Jahren 14 Nationen im Namen von Demokratie, Gerechtigkeit, Stabilität überrollt. Die Mittel waren nicht zimperlich, die Absichten oft nicht transparent und die Gründe meist schlicht »herbeigelogen«.

Das Muster ist im Prinzip immer das gleiche: Man kommuniziert öffentlich, dass man eine große Gefahr abwenden müsse.

Diese Gefahr sei so groß, dass keine Zeit für demokratische Abstimmungsprozesse bleibe, oder die Gefahr erzeugt einen breiten Konsens zwischen den Parteien. In den 1950er-Jahren musste man die Welt vor dem Kommunismus schützen. Kommunistische Machenschaften waren überall auszumachen. Den meisten Bürgerinnen und Bürgern im Westen war das klar. So auch in der Schweiz: In militärischen Übungen war der Feind immer rot und kam von Osten. Wer daran zweifelte, wurde des Kommunismus oder des schwärmerischen Sozialismus verdächtigt. Ich möchte dieses Legitimationsmuster in den nächsten beiden Kapiteln an weiteren Beispielen verdeutlichen: Persien um 1950 und Chile 1974.

Persien um 1950

Unter dem demokratisch gewählten Premierminister Mohammad Mossadegh[37] wurde die von seinem Vorgänger angestrebte Verstaatlichung der Ölfelder im Iran durchgesetzt, in der Absicht, die Staatskasse zu füllen und die Infrastruktur zu entwickeln. Die Idee, private Firmen zu verstaatlichen war (und ist) ein Tabu, und auf Tabubruch steht im Prinzip das Todesurteil. Nun, er wurde zwar nicht gleich umgebracht, aber sein Tabubruch setzte einen Prozess der Vergeltung in Gang, der politisch bis heute wirksam ist. Die Verschränkung von Vergangenheit und Gegenwart formulierte der Lyriker T.S. Elliot sehr schön: »*Time present and time past are both perhaps present in time future, and time future contained in time past.*« (Burnt Norton 1935)

Nach amerikanischer Lesart war klar, dass nur ein Kommunist auf die Idee kommen kann, die privaten Ölfelder von BP zu verstaatlichen. Damit war das Feindbild gegeben und musste nicht weiter begründet werden. Die Firma intervenierte bei ihrer Regierung in den UK, die wiederum den amerikanischen CIA um Hilfe bat. Der wurde unter dem Schutzschild »Antikommunismus« auch sofort aktiv – selbstverständlich im Verborgenen.

Am 4. April 1953 hatte der CIA-Direktor Allen W. Dulles (Zwillingsbruder von John Foster Dulles, US-Außenminister) ein Budget von einer Million US-Dollar (Steuergelder!) zur Verfügung, um Mossadegh zu stürzen – »*in any way that would bring about the fall of Mossadegh*«.[38] Mit diesem Geld wurden vom CIA Leute angeworben, Radiosender gekauft, zu Demos aufgerufen, also eine breit angelegte Kampagne gegen Mossadegh in Gang gesetzt. Das Ergebnis: Unruhen im Iran, die am 19. August 1953 zum Sturz von Mossadegh führten und den Diktator Schah Reza Pahlavi wieder auf den Pfauenthron brachten. Er wurde in einer amerikanischen Militärmaschine eingeflogen.

Es war erstaunlich ehrlich vom Schah, als er sagte: »*Ich verdanke meinen Thron dem lieben Gott, meinem Volk, meiner Armee – und Ihnen!*« Er meinte den CIA-Agenten Kermit Roosevelt junior, der fast wie James Bond im Iran gewirkt hatte. Er war es gewesen, der den Sturz des iranischen Premierministers Mohammad Mossadegh koordiniert hatte.

Nach der Wiedereinsetzung von Schah Reza Pahlavi im August 1953 konnte der Agent »Mission accomplished« nach Washington melden.

Schon im Frühjahr 1954 kamen Vertreter eines Konsortiums von Ölfirmen (Standard Oil, Anglo-Iranian Oil Company AIOC, Royal Dutch Shell) nach Teheran, um mit Vertretern der iranischen Regierung und der National Iranian Oil Company NIOC (staatliche Ölfirma) neue Verträge auszuhandeln. Gleichzeitig wurden mit der britischen Regierung Gespräche über die Entschädigungszahlungen für die Verstaatlichung der AIOC-Industrieanlagen geführt. Die Verhandlungsparteien stimmten einem Rahmenabkommen zu, das dem Konsortium die Förderung, Raffinierung, den Transport und die Vermarktung des iranischen Öls erlaubte. Die Dauer des Abkommens betrug 25 Jahre (bis 1979 und wurde dann verlängert). Das operative Geschäft wurde von zwei in Holland registrierte Firmen betrieben, der Iranian Oil Exploration and

Producing Company und der Iranian Oil Refining Company. Als Ausgleich zahlte das Konsortium 200 Mio. britische Pfund und die iranische Regierung 25 Mio. britische Pfund im Zeitraum von 10 Jahren an die AIOC.

Rückblickend wissen wir, dass im Iran eine Schreckensherrschaft unter Schah Reza Pahlavi begann, die erst mit seinem Sturz 1979 zu Ende ging und in eine religiöse Diktatur mündete.

Dieses Beispiel betrifft ein wesentlich größeres Land als Hawaii, aber das Vorgehen war identisch: Eine Regierung (demokratisch gewählt) mischt sich in die Wirtschaft ein. Nun werden nicht die wirtschaftlichen Interessen diskutiert, nein, man konstruiert eine politische Story (Mossadegh als Kommunist/Unruhen/Hilfe nötig), und mit dieser Story überzeugt man das Parlament oder das Volk von der Notwendigkeit, Steuergelder in die Hand zu nehmen und den Feind zu besiegen.

So wurde ein schrecklicher Diktator wie der Schah in Persien als »gut« qualifiziert,[39] denn er half im Kampf gegen den Kommunismus. Präsident Nixon sprach von einem »Bollwerk der Stabilität«, und Außenminister Kissinger war ein überzeugter Anhänger des Schahs.

Chile 1973 – ein Militärputsch in US-amerikanischem Interesse

Der Militärputsch von Augusto Pinochet und die Absetzung des gewählten Präsidenten Salvador Allende war ein weiterer Durchbruch für das Axiom »Privat ist besser«. Allendes »Fehler« war, dass er von den Firmen Solidarität verlangte und die Sozialsysteme sichern wollte. Damit griff er in die Autonomie der Großfirmen profitmindernd ein, was sich diese nicht gefallen ließen. In der Folge wurde er systematisch diffamiert: »kommunistisch«, »ein zweites Kuba« usw. Ergo musste der Kommunist Allende ausgemerzt werden. Es gelang auch hier, das Land zu destabilisieren, und Pinochet konnte als Alternative ins Spiel gebracht werden.

Pinochet, von den USA unterstützt, lancierte am 11. September 1973 einen Militärputsch und errichtete seine Schreckensherrschaft mit massenhafter Folter und Tausenden von Toten. Es gab beim Putsch keinen Widerstand vonseiten Allendes. Trotzdem flogen die Bomber über das Land; es sollte Angst und Schrecken verbreitet werden, um den notwendigen Gehorsam sicherzustellen.

Für die USA war das Ergebnis erfreulich: Wieder ein »Kommunist« und »unfähiger Staatsmann« weniger. Wieder hatten die USA Steuergelder »erfolgreich« eingesetzt. Die wirklichen Gründe waren aber andere: Es ging um Kupfer und Geld. Chile hatte die größten Kupferminen – sie waren in US-Firmenbesitz. Diese amerikanischen Großfirmen regierten in Tat und Wahrheit Chile, und militärisch war das Land von den USA abhängig. So wurden beispielsweise über 3000 Militärs in den USA trainiert; Pinochet konnte sich auf diese Verbündeten verlassen.

Ökonomisch wurde unter Pinochet nach 1973 das Privatisierungscredo absolut umgesetzt. Mit den Militärs gelangten auch die »chilenischen Schüler« von Milton Friedman an die Macht. Sie besetzten alle wichtigen wirtschaftlichen Posten und hatten freie Hand, denn Pinochet war ein Militär, der von Ökonomie keine Ahnung hatte. Friedman hatte seine Jünger bestens vorbereitet, sie konnten gemäß Rezeptbuch vorgehen – Widerstand gab es dank der Diktatur nicht. So wurde Chile ein Prototyp für eine Ökonomie, die den Staat aus der Wirtschaft ausschließt, alle ehemals staatlichen Aufgaben privatisiert und den Wettbewerb absolut setzt. Kissinger gratulierte Pinochet.

Das freute natürlich die internationalen Firmen. Ein Beispiel von mehreren: Der Leiter der chilenischen Niederlassung der Farbwerke Hoechst schreibt in einer von der Zeitschrift »Vorwärts« am 6. Dezember 1973 publizierten Lagebeurteilung an die Zentrale in Frankfurt: *»Der so lange erwartete Eingriff der Militärs hat endlich stattgefunden [...] Am 13. abends stand bereits einwandfrei fest, dass der*

Staatsstreich mit relativ geringen Verlusten an Material und Menschenleben – wir schätzen 2000 bis 3000 Tote – gelungen war [...] Wenn die ›Volksregierung‹ auch in den drei Jahren ihrer Existenz das Land in jeder Hinsicht – moralisch, wirtschaftlich und sozial – in Grund und Boden gewirtschaftet hat, so sind wir, was die Regenerierungsfähigkeit des chilenischen Volkes und damit auch der Wirtschaft des Landes anbelangt, durchaus optimistisch [...]«[40]

Das Vorgehen in Chile bekam Vorbildcharakter. Nach der Falklandkrise 1982 empfahl der begeisterte Hayek der Premierministerin Thatcher, nun doch endlich auch diese Maßnahmen zu ergreifen und die keynesianischen, »sozialistischen« Regelungen rückgängig zu machen. Reagan, ihr amerikanischer Kollege und Freund, war diesbezüglich ja auch schon sehr erfolgreich. Frau Thatcher bedauerte in einem Brief an »Professor Hayek«, dass sie leider nicht so konsequent vorgehen könnte.[41] Aber sie sprach sich deutlich für das gleiche Credo aus. Bereits in ihrer Wahlrede 1950 sagte sie: *»[...] Then once they* [Labour Party] *were in they would vote and argue for steel nationalisation even though they didn't know the first thing about it! That is the way the Labour Party is trying to pull the wool over your eyes about the disastrous effects of Nationalisation. Stick to Private Enterprise and Progress.«*[42]

Die Mechanismen der politischen Gewalttaten in Chile und anderen Ländern sind rückblickend sehr einfach zu erkennen: Im Schatten des aufkommenden Faschismus nach dem Ersten Weltkrieg und des Kommunismus nach dem Zweiten Weltkrieg war es den liberalen Ökonomen möglich, die Ansätze zu einer staatlich gesteuerten Wirtschafts- und Gesellschaftsentwicklung systematisch zu torpedieren. Jeder Ansatz von sozialer Wohlstandsverteilung und sozialem Aufbau wurde sofort als große Gefahr bekämpft. Dazu waren alle Mittel recht. Darum war die »Soziale Marktwirtschaft« in Deutschland vielen ein Dorn im Auge – und sie hat ja auch nicht lange gehalten.

Es gab innerhalb der liberalen und neoliberalen Bewegung durchaus auch Richtungskämpfe. Die US-amerikanische Linie von Milton Friedman setzte sich aber weltweit durch. Die Auswirkungen dieses Sieges sind enorm: Ohne die Friedman'schen Ansätze wäre die heutige Globalisierung mit all ihren positiven und negativen Auswirkungen nicht oder zumindest nicht so schnell möglich gewesen. Und es hätte wohl auch keinen Crash 2008 gegeben. 2008 gab es mit der Finanzkrise zwar einen Einbruch, aber 2014 stand ihr Sieg bereits wieder fest. Das Beispiel »Griechenland« zeigt, wie der Sparzwang der Troika zum Abbau von Sozialleistungen und zur Verarmung des Volkes geführt und die Hilfskredite der Kapitalisierung der Banken und der Zinsbedienung gedient haben.

Namhafte Forscher wie der US-amerikanischer Wirtschaftswissenschaftler Joseph E. Stiglitz zeigen, dass eine Entwicklung mit einer strategischen Staatslenkung eine gerechtere, sozialere Entwicklung der Volkswirtschaften ermöglicht hätte. Dazu im Folgenden einige Hinweise.

DIE KRISE VON 1929 – EINE VERPASSTE CHANCE

Im Oktober 1929 brach der Börsenhandel zusammen. 40% des Papierwertes der Stammaktien wurden vernichtet. Eine weltweite Wirtschaftskrise folgte. Geschäfte und Fabriken schlossen, Banken waren zahlungsunfähig. Im Jahr 1932 war etwa ein Viertel aller Amerikaner arbeitslos.

Wie 2008 entbrannte auch damals die Diskussion über das richtige Rezept zur Wende. Der Demokrat Franklin D. Roosevelt wurde 1932 auch wegen seines Wirtschaftskonzeptes gewählt. Er setzte sich gegen den Republikaner Herbert Hoover durch, der für die Selbstheilung der Märkte plädierte (gemäß dem Credo »Privat ist besser«). Roosevelts Idee wurde »New Deal« genannt, ein von

John Meinrad Keynes inspiriertes Konzept, das sowohl Anreize für mehr Konsum wie auch eine staatliche Unterstützung von Firmen beinhaltete und mehr soziale Gerechtigkeit schaffen sollte. Mit dem Bau neuer Straßen, Brücken, Flughäfen, Parks und öffentlichen Gebäuden wurden dringend nötige Arbeitsplätze geschaffen. Weitere Maßnahmen waren:

- The Agricultural Adjustment Act (AAA) wurde 1933 vom Kongress verabschiedet, um Farmern wirtschaftliche Unterstützung zu geben und das Einkommen anzuheben.
- Maßnahmen gegen Arbeitslosigkeit durch Arbeitsangebote und die Entwicklung eines sozialen Netzes. Die Works Progress Administration (WPA), die wichtigste Hilfsorganisation des sogenannten Second New Deal, stellte den Versuch dar, Arbeit statt Sozialhilfe anzubieten.
- Die Banken durften keine Risikopapiere mehr handeln (Glass-Steagall Act): Separieren von Geschäfts- und Investment-Banken – was übrigens Obama wieder einführen wollte.
- The Social Security Act aus dem Jahr 1935 ermöglichte ein neues Versicherungssystem, basierend auf Abgaben von Arbeitnehmern und -gebern, für Rentner, Arbeitslose und Behinderte.

Unter dem Eindruck der Krise wurden diese Maßnahmen sehr schnell umgesetzt. Das war ein Rückschlag für die Marktgläubigen. Der Ansatz hatte aber durchaus das Potenzial, eine sozialere und solidarischere Gesellschaft zu entwickeln. Durch den wirtschaftlichen Aufschwung der USA im Zweiten Weltkrieg erübrigten sich dann allerdings diese Maßnahmen, und der Neoliberalismus Friedmans setzte sich durch. Keynes Ideen wurden abgewertet.

Dass das Konzept von Keynes erfolgreich sein kann, zeigte sich in den Ländern Südamerikas, dem sogenannten »Southern

Cone« (Argentinien, Brasilien, Chile, Paraguay, Uruguay). In den 1950er-Jahren entwickelten sich diese Länder sehr erfolgreich. Sie investierten in Infrastrukturprojekte, subventionierten die einheimische Industrie und belegten den Import mit hohen Zöllen. »*The Southern Cone began to look more like Europe and North America than the rest of Latin America or other parts of the Third World.*«[43] Das ist sicher etwas euphorisch formuliert, aber im Prinzip richtig. Es war aber auch klar, dass man diese Form des Kapitalismus schnellstens wieder abschaffen musste.

Interessant ist, dass Joseph E. Stiglitz in »Fair Trade for All«[44] darstellt, wie das Erfolgsmodell »Japan« auf genau diesen Entwicklungsmechanismen beruht:

»East Asia's growth over more than three decades was remarkable. In particular Japan and the other countries in East Asia refuted two of the classic propositions of development. First, they showed that inequality was not necessary to growth, whereas previously it had been widely believed that only through inequality could the requisite high savings rates be generated. Second, these countries proved that the initial stages of development did not have to be associated with an increase in inequality. Instead the new prosperity was widely shared among this population.

[...] the Asian countries' economic policies certainly did not fit the orthodox framework. Their economic model included a strong role for the public sector. They clearly did not believe in free and unfettered markets. [...] government played a critical role. Governments acted as catalysts which helped markets by providing the requisite physical and institutional infrastructure, by remedying market failures, and by promoting savings and technology.

[...] including subsidized credit from state banks. [...] protection for industries not ready to compete internationally and promotion for export-ready industries.«

Japan ist diesen Weg konsequent weitergegangen, in Südamerika waren die Eigeninteressen der großen Konzerne mit den USA im Rücken zu stark. Die neoliberalen Prinzipien wurden diesen Ländern aufgezwungen. Die vielen Unruhen in Südamerika sind auch eine Folge dieser Wirtschaftsdoktrin. Der Neoliberalismus hat total versagt.

Stiglitz fasst das Scheitern der neoliberalen Entwicklungspolitik in einem Satz zusammen: »*To date, not one of the successful cases of development over the last fifty years have pursued a purely free market approach to development.*«[45] Aufgrund dieser Analysen folgert Stiglitz, dass die Politik von Weltbank und dem International Monetary Fund (IMF) durch keine Daten gerechtfertigt ist. Diese Ansicht wird auch von Nobelpreisträger Paul Krugman unterstützt,[46] wenn er die Maßnahmen der Troika aus Internationalem Währungsfonds, Europäischer Zentralbank und EU 2015 als gescheitert betrachtet. Er kritisiert darum auch speziell die Haltung Deutschlands in der europäischen Krise und plädiert dafür, dass man dem griechischen Staat zu mehr Liquidität verhelfen soll (Primary Surplus), damit der Staat die Wirtschaft ankurbeln könne. Dies als Konsequenz aus der Feststellung, dass sich die Wirtschaft nicht entwickeln kann, solange sie neoliberalen Austeritätsprinzipien gehorcht.

Deutschland vertritt aber den neoliberalen Standpunkt und hat darum von der Krise profitiert und den deutschen Unternehmen zu Konkurrenzvorteilen in der EU verholfen. Deutsche Firmen konnten günstig Firmen in Griechenland aufkaufen und ihre internationale Stellung festigen, zum Nachteil Griechenlands. Deutschland verfolgt genau die Politik, die seit über 50 Jahren die Entwicklungsmöglichkeiten in vielen Ländern systematisch torpediert hat. Die liberale Schule setzt sich immer für eine Profitmaximierung ein und wehrt sich mit Erfolg gegen Profitminderungen der Unternehmer zugunsten eines sozialen Aufbaus. Auch der IMF und die Weltbank handeln stringent in einem US-amerikanischen Verständnis.

Unterstützt wurde diese neoliberale Entwicklung durch die weltpolitischen Geschehnisse. Man kann wohl nicht unterstellen, dass die USA den Vietnamkrieg eingegangen waren, weil sie neue weltwirtschaftliche Rahmenbedingungen brauchten, aber de facto entwickelten sie dies pragmatisch, Schritt für Schritt. Die USA brauchten Geld für den Vietnamkrieg und vergrößerten die Geldmenge ohne internationale Absprache. In der Folge wurde der Goldstandard 1971 durch Präsident Nixon aufgehoben. 1973 wurden die festen Wechselkurse (vorher an USD gebunden) aufgelöst, und das Bretton-Woods-Vertragswerk ad acta gelegt. Die Banken durften wieder nach ihrem Gusto handeln, und die Derivate wie auch die Derivate der Derivate entwickelten sich im Wildwuchs (Präsident Clinton löste 1999 folgerichtig den oben erwähnten Glass-Steagall Act auf). Diese Maßnahmen waren unterstützend bei der Globalisierung der neoliberalen Wirtschaft.

DER (NEOLIBERALE) ZWECK HEILIGT DIE MITTEL: DIE SHOCK DOCTRINE

Das Ziel der neoliberalen Politik ist klar: Keine Schranken für die privaten Wirtschaftssubjekte, und der Staat soll dies gewährleisten. Der ehemalige ABB-Verwaltungsratpräsident Percy Barnevik formuliert es so: *»Ich definiere Globalisierung als die Freiheit unserer Firmengruppe, zu investieren, wo und wann sie will, zu produzieren, was sie will, zu kaufen und zu verkaufen, wo sie will, und alle Einschränkungen durch Arbeitsgesetze oder andere gesellschaftliche Regulierungen so gering wie möglich zu halten.«*[47]

Um dieses Ziel zu erreichen oder Erreichtes sichern zu können, haben sich erfolgreiche Muster entwickelt: Man schaffe eine Krise, die Regierungen zum Handeln zwingt und das Parlament durch Notrecht ausschaltet. Naomi Klein hat dieses Rezept »The

Shock Doctrine« genannt.[48] Der dabei erzeugte Notstand kann real oder fiktiv sein. Es ist auch unwichtig, wie er konkret entstanden ist. Das war 1974 in Chile so, das Rezept galt aber auch für die Finanzkrise 2008 und die folgende Europakrise. So war 2008 klar, dass man die Großbanken in der Schweiz »retten« musste, und dies ganz schnell, mit Notrecht. Die Ursachen der Krise wurden zwar diskutiert, aber daraus keine Schlussfolgerungen gezogen. Das zeigte sich am lernresistenten Verhalten aller Beteiligten in den Jahren danach: So erwirtschaftete die Credit Suisse auch 2013 ihren Gewinn wieder mit dem gleichen Investment Banking, das 2008 in die Krise geführt hatte.

Es gab daneben auch fiktive Krisen wie etwa bei der »Irak-Krise« und der erfundenen Begründung von Präsident Bush für den Marsch nach Bagdad.

Im Prinzip läuft es im Nachhinein immer auf dasselbe hinaus: Man hat eine Krise, die den Bürgern und Bürgerinnen so dringlich dargestellt wird, dass man Ressourcen in Form von Geld oder Truppen freimachen kann. Um diese Steuergelder freizusetzen, ist man auch gewillt, demokratische Regeln außer Kraft zu setzen. Es heißt dann einfach *»zur Rettung von ... und um die gravierenden wirtschaftlichen Folgen zu vermeiden, mussten wir so und so entscheiden«*. Dass damit über Steuergelder verfügt wird, steht nicht zur Diskussion. So entschied der Schweizerische Bundesrat eigenmächtig über die Rettung der Banken, als ob er der Eigentümer einer Firma wäre, der über das Risiko seines Geldes selbst entscheiden kann. Der Unterschied ist nur, dass ein Firmeninhaber die Folgen auch tragen muss, der Bundesrat bekommt eine gute Rente, unabhängig von einem möglichen Desaster für das Land.

Der Hauptfeind des Credos »Privat ist besser« ist die Demokratie, die Partizipation der Bevölkerung. Demokratische Prozesse sind langsam, und die Mitsprache der Mehrheit ist für die neoliberale Schule ein zu vermeidender »Unsinn«.[49] Darum ist es wichtig, dass man »richtig« lobbyiert und, wenn nötig, viel Geld einsetzt, um die Demokratie »demokratisch« in die richtige Richtung zu bewegen – notfalls mit Gewalt. Letztere kam im Iran und in Chile zur Anwendung. Ein kapitalkräftiges Lobbying wirkt auch in den gegenwärtigen Privatisierungsdiskussionen, sei es betreffend Spitäler oder anderer öffentlicher Einrichtungen.

Angst ist ein wirksames Mittel, um eine Demokratie zu lenken. So wurde den Schweizerinnen und Schweizern 2015 Angst gemacht, dass nun mit dem starken Franken die Arbeitslosigkeit steigen und die Firmen ihre Produktionen ins Ausland verlegen würden. Man erzeugte so ein Klima, das bei der nächsten Abstimmung zu Mehrheiten gegen eine Erhöhung der Unternehmenssteuern verhalf. Es schien der Mehrheit klar, dass man jetzt die Unternehmen nicht noch mehr beuteln durfte. Ebenso wurden aus Angst Kurzarbeit und sozialer Abbau als notwendig erachtet. Es sprach dabei niemand von den enormen Unternehmensgewinnen der letzten Jahre und dass man schon seit Langem höhere Technologien einsetzen wollte, die weniger Leute benötigen und Arbeitsplätze vernichten.

Fazit: Der liberalen Wirtschaft ist es in den letzten fünfzig Jahren gelungen, die Demokratie im Sinne der Unternehmen zu instrumentalisieren. Krisen werden zur Weiterentwicklung des Neoliberalismus benutzt und auch dazu geschaffen. Die Kapitalkonzentration ist so hoch, dass Firmen wie der weltweit größte Vermögensverwalter Black Rock oder Soros Fund Management im Prinzip Krisen auslösen können und daran verdienen. Der Neoliberalismus ist die Grundlage für die Geldmaschine der Reichen dieser Erde, was die Verletzlichkeit der anderen Einkommensschichten weltweit steigert.

SCHEINGRÜNDE FÜR PRIVATISIERUNGEN

Zur Stützung der Marktthese wird immer wieder angeführt, dass private Firmen besser geführt seien als staatliche. Das ist allerdings eine Behauptung, die sich durch keine Empirie stützen lässt. Es stimmt nicht, dass private Unternehmen kosten- oder leistungseffizienter sind, besser investieren und der Volkswirtschaft mehr Gewinn bringen. Keine dieser Annahmen entspricht den realen Fakten. So sind private Spitäler nicht effizienter – außer in der Gewinneffizienz, und die Privatisierung öffentlicher Unternehmen war immer wieder ein Verlustgeschäft für die Volkswirtschaft.

Ein berühmtes Beispiel ist British Railways. Die staatliche Bahn wurde in den 1990er-Jahren in viele Teilfirmen aufgesplittet und privatisiert. Das Versprechen war, dass Bahnfahren günstiger und der Service besser würde. Das Gegenteil ist eingetreten, die Preise stiegen und der Service wurde schlechter, zudem haben die Privatfirmen zu wenig in die Infrastruktur investiert. In der Zusammenfassung: »*Today marks 20 years since the privatization of the railways when the Major government passed the Railways Act. You would struggle to find anybody that believes the promises made have been met. The free-market experiment with our railways has delivered a poor service, with high fares and no sign of these increases being curbed or significant improvements to the service we receive.*«[50] 2003 wurden die Bahnen in eine öffentlich-rechtliche Gesellschaft überführt, also wieder verstaatlicht. Im Kapitel »Zentrale Bereiche des neuen Service Public« komme ich nochmals auf dieses Thema zurück.

Scheingrund 1: Schlechtes Management

Oft wird die Privatisierung von öffentlichen Betrieben gefordert, weil das Management ungenügend sei. Pikanterweise ist es jedoch in der Realität unerheblich, ob diese Betriebe privat oder öffentlich sind. Die Schweizer Stromfirmen sind in öffentlichem Besitz und haben den Markt verschlafen, die Druckereiindustrie ist privat und hat ebenfalls den Markt verschlafen. Die Banken sind privat und werden subventioniert (bezahlen seit Jahren keine Steuern), die SBB ist öffentlich-rechtlich und viel zu teuer organisiert.

Gutes Management ist keine Frage der Besitzverhältnisse, sondern der Kompetenz, komplexe Systeme zu lenken. Darum sind die Probleme in großen Firmen, ob öffentlich-rechtlich oder privat, dieselben.

Die meisten angeführten Scheingründe sind fiskalischer Natur. Hier vorweggenommen zwei wichtige Argumentationslinien. Im Kapitel »Fiskalpolitische Gründe für Privatisierungen« werde ich darauf weiter eingehen.

Scheingrund 2: Verschuldung der öffentlichen Hand

Die Verschuldung der öffentlichen Hand ist ein wichtiger Treiber hinter der Privatisierung. Die implizite Annahme dabei ist, dass man mit der Privatisierung Schulden reduzieren oder gar vermeiden kann. Darum hat die Troika[51] Griechenland gezwungen, das »Staatssilber« zu veräußern – sehr zur Freude etwa der deutschen Telekom. Seit Mitte 2011 hält der griechische Staat noch 10% (plus eine Stimme) und die Deutsche Telekom 40% (plus eine Stimme) der Anteile an der Hellenic Telecommunications Organization S.A. (OTE).[52] Die Geberländer drängten die griechische Regierung dazu, schneller zu verkaufen. Und so konnte man 2012 in den Zeitungen unter anderem lesen: »*Griechenland unternimmt einen neuen Anlauf, seinem schleppenden Privatisierungskurs Leben einzuhauchen.*«[53] Es ging um den Erdgaskonzern DEPA, den Ferngasnetzbetreiber DESPA, den alten Athener Flughafen, eine Wettfirma usw. – was halt so ein Land an Vermögenswerten hat.

Das oben angeführte Muster wird wieder erkennbar: Man erzeuge eine Krisenstimmung (Shock) und drücke dann die Privatisierung durch. Stiglitz betont immer wieder, dass Griechenland vor 2008 gut gelebt habe. Schon damals wurden viele Steuern nicht bezahlt und der Verwaltungsapparat war zu groß.

Die Schuldendiskussion hat sich verselbständigt und dient zur Begründung von Privatisierungen. Man kann sich über die Definition von Schulden durchaus auch streiten. Ein Unternehmen bekommt Kredite aufgrund seiner Vermögenswerte und der strategischen Opportunitäten, das heißt auf die Wahrscheinlichkeit von Profit. Das sind betriebswirtschaftliche Größen. Es ist selbstverständlich, dass eine Firma immer wieder Kredite braucht, um Liquiditätsengpässe (Investitionen, Gehälter) zu überbrücken.

Was sind aber die strategischen Opportunitäten in einem Staat? Der Irakkrieg unter George W. Bush ist für solche Opportunitäten geführt worden. Es ging vor allem um Ölvorkommen. Der Dollar bleibt aufgrund der US-Opportunitäten (das Potenzial der wirtschaftlichen Leistungen) Leitwährung, und die Verschuldung der USA kann dem nichts anhaben.

Wie viel Wirtschaftsvermögen hat aber eine Kommune oder der Bund – gerechnet zu Marktpreisen? 2000 schätzte man in einer österreichischen Studie die Bruttovermögensquote von Österreich auf 110% und die Verschuldung lag gemäß ESVG (Europäisches System Volkswirtschaftlicher Gesamtrechnungen) bei 66%. Trotzdem wurde schon damals von einer massiven Überschuldung des Landes gesprochen und von den Neoliberalen politisch verwendet. Als Nichtökonom fällt mir das Verständnis der politischen Maßnahmen und Reaktionen schwer: Die effektiven Staatsschulden (inkl. aller verdeckten Verpflichtungen) der USA werden auf 900% des Bruttoinlandsprodukts (BIP) geschätzt, die von Griechenland auf 475% (2014). Deutschland »verdiente« innerhalb von vier Jahren (2010–2014) EUR 40 Mrd. an Zinsreduktionen, und zusätzlich viele Millionen an Zinsen aus den Hilfekrediten. Die Hedgefonds verdienen sowieso an allem, die Swap-Emittenten ebenso. Wieso spricht man in dieser Situation die ganze Zeit von der Notwendigkeit, dass Griechenland sparen respektive Kosten senken soll? Die wesentliche Frage ist doch: Wem nützt die Krisenstimmung?

Scheingrund 3: Investitionsstau

Das Faktum ist evident: Die öffentliche Hand und deren Betriebe haben einen enormen Investitionsstau. Die diesbezüglichen Daten sind atemberaubend, und sie werden Generationen beschäftigen. Gemäß der liberalen Argumentation sieht man anhand dieses beängstigenden Zustandes, wie der Staat nicht unternehmerisch-verantwortlich mit den Steuereinnahmen umgeht. Das ist eine ideologische Unterstellung. Europa steckt in einer Investitionskrise,[54] das stimmt, aber diese Krise ist eine Folge der Steuersenkungen und der radikalen Sparpolitik durch Ausgabenbremsen und der Schwarzen Null.

Grafik 1 zeigt den drastischen Rückgang der Nettoinvestitionen in Europa. Die Tendenz ist in der Schweiz sehr ähnlich.[55] Neben den rigorosen Sparmaßnahmen sind die Steuerausfälle der letzten 10–15 Jahre der Grund, warum der Staat die nötigen Mittel nicht hat.

Das Institut für Makroökonomie und Konjunkturforschung (IMK) beziffert den aufgelaufenen Investitionsstau Deutschlands für alle staatlichen Ebenen (Bund, Länder, Kommunen) 2013 zusammen auf EUR 300 Mrd., Tendenz steigend. »Investitionsstau«, das heißt, Straßen sind nicht gepflegt, Brücken werden unsicher, Schulen warten auf Sanierungen, Umgehungsstraßen werden nicht gebaut, Kita-Plätze fehlen usw. Um das alles zu finanzieren, braucht der Staat Steuergelder und nicht unbedingt eine ausgeglichene Rechnung.

Grafik 2 zeigt die finanziellen Auswirkungen von bundesweiten Steuerrechtsänderungen seit 1998 auf die Gebietskörperschaften in den Jahren 2000–2013.[56]

Grafik 1: Staatliche Nettoinvestitionen in Deutschland

in Mrd. Euro

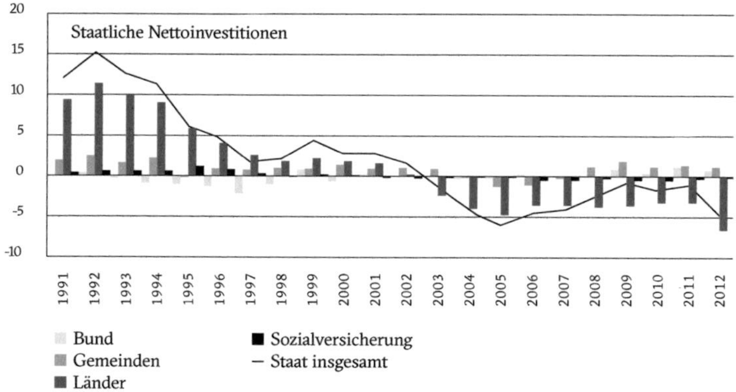

Grafik 2: Deutschland ist ein schlechtes Vorbild

So entwickeln sich die staatlichen Nettoinvestitionen ...

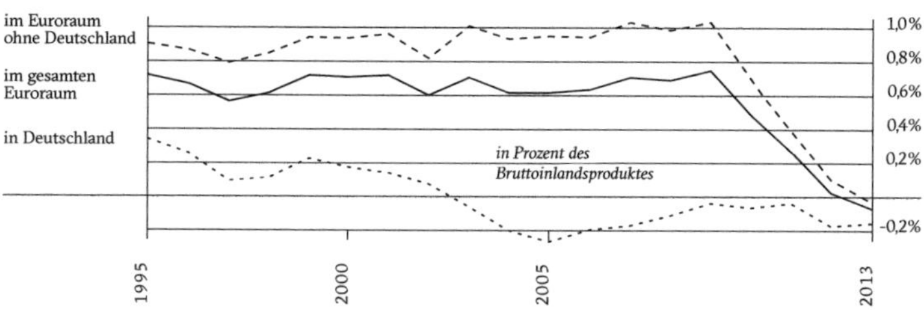

Die Entwicklung ist in der Schweiz ähnlich. Im nationalen Steuerwettbewerb wurden die Steuersätze in fast allen Kantonen immer wieder gesenkt. Und auch die staatlichen Investitionen sind über die Jahre gesunken.[57]

Das sind Realitäten, aber die Marktgläubigen wollen die Steuern noch mehr senken, vor allem die Unternehmen entlasten und konsequent öffentliche Betriebe privatisieren. Laut ihnen würden

Grafik 3: Bundesweite Steuersenkungen in Deutschland

in Mrd. Euro

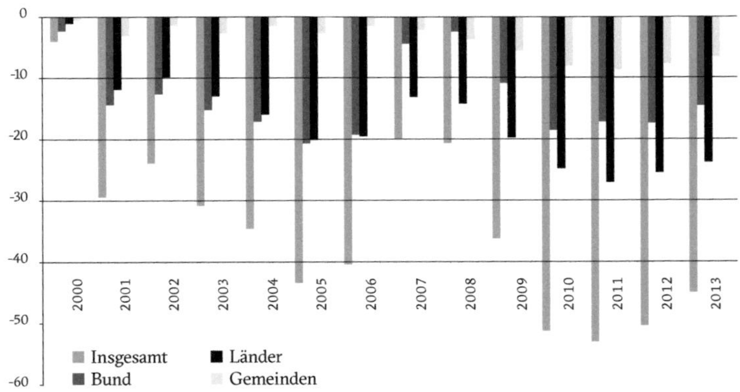

so Arbeitsplätze geschaffen, und Konsum sowie Steuereinnahmen würden auch steigen. Die Investitionen würden privat getätigt, und der Staat hätte mehr Geld für seine Kernaufgaben.

Die Gewerkschaften haben eine etwas andere Sicht. Auch für sie ist der Investitionsstau ein Faktum: »*Jahrzehntelang wurden Ausgaben für Infrastruktur gekürzt und Stellen in öffentlichen Verwaltungen abgebaut. Dadurch fehlte nicht nur Geld für dringend benötigte Investitionen, sondern auch das Personal, um sie umzusetzen.*«[58] Die Interpretation des Staus ist allerdings fundamental anders. Die Gewerkschaft geht davon aus, dass die Steuern nicht ausreichen, und nicht, dass der Staat etwas falsch macht. Wenn man die Steuereinsparungen von 2000 bis 2013 analysiert, wird diese Interpretation plausibel und nachvollziehbar.

Grafik 3 zeigt die Auswirkungen von bundesweiten Steuersenkungen in Deutschland von 2000 bis 2013.[59]

Die Entwicklung ist in der Schweiz ähnlich. Im nationalen Steuerwettbewerb wurden die Steuersätze in fast allen Kantonen immer wieder gesenkt.[60] Das dadurch entgangene Steuersubstrat hätte den Investitionsbedarf mehr als gedeckt, der Investitionsstau wäre schlicht nicht entstanden. Die ideologische Interpretation von Steuersenkungen und Investitionsstaus zeigt die politische Intention der Privatisierer. Es geht darum, Privatisierungsschübe auszulösen, und nicht um das Bürgerwohl. Man zwingt durch Steuersenkungen die Kommunen und Kantone/Bundesländer zu massiven Kostensenkungen und zum Aufschieben von Investitionen. So lässt sich anschließend eine angeblich plausible Lösung anbieten: Der Staat übergibt Spitäler und Betriebe den Privaten oder sucht zumindest private Investoren und Betreiber (Public Private Partnership, PPP), die den Investitionsstau beheben.

Die Alternative zu dieser gewollten Malaise und dem anschließenden Wundermittel »Privatisierung« ist, dass man überprüft, ob die Steuersätze und steuerpflichtigen Gelder richtig definiert sind. Es wäre also zu diskutieren, ob man Steuern nur von den Gehältern erhebt oder auch Vermögen, Erbschaftserträge, Kapitalerträge und Unternehmensgewinne vermehrt einbezieht. Die Produktivitätssteigerungen der Unternehmen werden immer mehr als Gewinne an die Eigner und das Management ausgeschüttet und deshalb kaum versteuert. Das wird unter der Industrie 4.0 ein großes Problem werden.

Es wäre auch zu analysieren, ob die Steuersätze und -progressionen dem Bedarf entsprechen, ob also die Steuersenkungen gerechtfertigt waren. Dies ist aufgrund der beschriebenen Diskrepanzen eine rhetorische Frage. Auf der Leistungsseite wäre zu diskutieren, was genau man unter Infrastruktur oder Service Public verstehen will. Darüber müsste ein gesellschaftlicher Konsens geschaffen werden.

Auffallend ist, dass heute vor allem fiskalisch argumentiert wird. Es fehlt ein Diskurs über die Kernaufgaben des Staates – die erweiterte Infrastruktur. Die neoliberale Fraktion tut so, als wären die Kernaufgaben klar und eindeutig definiert, und es bräuchte darüber keine Diskussion. Darum wiederholen sie immer wieder: Der Staat soll sich um seine Kernaufgaben kümmern. Einverstanden, nur, gehört beispielsweise ein kommunales Schwimmbad für alle zu den Kernaufgaben? Oder das Abfuhrwesen? Warum finanziert der Staat Autobahnen? Diese braucht nicht jeder, Straßen schon, aber Autobahnen nicht unbedingt. Vielleicht sollte der Staat schon lange überhaupt keine Autostraße mehr bauen, denn mehr Straßen bedeutet mehr Stau. In einer bemerkenswerten Studie haben Ökonomen die Verkehrsentwicklung in US-amerikanischen Städten untersucht und festgestellt, dass das Angebot an Straßen den Zuwachs an Verkehr bestimmt, das heißt, verdoppelt man die Straßen, verdoppelt sich der Verkehr.[61] Eine Erkenntnis, die Systemtheoretiker wie Frédéric Vester schon früher plausibel dargestellt haben.[62] Warum baut der Staat (SBB) für etliche Milliarden eine Bahnlinie von Oerlikon nach Zürich, nur damit man zehn Minuten früher in Bern ist?[63] Ist das im Interesse aller? Vielleicht müsste man dann auch Google staatlich fördern und regulieren, denn dieser Dienst wird auch von fast allen Schweizerinnen und Schweizern benutzt.

Scheingrund 4: Wettbewerbsverzerrung

Das Argument der angeblich »gleich langen Spieße« zwischen privaten und öffentlichen Betrieben ist ein weiterer Versuch, Privatisierungen und private Gewinne abzusichern. Es wird moniert, dass der Staat die öffentlichen Betriebe bevorteile. Es geht dabei um Subventionen (Beihilfen in der EU-Sprachregelung), die angeblich fälschlicherweise den öffentlichen Betrieben zugesprochen werden. So etwa im Landkreis Calw (Schwarzwald): Der BDPK (Bundesverband Deutscher Privatkliniken) forderte den Landkreis Calw mit Schreiben vom 22.4.2013 zur Unterlassung der rechtswidrigen Beihilfen (Subventionen) an die kommunalen Kreiskliniken Calw auf. Nachdem der Landkreis Calw die gesetzte Frist verstreichen ließ, legte der BDPK am 13.5.2013 Klage vor dem Landgericht Tübingen ein.[64] Calw ist nur ein Beispiel von vielen Klagen gegen die öffentliche Hand.

So tönt es auch in der Schweiz. Der Gesundheitsökonom Philipp Widmer von der Firma Polynomics AG: »*Kantone betreiben Spitalprotektionismus. Dies zeigt sich insbesondere bei der Bildung von marktmächtigen Spitalgruppen. Die Marktkonzentration birgt die Gefahr, dass die Spitalplanung zu stark auf kantonseigene Spitäler ausgerichtet wird. Außerdem existieren große Unterschiede bei den gemeinwirtschaftlichen Leistungen, der Kreditvergabe und der Subvention von Infrastrukturen.*«[65]

Diese Argumentation gegen die öffentlichen Betriebe wird durch EU und WTO gestützt: Staatliche Unternehmen, die wirtschaftliche Relevanz haben, müssen für den liberalen Markt geöffnet werden. Ob eine öffentliche Dienstleistung den Wettbewerbsmechanismen eines liberalisierten Marktes unterworfen wird, hängt davon ab, ob sie als Dienstleistung mit »wirtschaftlichem« oder »nicht wirtschaftlichem« Charakter angesehen wird. Nach dieser Definition werden lediglich Dienstleistungen wie Justiz- und Sicherheitsdienst (z.B. Polizei und Militär) als Dienstleistungen »nicht wirtschaftlicher Natur« definiert, die dem EU-Wettbewerbsrecht grundsätzlich nicht unterliegen. Dienstleistungen mit »wirtschaftlichem« Charakter müssen sich dem EU-Wettbewerbsrecht unterwerfen. Sie sind somit potenziell der Liberalisierung ausgesetzt.[66] Will die Schweiz in Europa wirtschaftlich erfolgreich sein, dann muss sie sich diesen Bestimmungen anpassen. So wird der Strommarkt liberalisiert, und auch Post, Telecom und Bahn werden grenzüberschreitend angeboten. Die privaten Verbände bringen sich deshalb auch schon in Stellung.

Allerdings: Liberalisierung ist im Prinzip nicht gleich Privatisierung. Die EU überlässt es den Staaten, die Eigentumsverhältnisse zu regeln. Die Kommission empfiehlt jedoch dringend, private

Gelder einzubeziehen (PPP), und schreibt für größere Investitionsvorhaben vor, dass sie international ausgeschrieben werden müssen. So forciert die EU grundsätzlich die Privatisierung, denn bei einer internationalen Ausschreibung meldet sich kaum ein öffentlicher Betrieb – etwa ein großes Kantonsspital in der Schweiz, wenn es um den Neubau einer Großklinik in München geht. Es meldet sich aber durchaus der weltweit tätige deutsche Gesundheitskonzern Fresenius, wenn es um Investitionen (steuergünstig) in eine Klinik in der Schweiz geht.

Im »Grünbuch zu Dienstleistungen von allgemeinem Interesse«[67] macht die EU-Kommission deutlich, dass ihres Erachtens Wettbewerbsregeln auch für bisher von der Liberalisierungspolitik ausgenommene Sektoren gelten sollten. So werden Abfallwirtschaft, Wasserversorgung und öffentlich-rechtlicher Rundfunk für eine mögliche Liberalisierung ins Auge gefasst. Darüber hinaus werden Strategien diskutiert, die eine »Liberalisierung durch die Hintertür« bedeuten würden. Denn auch das europäische Vergaberecht im öffentlichen Beschaffungswesen (Ausschreibungen öffentlicher Aufträge) soll liberalisiert werden.

Privatwirtschaftliche Akteure wie z.B. der Bund Deutscher Industrie (BDI) stellen weitreichende Liberalisierungsforderungen für öffentliche Dienstleistungen, da sie die Bestimmungen zur Sicherung der Daseinsvorsorge nur als Deckmantel für wettbewerbswidrige wirtschaftliche Tätigkeiten des Staates sehen. Hier zeigt sich, dass Liberalisierung weitgehend mit Privatisierung gleichgesetzt wird.

Liberalisierung und Deregulierung sind hoch aktuell und haben eine globale Dimension erreicht. Die Diskussion über Freihandelsabkommen ist nicht mehr international, sondern global. So meldet die WTO ihren großen ersten Erfolg nach der Doha-Runde: *»By agreeing these three decisions we have put ourselves back in the game. We have put our negotiating work back on track – that means all* *the Bali decisions: trade facilitation, public stockholding, the LDC* [Least Developing Countries] *issues, the decisions on agriculture, development, and all of the other elements.«*[68]

Da wird nur der Erfolg gefeiert – etwas getrübt durch eine Ausnahmeregelung für Indien. Die Gefahren hingegen, auf die schon Stiglitz[69] hingewiesen hat, werden nicht erwähnt: »*[...] Trade liberalization by itself* [NAFTA] *clearly does not ensure growth, and its impacts may well be swamped by other factors. Mexico suffered from low levels of innovation – low research and development expenditures [...]«*[70] und »*Even when trade liberalization leads to increased efficiency, it is a one-off effect.«*[71] Stiglitz macht in seinem Buch »Fair Trade for All« auf all die Gefahren einer Liberalisierung aufmerksam und zeigt, welche Rahmenbedingungen gewährleistet sein müssten, um einen fairen Handel gewährleisten zu können.

Nochmals, Liberalisierung und Deregulierung müssten nicht zwangsläufig Privatisierung meinen, aber die Realität ist leider anders. Die treibende Kraft hinter diesen Tendenzen ist nicht eine Denkhaltung im Sinne des Gemeinwohls und der Solidarität, sondern im Sinne des privaten Profits – und der kann nur durch Privatisierung gesteigert werden.

Das Argument der »gleich langen Spieße« suggeriert, dass der öffentliche Sektor bevorteilt würde. Das ist Unsinn, und wenn man genau hinschaut, dann ist das Gegenteil wohl richtig. Die Milliardenausgaben der SBB fließen in den privaten Markt, denn die SBB baut nicht selbst den Gotthardtunnel. Sie delegiert die Durchführungsverantwortung weitgehend an den Markt. Geht ein Kind in eine Privatschule, bekommt die Privatschule den Aufwand vergütet, den das Kind eine Gemeinde in der öffentlichen Schule gekostet hätte. Apotheken profitieren davon, dass Spitäler die Rezepte weitergeben. Ganze Branchen profitieren von einer tieferen Mehrwertsteuer. Der Maschinenpark bei Bauern ist hoch subventioniert. Privat ist eben nicht wirklich privat.

Der oben erwähnte Hinweis, dass die Konzentration von Kantonsspitälern eine Marktverzerrung und gegen das Prinzip der »gleich langen Spieße« verstoße, ist schlicht abstrus. Die angeblich »bevorzugten« Zentrumsspitäler erwirtschaften, wenn sie sehr ökonomisiert sind, einen EBIT von 9%, eine private Gruppe etwa 20%. Die privaten Konglomerate sind zudem oft in Großkonzerne (Fresenius, Mediclinic) eingebettet, bei denen interne Quersubventionierungen und Steueroptimierungen eingesetzt werden, ohne jede Transparenz. In der Schweiz sollen Spitallisten und Fallpauschalen gleich lange Spieße schaffen. Man muss aber inzwischen davon ausgehen, dass die Privatspitäler auch diese Regelungen zur Gewinnmaximierung ausnutzen. Da sie weder leistungs- noch kosteneffizienter arbeiten,[72] liegt der Schluss nahe, dass sie ihre Profite über das Fallmanagement erhöhen. Diese Möglichkeit hat ein öffentliches Spital nicht, da der gesellschaftliche Auftrag für die Grundversorgung klar ist: Für alle denselben Zugang und dieselbe Qualität.

ORDNUNGSPOLITISCHE GRÜNDE FÜR PRIVATISIERUNGEN

Die beschriebenen Scheinargumente dienen zur Stützung einer Behauptung, die keine Evidenz hat: Privat ist besser. Ein Rückblick in der Geschichte zeigt, dass es durchaus ordnungspolitische Gründe zu Privatisierungen gibt, wenn geklärt ist, was man unter einer Infrastruktur verstehen will.

Nach der Rezession in den 1920er-Jahren übernahm der Staat die Verantwortung für Firmen und Arbeitsplätze. Marode Firmen wurden vom Staat subventioniert und übernommen. Zusätzlich zu den staatlichen Dienstleistungsbetrieben wie der Deutschen Bundespost entstanden in Deutschland, Österreich und Frankreich die staatlichen Großkonzerne in den Industriebereichen

Bergbau, Strom, Gas und Automobil. Im Nationalsozialismus in Deutschland wurden dann diese Staatsmonopole vor allem für die Rüstungsindustrie genutzt. Diese Entwicklungen beruhten auf der ordnungspolitischen Auffassung, dass sowohl Leistungen wie auch Produktion zu den Kernaufgaben des Staates gehören. Diese Auffassung wurde in den 1960er-Jahren infrage gestellt. Durch den Liberalismus setzte sich die Meinung durch, dass die Produktion gerade eben nicht zu den Kernaufgaben gehören soll.

Zwischen 1959 und 1965 wurden daraufhin in Deutschland die großen bundeseignen Betriebe teilprivatisiert: Bergwerks- und Hütten AG (Preussag AG, 1959), das Volkswagenwerk (1961) und die Vereinigte Elektrizitäts- und Bergwerks AG (Veba AG, 1965).[73] Diese Privatisierung wurde mit einem sozialpolitischen Schachzug kombiniert: Gemäß dem Slogan »Wohlstand für alle« wurde die Beteiligung breiter, einkommensschwächerer Schichten am Produktivkapital der öffentlichen Unternehmen eingeleitet, nicht zuletzt auch in Form von Belegschaftsaktien für die Mitarbeiter der Unternehmen.[74] Damit sollte laut Bundeskanzler Ludwig Erhard »Wohlstand für alle geschaffen« werden. Das gleiche Ziel stand auch hinter der Volksaktie bei der Deutschen Telekom AG (T-Aktie). Das Resultat war allerdings bei der T-Aktie für viele ein Desaster.

Dieser Trick der Volks- oder Belegschaftsaktie hatte weitreichende ideologische Folgen: Mit der Volksaktie bin ich als Angestellter plötzlich auch Shareholder und identifiziere mich auch mit dieser Kaste. Demgemäß unterstütze ich politisch alles, was den Gewinn »meines« Unternehmens steigert.

Die großen Konzerne schrieben Verluste, was auch das Defizit beim Bund erhöhte und den Druck in Richtung Privatisierung verstärkte. In den 1980er-Jahren wurden diese Firmen unter der Regierung Helmut Kohls gänzlich privatisiert.

Für mich ist deutlich, dass es damals keinen ordnungspolitischen Diskurs über die Kernaufgaben des Staates gab, sondern das Dogma der liberalen Schule allmählich wirksam wurde. Die Privatwirtschaft will die Kernaufgaben einfach nach ihrem Gusto definieren. Das Ziel, wie beschrieben, ist klar: Der Staat soll sich auf Recht und Sicherheit beschränken und finanziell Hilfe leisten, wenn notwendig.

Die Schweiz hat bezüglich Staatsmonopolen und ihrer Privatisierung eine etwas andere Ausgangslage, da es diese großen, staatseigenen Produktionsbetriebe nicht gibt. Interessant ist in diesem Zusammenhang, wie die SBB entstanden sind. Es gab in der Schweiz verschiedene, sich konkurrierende Bahnen, die auf private Initiative entstanden waren. Der wichtigste Treiber und Besitzer war wohl Alfred Escher (1819–1882), der auch Mitbegründer der Schweizerischen Kreditanstalt (heute Credit Suisse) und des Eidgenössischen Polytechnikums (heute ETH Zürich) war – neben seiner politischen Rolle als Nationalrat. Sein Werk war die Schweizerische Nordostbahn und die Gotthardbahn. Escher war einer der Schweizer Unternehmer, die den Liberalismus nach 1848 herausragend repräsentierten. Sie waren initiativ-unternehmerisch, wurden reich, und sie beherrschten die Politik.

Die Privatbahnen gerieten jedoch früh in enorme Krisen, worauf die öffentliche Hand einspringen musste. Swiss Info beschreibt dies so: »*1876 brachten Konkurrenz und Wirtschaftskrise sein* [Eschers] *Bahnunternehmen in große Schwierigkeiten. Auch der Bau des Gotthardtunnels war infolge fehlender Finanzen gefährdet. Das Riesenprojekt konnte nur dank Bundessubventionen gerettet werden – eine Ohrfeige für einen Mann wie Alfred Escher, für den Privatinitiative alles war.*«[75]

Vorher, in der Krise von 1871, mussten bereits verschiedene Kantone bei der Centralbahn einspringen. An dieser Konkurrenz zur Nordostbahn waren auch ausländische Aktionäre beteiligt. Nach heftigen politischen Auseinandersetzungen (Demokratie gegen Oligarchie) wurden 1902 alle Bahnen per Volksentscheid in den Staatsbetrieb Schweizerische Bundesbahnen (SBB) integriert.

Vergeblich warnten die gegnerischen Liberalen vor einem Beamtenheer, das dadurch entstehen würde.

Von heute aus gesehen, wäre damals eine entsprechende Diskussion wichtig gewesen: Soll die Schweiz als Staat mit Gütern handeln oder nur das Netz bereitstellen? Was soll die Rolle des Staates sein?

Diese Diskussion fehlte auch nach dem Swissair Grounding, darum hat man daraus nichts gelernt. Der Bund hatte 2001 einen Aktienanteil von 23,6% und verlor damit rund CHF 35 Mio. Nach dem Grounding der Swissair wurde sofort die Fluggesellschaft Swiss an deren Stelle gehievt. Bis sie allerdings den Betrieb aufnahm, hatte der Bund bereits wieder CHF 720 Mio. investiert, anschließend an die notwendige Kapitalisierung nochmals CHF 2,7 Mrd. bezahlt, ganz abgesehen von anderen Kosten. Insgesamt schätzen Experten die staatliche Unterstützung auf CHF 4,5 Mrd.! Demgegenüber nimmt sich der Verlust bei den Aktien als sehr bescheiden aus.

Ohne die ganze Geschichte aufzurollen: Im Endergebnis erhielt die Schweiz von der Lufthansa gerade noch CHF 63 Mio. Rückzahlung. Damit war der Fall erledigt.

Dazu gibt es 2008 eine interessante Stellungnahme des Eidgenössischen Finanzdepartements: *»Der Bund engagierte sich bei der Swiss, weil für die politische, wirtschaftliche und gesellschaftliche Entwicklung unseres Landes direkte Anschlussverbindungen an die wichtigsten Handels- und Industriezentren der Welt von großer Bedeutung sind. Die ersatzlose Aufgabe des Flugbetriebs der Swissair und des damit mit hoher Wahrscheinlichkeit verbundenen Zusammenbruchs weiterer Gesellschaften der Swissair-Gruppe hätte sich zudem massiv auf die Beschäftigung ausgewirkt. Eine Massenentlassung wäre insofern zu einem sehr ungünstigen Zeitpunkt gekommen, als sich der Arbeitsmarkt gerade an einem kritischen Wendepunkt befand. In die Überlegungen zu Swissair hat der Bundesrat auch die erhebliche Bedeutung des Zürcher Hubs für die Volkswirtschaft mit einbezogen.*

Eine Voraussetzung für das Engagement des Bundes war, dass sich an einer Lösung alle Kreise beteiligen, die an der Existenz einer nationalen Fluggesellschaft mit interkontinentaler Anbindung interessiert sind. Von Beginn an war klar, dass das Engagement des Bundes zeitlich befristet sein würde. In einem liberalisierten Markt – wie es die Luftfahrt ganz ausgeprägt ist – soll der Staat für die Schaffung möglichst optimaler Rahmenbedingungen sorgen. Nicht zu seinen langfristigen Aufgaben gehört das Tragen von unternehmerischen Risiken.«[76]

Zu diesem kabarettreifen Paradox wäre noch anzufügen: Es gehört auch nicht zu seinen kurzfristigen Aufgaben, dafür gibt es nämlich Geschäftsbanken.

Das war im Jahr 2008! Im selben Jahr brach die Bankenkrise aus, und es wurden die gleichen Begründungen zur Rettung der Großbanken genannt: Too big to fail bedeutet, dass der Staat eine Bank retten muss, weil deren Untergang sonst die ganze Wirtschaft in starke Mitleidenschaft ziehen würde. Bei einem Wertschöpfungsanteil der Banken von 4–6% am BIP ist dies zwar eine gewagte Behauptung – aber politisch war sie äußerst wirksam. Leider wurden auch in dieser Situation keine Maßnahmen ergriffen, um die nächste Krise zu vermeiden.[77] Es gab wiederum keinen ordnungspolitischen Diskurs, sodass das Thema bei den Stromkonzernen und bei Swisscom wiederholt werden wird.

Ein Unterschied zum Swissair-Debakel ist der, dass die Banken die Schulden beim Bund gewinnbringend refinanzierten. Der Begriff »Gewinn« ist allerdings zu hinterfragen, denn die Steuerschulden der Banken werden nicht berücksichtigt. Ohne das Thema weiter auszuführen, nur ein Hinweis: In den Geschäftsjahren 2009 bis 2011 zahlte die Credit Suisse insgesamt rund CHF 4 Mrd. Steuern; 2007 waren es gut CHF 800 Mio., macht zusammen CHF 4,8 Mrd. für den Fiskus. Dazwischen liegt das Jahr 2008: Eine horrende Steuergutschrift von CHF 4,9 Mrd. verbessert optisch das Resultat der Bank. Für den Fiskus heißt das:

Wie gewonnen, so zerronnen. Bei der UBS legte die Stadt Zürich CHF 2,3 Mrd. drauf!

Wenn der Bundesrat also von einer erfolgreichen Rückzahlung der Schulden spricht, dann rechnet er diese Milliarden nicht dagegen. Auch hier gilt: Die Öffentlichkeit hat die Verluste der Krise getragen, die Gewinne hingegen wurden privat abgeschöpft.

Wichtig ist festzuhalten, dass diese Diskussionen der demokratischen Kontrolle weitgehend entzogen waren, trotz der enormen Tragweise der Entscheide. Die Lehre nach dem Swissair-Debakel wäre an sich richtig gewesen: Es ist keine Kernaufgabe des Staates, langfristige unternehmerische Risiken zu übernehmen. Zu ergänzen wäre: Auch keine kurzfristigen. Der Staat ist weder Geschäftsbank noch Rückversicherung für Privatunternehmen.

Die Vertreter der Liberalisierung und Privatisierung beziehen das Geld der Bevölkerung immer in ihre Überlegungen mit ein und rechnen damit, dass der Staat mit den Steuern die rettende »Geschäftsbank« spielt. Anders gesagt: Sie definieren die Kernaufgaben des Staates sehr situativ, je nach dem, was sich gerade auszahlt.

Erstaunlich ist allerdings auch, dass die Bevölkerung die Argumente für die Verwendung ihrer Gelder seit 1870 ohne Aufstände hinnimmt, ja sogar bejaht, weil angeblich so Schlimmeres abgewendet wird. Wie immer ist die Angst ein schlechter Ratgeber.

Der politische Mainstream, auch EU und WTO sowie die entsprechenden Finanzierungsinstitutionen folgen der angeführten Liberalisierungslogik. Konvergenz-Studien zeigen, dass die Liberalisierungspolitik in wirtschaftlicher und finanzpolitischer Hinsicht in der EU weit fortgeschritten ist[78] – es soll ja auch eine WWU (Wirtschafts- und Währungsunion) werden.

Im Zentrum dieser Politik stehen angeblich Eigenverantwortlichkeit und das Prinzip der Konkurrenz. Prinzipiell sei jedes Unternehmen, und auch das Individuum, auf sich gestellt und müsse sich in der Konkurrenz mit anderen behaupten. Darum versuchen

Unternehmen, möglichst hohe Eintrittsbarrieren für potenzielle Konkurrenten im Markt aufzurichten, sei dies durch Innovation oder durch Preisgestaltung. Reicht dies nicht aus, so versuchen Unternehmen die Politik einzuschalten. Der Staat soll mit Zöllen oder Subventionen Branchen oder Unternehmen schützen. Dieser Ruf nach staatlicher Unterstützung erzeugt immer wieder Widersprüche zur neoliberalen Philosophie.

Interessant wird in diesem Zusammenhang die Diskussion über die Stromfirmen. Seit 2014 ist klar, dass der Schweizer Energieversorger Axpo auf Jahre hinaus keine Dividenden mehr zahlen wird – außer der Stromhandel wäre sehr erfolgreich. Die Strompreise im internationalen Markt werden tief bleiben, die Liberalisierung wird voraussichtlich umfassend durchgezogen werden, das heißt, auch Private können ihren Strom von irgendwo beziehen. Durch diese Entwicklung haben die Steuerzahlerinnen und Steuerzahler jetzt schon (Buch-)Geld verloren. Die Bevölkerung ist sich dieser Risiken kaum bewusst, man nimmt die großen Energiefirmen wie Axpo oder Alpiq als private Firmen wahr. Das wird sich ändern, wenn Kapitalerhöhungen notwendig werden. Die Städte werden entscheiden müssen, ob sie ihre Energiefirmen kapitalisieren wollen oder nicht. Wenn nicht, dann wird das zu einem unrentablen Verkauf führen, wenn ja, dann steht man im Risiko für die Zukunft, die nicht rosig ist. Die liberale Denkfabrik Avenir Suisse formuliert das so: »*Besonders einschneidend ist die Situation für die öffentlichen Haushalte aber deshalb, weil sie sich nun fragen müssen, ob sie an einer allfälligen Erhöhung des Eigenkapitals partizipieren können und wollen. Damit ist das Thema Privatisierung unter ganz neuen Vorzeichen lanciert. Denn bisher wurde allenfalls darüber diskutiert, ob die öffentliche Hand ihre ›eierlegende Wollmilchsau‹ an Private veräußern würde. Der politische Konsens war klar dagegen. Nun aber muss die öffentliche Hand darüber entscheiden, ob sie ihr finanzielles Engagement in einem (zunehmend) unsicheren und angespannten*

Markt sogar ausbaut. Dadurch stellt sich noch offensichtlicher die Frage, ob unternehmerische Risiken durch den Staat bzw. den Steuerzahler getragen werden sollten. Letztlich wird auch die Politik feststellen müssen, dass sich die Kantonshaushalte nicht für die Finanzierung von unsicheren Investitionen in wettbewerblichen Märkten eignen. Schließlich gehen damit bedeutende Gefahren für die Kantonsfinanzen einher. Beteiligen sich jedoch die öffentlichen Haushalte (bzw. deren Versorgungsbetriebe) nicht an einer – möglicherweise unausweichlichen – Kapitalerhöhung, dann verwässert sich ihre Beteiligung. Der Krise im Strommarkt ließe sich daher auch noch etwas Positives abgewinnen: Die schleppende Liberalisierung und die praktisch inexistente Privatisierung der Energiebranche werden endlich vorangetrieben.«[79]

Ähnliche Risiken bestehen bei Swisscom. Auch Swisscom ist in einem liberalisierten Markt tätig und den entsprechenden Schwankungen ausgesetzt.

Eine ordnungspolitische Diskussion über die Kernaufgaben des Staates ist wichtig und dringend. Es muss einen umfassenden Diskurs über die erweiterte Infrastruktur geben. Dabei muss immer klar sein, dass es nicht einen Staat an sich gibt, es sind immer die Bürgerinnen und Bürger und deren Steuern gemeint. Wenn also gesagt wird, der Staat soll sich nicht einmischen, dann meint man, die Bürgerinnen und Bürger sollen sich nicht einmischen! Das Gegenteil ist richtig: Bürgerinnen und Bürger sollen sich einmischen.

FISKALPOLITISCHE GRÜNDE FÜR PRIVATISIERUNGEN

Wie weiter oben schon erwähnt, werden heute Privatisierungen zumeist fiskalpolitisch begründet. Die beschriebenen fiskalpolitischen Scheinargumente »Verschuldung der öffentlichen Hand« und »Investitionsstau« werden immer wieder angeführt, was sie aber nicht plausibler macht. Klar, Staat, Kantone und Gemeinden sind verschuldet, und Investitionen fehlen. Dass aber die Lösung dafür in Privatisierungen oder Teilprivatisierungen liegen soll, ist ein Irrtum. Alle wissenschaftlichen Untersuchungen zeigen, dass Privatisierungen oder Teilprivatisierungen von Infrastrukturteilen keine wirkungsvollen fiskalpolitischen Instrumente sind.[80] Im Gegenteil, Privatisierungen kosten die Bürgerinnen und Bürger (den Staat) letztlich sehr viel an Steuersubstanz, sie verteuern die Leistungen und vermindern ihre Qualität.

Es ist auch interessant, dass man davon ausgeht, dass ein Käufer wohl keinen Gewinn machen wird, sonst müsste man auch die Gewinnverluste rechnen. Zur Verdeutlichung seien hier einige Grundlagen und Beispiele dargestellt. Die Deutsche Post ist ein gutes Beispiel für Gewinnverluste, obwohl sie oft als Erfolgsmodell gehandelt wird.[81] Diese Postprivatisierung zeigt sehr deutlich, wie differenziert das Thema diskutiert werden muss. Was machte man, um die Shareholders der Deutschen Post glücklich zu machen? Die Post hatte 2008 rund 400 000 Vollzeitarbeitsstellen. 2015 waren es noch 160 000 Mitarbeitende, davon 40% Teilzeit! Zudem werden immer weitere Funktionen ausgelagert, und die Mitarbeitenden in den ausgelagerten Bereichen verdienen gerade mal noch 50% vom Gehalt, das bei der Post üblich war. Es sind auch viele Filialen geschlossen, Briefkästen abmontiert worden und die Preise sind fast unkontrolliert gestiegen.

Auf der finanziellen Seite verdiente der Staat zwar am Verkauf der Deutschen Post, aber er muss die Pensionskassenzahlungen und andere Leistungen auf Jahrzehnte übernehmen – was die Steuerzahler und Steuerzahlerinnen jedes Jahr fast EUR 1 Mrd. kostet –, und dies noch bis 2070. Hinzu kommt, dass der Staat auf jeden möglichen Gewinn verzichtet, indem er jeden Anteil am Gewinn der Post ausschlägt. Dieser Verzicht und die Kosten übersteigen natürlich in Kürze den gesamten Erlös aus dem Verkauf.

Die Privatisierung der Deutschen Post könnte ein negatives Vorbild für hiesige Privatisierungsvorhaben sein. Bevor man aber diese Dimension diskutieren kann, muss geklärt sein, was man unter »Public Service« verstehen will. Die ordnungspolitische Frage kommt immer zuerst.

Ein weiteres Beispiel sind die Erfahrungen in Schweden. Schweden entschied vor 25 Jahren, verschiedene Bereiche zu privatisieren, das Resultat entspricht den deutschen Erfahrungen: Die Monopole von Post, Eisenbahn oder Stromversorgung wurden bereits in den 1990er-Jahren aufgebrochen, Regulierungen wurden abgeschafft. Das Ergebnis nach einer Dekade ist beachtlich: Die Bahntickets kosten durchschnittlich 125% mehr. Taxis kosten ohne Preisbindung nun 72% mehr. Die Preise für Inlandflüge stiegen dreimal so rasch wie die Inflation. Die Strompreise stiegen um 86%. Produktivitätsverbesserungen hingegen blieben aus.

Die Grafiken 4 und 5 zeigen die generelle Tendenz aus Regionen, in denen man Teile der Infrastruktur privatisiert hat.[82]

Grafik 4: Entwicklung der Strompreise für private Haushalte von 1998–2009 (einschl. MwSt. in Ct/kWh)

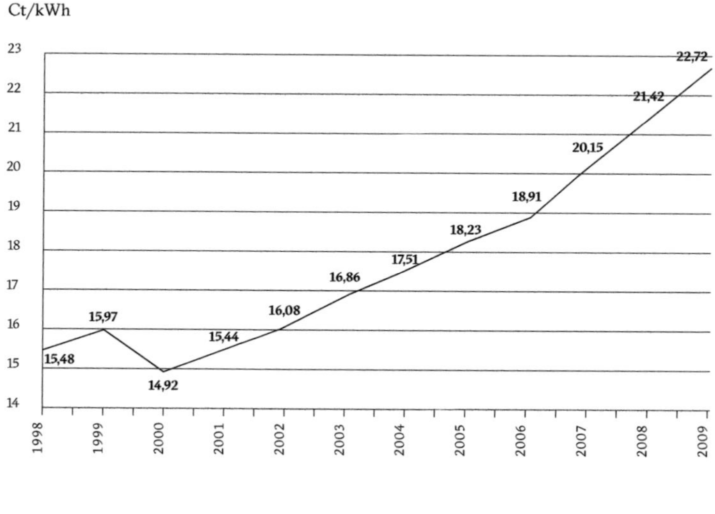

Auch im Gesundheitswesen zeigen sich die negativen Ergebnisse der Privatisierungen: *»Seit dem Beginn der großen Privatisierungswelle im Jahre 1995 sind in Deutschland alleine in der Krankenpflege rund 50 000 Vollzeitstellen abgebaut worden. Heute versorgt eine Pflegekraft rund 25% mehr Fälle als vor 15 Jahren. In einer groß angelegten Befragung des Pflegepersonals durch das Deutsche Institut für angewandte Pflegeforschung (dip) gaben 60% der Befragten an, dass nicht in jeder Schicht ausreichend ausgebildetes Personal zur Verfügung stehe, um die Versorgung fachlich abzusichern. 40% der Befragten gaben an, ein ›arbeitsgefährdendes Überstundenkontingent‹ angehäuft zu haben. Die jeden Monat geleisteten Überstunden entsprechen dabei einem Äquivalent von 15 000 Vollzeitstellen. Selbstverständlich geht diese Überbelastung auch auf Kosten der Pflegequalität. Die große Mehrheit der befragten Pflegekräfte gab an, dass es im Arbeitsalltag zu oft gravierenden Mängeln bei der Patientensicherheit käme. Diese Mängel betreffen unter anderem Medikation, ausreichende Hygiene und mangelnde Beobachtung der Patienten.«*[83]

Ganz anders tönt es bei der »Neuen Zürcher Zeitung« (NZZ): *»Die freie Wahl zwischen verschiedenen privaten Angeboten führt nämlich in aller Regel zu Produkten mit höherem Nutzen für die Kunden*

Grafik 5: Wasserpreissteigerung in Berlin seit der Teilprivatisierung

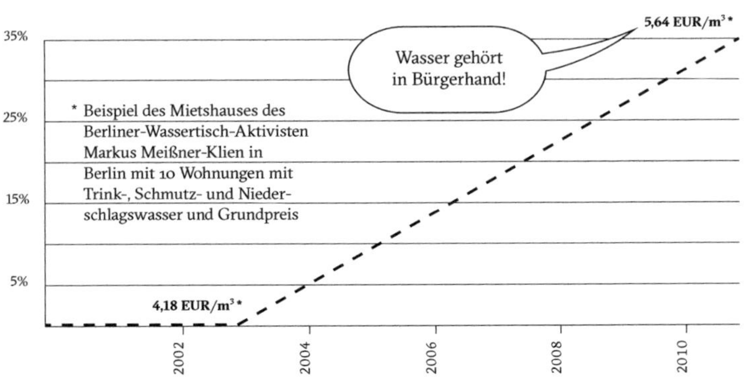

als staatlich orchestrierte Planung. So wurden staatliche Monopolfirmen wie Bahn, Post, Telekommunikation oder Fluggesellschaften in vielen Ländern mit Erfolg privatisiert und dem Wettbewerb ausgesetzt.«[84]

Wie obige Beispiele zeigen, wird da vieles vermischt und auch falsch kolportiert. Der Staat Deutschland – die Steuerzahlerinnen und Steuerzahler – verloren und verlieren viel an der Privatisierung der Post. Die heutigen Shareholders hingegen verdienen viel Geld, insofern ist es für diese ein Erfolg. Dies zeigt aber wieder die hintergründige Absicht: Privatisieren, um das Vermögen der Vermögenden zu steigern, darin besteht der »Erfolg«.

Als erfolgreiches Beispiel der Privatisierung einer Fluggesellschaft wird oft jene von British Airways genannt. Es wird argumentiert, dass ihre Flüge nach der Privatisierung günstiger geworden seien. Das mag sein, hat aber vielerlei Gründe, die mit der Frage »privat« oder »öffentlich« nichts zu tun haben. Da eine Fluggesellschaft aber nicht zur Infrastruktur gehört, ist die Argumentation pro Privatisierung unsinnig. Wir diskutieren auch nicht, ob ein VW-Golf nach der Privatisierung des Unternehmens Volkswagen billiger geworden ist. Wichtig war im Fall von British Airways, dass der britische Staat sich nicht mehr an risikoreichen Geschäften beteiligt hat. Das Staatsverständnis hat sich dahingehend verändert, dass der Staat nur noch Dienstleistungen und Produktionen besitzen soll, die allen Bürgern und Bürgerinnen gleichermaßen dienen. Diese Schlussfolgerung hat die Schweiz verschlafen. Das Swissair-Debakel ist eine direkte Folge davon und könnte sich bei Swisscom wiederholen. Die Swissair hat sich in immer risikoreichere, globale Geschäfte hineinbewegt. Das mag strategisch richtig oder falsch gewesen sein, der Staat hat darin als Eigner jedoch keine Rolle zu spielen. Diese Diskussion muss heute bei der Swisscom geführt werden. Es macht keinen Sinn, dass der Bundesrat ein Engagement in Dänemark untersagt – er ist verantwortlich für die Strategie –, dann aber einer Ausweitung nach Italien zustimmt. Swisscom hat in internationalen Märkten viel Geld verloren, aber auch Gewinne gemacht.[85] Da hat die »Neue Zürcher Zeitung« im oben angeführten Artikel sicher einen Punkt getroffen: Der Staat sollte wohl kaum Konsumgüter im internationalen Markt herstellen und vertreiben. Dies nicht aus Subventions- oder Monopolgründen, sondern weil die Risiken überhaupt nicht kalkulierbar sind. Wichtig wäre dann allerdings die Schlussfolgerung, dass privat wirklich privat ist und nicht im kritischen Fall doch wieder der Staat mit Geld einspringen muss, der Staat also jeweils wieder die Auffangverantwortung übernimmt.

Auf volkswirtschaftlicher Ebene gibt es wenig Studien zum Thema. Die Ökonomen Georg Feigl und Michael Heiling haben die Kosten der Privatisierung der großen österreichischen Staatsfirmen innerhalb von fünf Jahren nachgerechnet. Der Verlust für die Steuerzahler betrug in der untersuchten Periode ca. EUR 2 Mrd. Wenn man einen niedrigeren Diskontsatz annehmen würde, wäre der Verlust noch größer. Sie kommen darum zu Schluss: »*Abschließend ist festzuhalten, dass gerade in der aktuellen Situation, in der sich internationale private Equity-Fonds bereits Traumrenditen durch vermeintlich unabwendbare Privatisierungen ausrechnen (Economist 2011: 73), im Sinne des Gemeinwohls höchste Vorsicht vor vorschnellen Privatisierungen geboten ist. Denn am Ende des Tages könnten diese der öffentlichen Hand teuer zu stehen kommen.*«[86]

Eine andere Studie von Holger Mühlenkamp, Professor an der Deutschen Universität für Verwaltungswissenschaften Speyer, kommt zu ähnlichen Ergebnissen: »*Bei seriöser und fundierter Betrachtung – mit dem damit verbundenen Ausscheiden von für Marktversagen irrelevanten Studien und Konzentration auf die relevanten Effizienzmaße unter Berücksichtigung von Markt- und Regulierungskonstellationen mit modernen quantitativen Methoden – zeigt sich keine allgemeine Überlegenheit Privater.*«[87]

Oder noch eine dritte Studie: »*Entgegen landläufigen Vorurteilen ist es aus theoretischer Sicht keineswegs ausgemacht, dass Privatisierungen einzel- wie gesamtwirtschaftlich immer zu fiskalischen Entlastungen führt. Auch fiskalische Verluste lassen sich begründen.*«[88]

Man kann es nicht genug betonen: Es gibt gute Gründe für Privatisierungen aus ordnungspolitischer Sicht, aber es gibt keine fiskalischen Gründe zur Privatisierung von Infrastrukturteilen. Das neoliberale Credo hält keiner Evidenz stand, es sind ideologische Gebetsmühlen. Das Nachsehen haben immer die Bürgerinnen und Bürger, denn die Leistungen werden bei Privatisierungen durchwegs schlechter und teurer. Die Gesellschaft verliert doppelt. Einerseits ist es ein schlechter Deal, indem man Steuergelder verschenkt, und andererseits bezahlt der Nutzer nachher mehr – was nochmals die Steuereinnahmen senkt.

III.
Die Freizeitgesellschaft – und ihr Ende

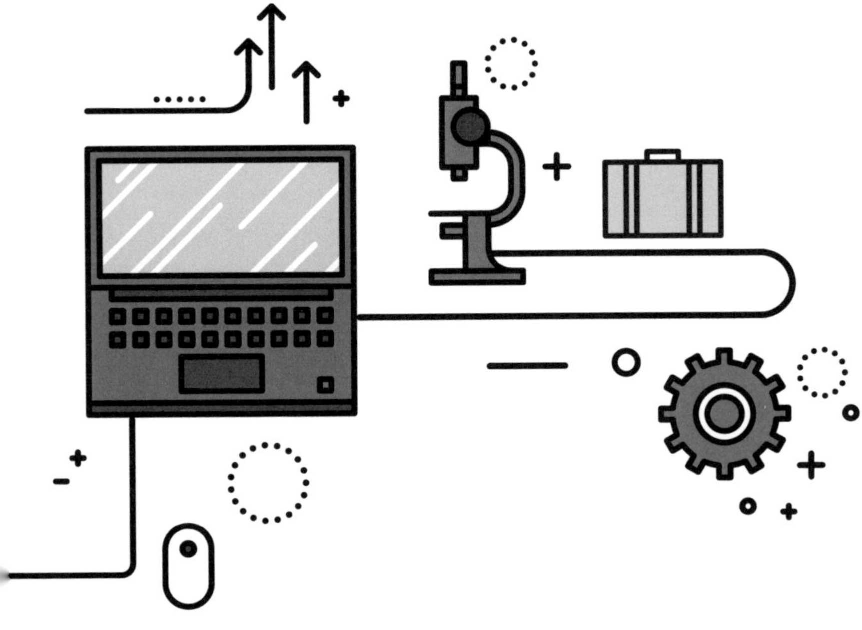

»For three hours a day is quite enough to satisfy the old Adam in most of us!«[89] John Maynard Keynes, 1931

15-Stundenwoche – so weit haben wir es nicht geschafft, aber fast. Mithilfe des kapitalistischen Systems haben wir in unseren Gegenden eine Arbeits- respektive Freizeitgesellschaft geschaffen, die in der Geschichte einmalig ist. Wir haben erreicht, dass wir fast ohne Aufwand unsere Freizeit finanzieren können. Wir arbeiten 35–40 Stunden und haben vier bis sechs Wochen Ferien.

Eine erstaunliche Erfolgsgeschichte des Kapitalismus, wenn wir uns an die Ausgangslage bei der Industrialisierung erinnern: Der Kanton Glarus erließ 1846 das erste Arbeitszeitgesetz, das eine tägliche Höchstarbeitszeit von 15 Stunden für Erwachsene und 14 Stunden für Kinder unter 14 Jahren festlegte.[90] Daneben hatte man vielleicht auch noch einen kleinen Bauernhof oder eine Heimweberei zu betreiben. Die folgenden Ausführungen skizzieren diese Erfolgsgeschichte und zeigen, wie das System heute an seine Grenzen kommt.

MASCHINEN ERSETZEN MENSCHEN

Seit dem Übergang von Handarbeit auf Maschinen ist die technologische Entwicklung angst- und hoffnungsbesetzt. Angst, dass man die Arbeitsstelle verliert, Hoffnung, dass man mit weniger Arbeit und entsprechend mehr Freizeit ein Auskommen hat.

In der vorindustriellen Zeit war die ganze Familie auf die eine oder andere Art tätig und versuchte den Lebensunterhalt zu erwirtschaften. Eine Familie im Zürcher Oberland zum Beispiel organisierte sich dabei sehr egalitär: Jede/r machte, was er oder sie gut konnte. So fuhr die Frau vielleicht auf den Markt, und der Mann arbeitete mit den Kindern auf dem Hof oder betrieb die Handweberei. Arm waren die meisten, aber man organisierte sich. Der berühmte Schweizer Pädagoge Johann Heinrich Pestalozzi (1746–1827) unterschied zwischen Elend und Armut. Er engagierte sich für eine Erziehung zur Armut und meinte damit eine Erziehung, die zu Zufriedenheit in einfachen Verhältnissen führen sollte. Er erkannte, dass immer weniger Familien Grundbesitz hatten (Bevölkerungszunahme, Industrialisierung) und damit den Schwankungen der Märkte wehrlos ausgeliefert waren. Mit der industriellen Nutzung der Dampfmaschine wurde diese Entwicklung beschleunigt, und die Menschen befürchteten mit Recht, dass viele bald verhungern müssten. Hunger war Anfang 19. Jahrhundert auch in der Schweiz eine gesellschaftliche Realität.[91] In der Ostschweiz kam es nach katastrophalen Missernten 1816/17 zu Hunger und Elend. In St. Gallen wurden 6000 Hungertote gezählt, Appenzell verlor 6% der Bevölkerung. Viele Menschen sind ausgewandert. Hunger und Arbeitslosigkeit prägten diese Zeit. In diesem Teil der Schweiz war die Textilindustrie zentral. Da lebten viele neben einem kleinen Bauerngewerbe von der Handweberei und Stickerei.

Durch die neue Maschinentechnologie, insbesondere in England, kamen die Firmen, also die Auftraggeber für die Heimwerker, unter einen enormen Konkurrenzdruck und mussten ihre Produktionen auch mechanisieren. Die Arbeitskraft der Menschen war teurer geworden als der Einsatz der Maschinen, sodass immer mehr Maschinen eingesetzt wurden. Diese Entwicklung war für viele lebensbedrohend und zerstörte die Familienorganisation der damaligen Zeit. Die Folge war auch in der Schweiz Massenarbeitslosigkeit, und es gab verzweifelte Versuche, die Entwicklung zu stoppen. So setzten am 22. November 1832 Handweber aus dem Zürcher Oberland die Mechanische Spinnerei und Weberei Corrodi & Pfister in Oberuster im Kanton Zürich in Brand. Andere Betriebe wurden demoliert.

1987, eine ganz andere Epoche als um 1830, hat der Schweizer Filmemacher Hans-Ulrich Schlumpf den Film »Umbruch« gezeigt. In der Inhaltsangabe des Films heißt es auf der Website von Hans-Ulrich Schlumpf: *»Der Film folgt der Umstellung einer Zeitungsdruckerei vom traditionellen ›heißen‹ Bleisatz zum ›kalten Satz‹, der Satzherstellung mittels Computern, und dokumentiert damit den kulturellen Wandel im Moment seines Geschehens. Die Computerisierung der Akeret AG in Bassersdorf, der Druckerei einer Zürcher Lokalzeitung, wurde Ende 1985 abgeschlossen. Kurz danach entließ der australische Pressezar Rupert Murdoch in London 5600 Drucker und Setzer, weil sie gegen die Einführung derselben Drucktechnologie streikten.«*[92]

Das war sicher für viele eine schwierige Situation, aber wen kümmert das heute noch? Es gab dadurch in der Schweiz längerfristig nicht wesentlich mehr Arbeitslose, und die digitale Drucktechnik ist auch mitarbeiterfreundlicher. Die Arbeitsplätze sind schöner geworden, und man arbeitet weniger. Und so haben wir gelernt: Im Umbruch schwierig, aber, über die Zeit gesehen, kein Problem. Das hat das gesellschaftliche Gedächtnis der Schweiz gespeichert. Darum nimmt man auch heute an, dass nach der Krise wieder alles normal sein werde. Die Banken werden wieder Kredite geben, und die Firmen werden wieder investieren, was neue Arbeitsplätze schaffen wird. Die Digitalisierung ist da auch einfach eine neue Welle.

Die Grunderfahrung mit dem kapitalistischen System ist, dass sich über 100 Jahre bei uns immer ein positiver Trend durchgesetzt hat. Die Arbeitszeiten verkürzten sich, und die Arbeitsbedingungen wurden sukzessive besser. Die biblische Annahme, dass der Mensch »im Schweiße seines Angesichts« seinen Lebensunterhalt verdienen müsse, wurde mehr und mehr widerlegt. Das haben Ökonomen wie Keynes und Marx kommen sehen.

John Maynard Keynes sagt dazu: *»[...] For many ages to come the old Adam* [der noch im Schweiße seines Angesichts arbeiten musste; Anm. des Autors] *will be so strong in us that everybody will need to do some work if he is to be contented. We shall do more things for ourselves than is usual with the rich today, only too glad to have small duties and tasks and routines. But beyond this, we shall endeavour to spread the bread thin on the butter to make what work there is still to be done to be as widely shared as possible. Three-hour shifts or a fifteen-hour week may put off the problem for a great while. For three hours a day is quite enough to satisfy the old Adam in most of us!«*[93] Noch drei Stunden Schweiß pro Tag, und dann die Freiheit, so stellte es sich Keynes also vor.

Ähnliches ist bei Marx zu lesen. In seinen ökonomischen Analysen wurde ihm klar, dass man immer mehr Güter herstellen kann und weniger arbeiten muss. Der Produktivitätsfortschritt ermöglicht dies. Davon leitete er ab, dass nur noch ein kleiner Teil der Arbeitskraft dem Arbeitsprozess zur Verfügung stehen muss und der Großteil für die individuelle Freiheit genutzt werden kann. Marx fand damit die ökonomische Begründung für seine schwärmerischen Ideen in den Frühschriften: Menschen können in Zukunft heute dieses und morgen jenes tun, morgens jagen, nachmittags fischen, abends Viehzucht betreiben, nach dem Essen zu kritisieren, wie ich gerade Lust habe; ohne je Jäger, Hirt oder Kritiker zu werden.[94] Für ihn war schon klar, dass man die Arbeitszeit verkürzen muss.

Marx und Keynes meinten, dass die Zeit kommen wird, in der genügend materielle Werte für alle da sind und die Produktivität an die Maschinen delegiert wird.

IMMER WENIGER MENSCHEN ARBEITEN WENIGER – UND DAS BRUTTOSOZIALPRODUKT STEIGT

Die Annahmen von Marx und Keynes haben sich in den Industrieländern bestätigt. Wir arbeiten immer weniger und steigern

Grafik 6: Wochenarbeitszeit in Deutschland

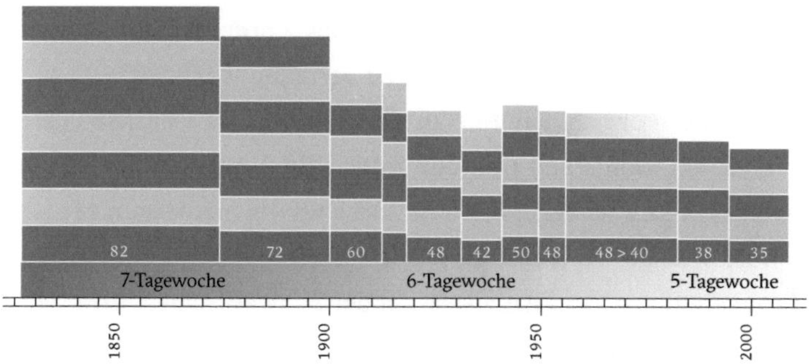

trotzdem das Bruttosozialprodukt. Vielleicht muss man es andersherum formulieren: Wir haben die Produktivität stets gesteigert und mussten darum die Arbeitszeit verkürzen und aufteilen. Das entspricht auch der Annahme von Marx. Trotzdem konnten wir unseren Wohlstand immer steigern. Diese Erfahrung prägt uns. Wir gehen davon aus, dass es immer so weitergehen wird, dass also die Arbeitszeiten sinken, die Arbeitsbedingungen besser werden, und wir genügend verdienen, um die Freizeit zu finanzieren.

Grafik 6 zeigt die Entwicklung dieser Arbeitszeitreduktion.

Wie dargestellt, sind die Reduktion der Arbeitszeit und die Verbesserung der Arbeitsbedingungen, also die soziale Marktwirtschaft, ein riesiger Erfolg der Gewerkschaften und des Kapitalismus als System. Allerdings bezieht sich dieser Erfolg nur auf einen kleinen Teil der Menschheit. In Deutschland und Frankreich waren mutige Streiks ein probates Mittel zur Verbesserung der Arbeitsbedingungen, in der Schweiz war der Erfolg mehr eine Folge vernünftiger Verhandlungen und Kompromissfindung. Ich erinnere mich noch an meine Verhandlungen als Personalleiter eines Textilmultis mit den zuständigen Textilgewerkschaften 1978. Bei der Entwicklung von Kollektivarbeitsverträgen diskutierte ich intensiv mit den Gewerkschaften, wir stritten uns – und gingen dann gemeinsam zum Mittagessen. So wurden Mindestlöhne festgelegt und neue Arbeitszeitmodelle eingeführt. Beide Seiten wollten Lösungen, die sie als Erfolg verbuchen konnten, und das wurde auch erreicht. Das funktionierte gut, da auch genug zu verteilen war.

Heute können wir uns in der Schweiz als Gesellschaft einen hohen Wohlstand und ein gutes Sozialsystem bei geringem Arbeitseinsatz leisten, Nicht nur, dass wir es uns leisten können, immer weniger zu arbeiten, wir leisten es uns auch, viele andere Tätigkeiten quer zu finanzieren. In der Schweiz haben wir etwa 8 Mrd. Lohnarbeitsstunden und 9 Mrd. unbezahlte »Arbeiten«, die also keinen Beitrag zum Bruttosozialprodukt leisten. 2014 wurden in der Schweiz fast CHF 5 Mrd. an Arbeitslosenentschädigungen ausbezahlt – und das bei nur 2,4% erfasster Arbeitslosigkeit. Zusätzlich hat die Schweiz 2012 um die CHF 600 Mio. in Beratung, Wiedereingliederungskurse usw. investiert. Der Erfolg ist mäßig: Etwa die Hälfte der bei den Regionalen Arbeitsvermittlungszentren (RAV) gemeldeten Personen findet nach zwei Jahren eine Stelle, allerdings zu schlechteren Bedingungen als vorher. Jedes Jahr kommen 30 000 sogenannt ausgesteuerte Menschen dazu – und fallen aus der Arbeitslosenstatistik, da sie sich nicht mehr beim RAV melden können. Insgesamt beziehen 250 000 SozialhilfeempfängerInnen fast CHF 2,4 Mrd. Wenn Deutschland von 2 Mio. Arbeitslosen spricht, dann zählt man ca. 7,5 Mio. Hartz-IV-Empfänger und andere Unterstützungsempfänger nicht dazu. Das alles leisten wir uns.

DAS ENDE DER FREIZEITGESELLSCHAFT

Künstliche Intelligenz ergänzt und ersetzt Menschen

Schon im Film von Hans-Ulrich Schlumpf 1987 war diese Entwicklung das Thema. Heute sind es aber nicht mehr nur Maschinen und simple Computer, die Menschen in der Produktion ersetzen, sondern Roboter und lernende Algorithmen (künstliche Intelligenz) aller Art, die Mitarbeitende ergänzen und überflüssig machen. Maschinen haben die Menschen physisch ergänzt, künstliche Intelligenz ergänzt die Menschen intellektuell.

1983 stellte Nobelpreisträger Wassily Leontief die provokative Frage, ob die Menschen den Weg der Pferde gehen werden. Pferde waren unabdingbar für den Fortschritt im 19. Jahrhundert. In den USA wuchs der Bestand zwischen 1840 und 1900 um das Sechsfache auf 21 Mio. Pferde. Dies trotz der entstehenden Bahnen und der Telegrafie. Pferde brauchte man nicht nur auf dem Lande, sondern auch in der Stadt zum Transportieren von Gütern, Ziehen von Trams u.a. Die Wende kam mit der Erfindung und Anwendung des Verbrennungsmotors. Nun entstanden Automobile und Traktoren. Die Pferde wurden überflüssig. Um 1960 gab es in den USA 88% weniger Pferde als Anfang des Jahrhunderts. Hätte man dies um 1900 diskutiert, viele wären der Meinung gewesen, dass die Pferde nie ganz ersetzbar würden, und das Auto nur eine Modeerscheinung sei. Das war ein wesentlicher Trugschluss.[95]

Auch bei den elektronischen Neuerungen haben sich viele führende Köpfe geirrt. Ron Sommer, damals CEO der Deutschen Telekom (1995–2002), soll gesagt haben: *»Das Internet ist eine Spielerei für Computerfreaks, wir sehen darin keine Zukunft.«*[96] Bill Gates meinte 1981: *»640 KB sollten genug für jedermann sein.«* Ein Ingenieur von Advanced Computing Systems Division of IBM soll 1968 bei der Präsentation des Microchips gesagt haben: *»Interessant, aber für was ist das gut?«* Auch Thomas Watson, Vorsitzender der IBM, hatte im Jahr 1943 eine klare Meinung: *»Ich denke, dass es einen Weltmarkt für vielleicht fünf Computer gibt.«*[97]

Man spricht seit Jahren von einem disruptiven technologischen Schub, der alle bisherigen Entwicklungsschübe übertreffen und die Gesellschaft wesentlich verändern werde. Doch die alten Muster werden weiterhin gepflegt. So wird etwa Andy Haldane,

Chefökonom der Bank of England, am Trade Union Congress London vom 27. November 2015 wie folgt zitiert: »*Andy notes that arguments about ›technological unemployment‹ – the idea that technological advance puts people out of work and bears down on wages – have been raging for centuries. According to Andy, most evidence shows that over the broad sweep of history technological progress has not damaged jobs but rather boosted wages: ›Technology has enriched labour, not immiserated it.‹*«[98] Ich unterstelle Andy Haldane allerdings eine ideologische Absicht. Ich kann mir nicht vorstellen, dass er es als Fachmann nicht besser weiß.

Man erkennt bei großen Innovationen erst nach längerer Zeit, was sie wirklich bewirken. Die erste Dampfmaschine wurde im Jahr 1655 von Edward Somerset, Marquis und Earl von Worcester, entworfen, und im Jahr 1685 produzierte Denis Papin ein erstes funktionierendes Modell. Es dauerte aber nochmals dreißig Jahre, bis die Dampfmaschine industriell genutzt wurde. Es gibt immer eine Latenzzeit.

Es genügt auch nicht, eine Lokomotive zu entwickeln, wenn man den Gleisbau nicht beherrscht. Eine Innovation braucht immer innovative Entwicklungen von peripheren Systemen. Die früheren Erfindungen hatten relativ lange Entwicklungszeiten, was entsprechende gesellschaftliche Anpassungen ermöglichte. Sicher, diese Adaptionen waren nicht problemlos, wie die obigen Beispiele zeigen, aber im Gegensatz zu heutigen technologischen Veränderungen waren es lange Adaptionszeiten für die Arbeitswelt und die Gesellschaft.

Exponentielle Beschleunigung der Entwicklung

Die Entwicklungsschritte in naher Zukunft liegen auf einer exponentiellen Kurve. Darum wird die Entwicklung so schnell ablaufen, dass sie uns überrollen wird – wie das Auto die Pferde. Wir haben heute eine höhere Dichte an technologischen Innovationen als frü-

Grafik 7: Weltbevölkerung und sozialer Entwicklungsindex

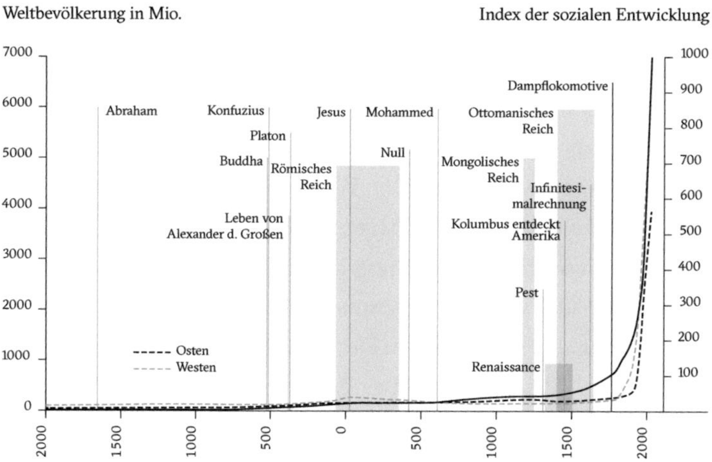

her, und diese Innovationen setzen sich schneller um. Es ist eine exponentielle Beschleunigung, deren Ende nicht abzusehen ist.

Menschen denken tendenziell linear und mit einer bestimmten Logik, in der 2+2=4 sind. Wir erkennen auch nicht, dass eine quantitative Entwicklung zu einer neuen Qualität führen kann – wir können z.B. nicht immer mehr Fieber bekommen, sondern sterben bei zu hoher Temperatur. Es fällt uns schwer, in exponentiellen Entwicklungen zu denken und entsprechende künftige Zustände vorwegzunehmen. Eine exponentielle Entwicklung verläuft zuerst »normal« und ist kaum als solche wahrnehmbar. Dann kommt sie aber an ein »Knie«, und von da an sind wir irgendwie fassungslos über die Dynamik der Entwicklung. Berühmt ist das Seerosen-Beispiel. Seerosen vermehren sich exponentiell. Wenn der Besitzer des Teichs aus den Ferien zurückkommt, staunt er, dass nicht ein paar Seerosen mehr im Teich sind, sondern der ganze Teich bedeckt ist. Als er wegfuhr, war doch erst die Hälfte bedeckt!

Grafik 7 zeigt die Dichte der Neuerungen in den letzten zwanzig Jahren gegenüber 4000 Jahre zuvor. Man kann sehr schön das »Knie« der exponentiellen Entwicklung erkennen.

Da verwundert es nicht, wenn Reymond Kurzweil, Director of Engineering bei Google, meint, dass die nächsten 100 Jahre den 20 000 vorhergehenden entsprechen werden – und vor 20 000 Jahren lebten die Neandertaler. Wer konnte damals voraussehen, dass wir heute einen Tesla bauen? Diese exponentielle Entwicklung der Innovationen hat schon in den letzten Jahren Gestalt angenommen und viele Unternehmer auf dem linken Fuß erwischt. Ein Topmanager sagte mir 2012, dass er damit rechne, etwa in acht Jahren 30% des Umsatzes über das Internet zu generieren. Man fühlte sich auf dem richtigen Weg, glaubte man doch, genügend Adaptionszeit zu haben. 2014 lagen seine Internetverkaufszahlen um 30% hinter der Konkurrenz, und er trat zurück. Er hatte »plötzlich« weniger Umsatz und viel zu viel Verkaufsfläche.

Andrew McAfee, Ko-Direktor der Initiative on the Digital Economy am MIT, beschreibt dieses Erstaunen auch als Wissenschaftler an vorderster Forschungsfront: »*For years we have studied the impact of digital technologies like computers, software, and communications networks, and we thought we had a decent understanding of their capabilities and limitations. But over the past few years, they started surprising us. Computers started diagnosing diseases, listening and speaking to us, and writing high-quality prose, while robots started scurrying around warehouses and driving cars with minimal or no guidance. Digital technologies had been laughably bad at a lot of these things for a long time – then they suddenly got very good. How did this happen? And what were the implications of this progress, which was astonishing and yet came to be considered a matter of course?*«[99]

Ein Zustand ist nicht »plötzlich« da, aber die Entwicklung nach dem »Knie« in der exponentiellen Kurve erleben wir so. Das ist das Staunen des Teichbesitzers im Beispiel oben.

In der digitalen Welt ist ein wichtiger Treiber das Moore'sche Gesetz. Gordon Moore[100] erkannte in den 1970er-Jahren, dass die Entwicklung alle zwei Jahre die Größe eines Transistors halbiert und darum doppelt so viele Transistoren auf einen integrierten Schaltkreis angebracht werden können, was wiederum die Geschwindigkeit verdoppelt. Dies führt zu einer exponentiellen Zunahme der Performance und zu einem entsprechenden Preiszerfall (1968 bekam man 1 Transistor für USD 1, 2002 waren es 10 Mio. Transistoren per USD).

Da die Grafik 8 eine algorithmische Kurve darstellt, sieht sie fast linear aus. Die Kurve verläuft allerdings, wenn nicht algorithmisch dargestellt, fast senkrecht nach oben! Experten schätzen, dass diese Entwicklung bis etwa 2020 anhält. Wenn es allerdings gelingt, die Transistoren im atomaren Bereich zu entwickeln, dann wird diese Entwicklung weitergehen.[101]

Computer werden in der Zukunft eine Rechenleistung haben, die unsere Hirnkapazität bei Weitem übertrifft, sie werden fließend sprechen und auch gefühlvoll reagieren können. Und diese Zukunft hat schon begonnen. Vielleicht verläuft dieser Prozess auch etwas

Grafik 8: Das Moore'sche Gesetz

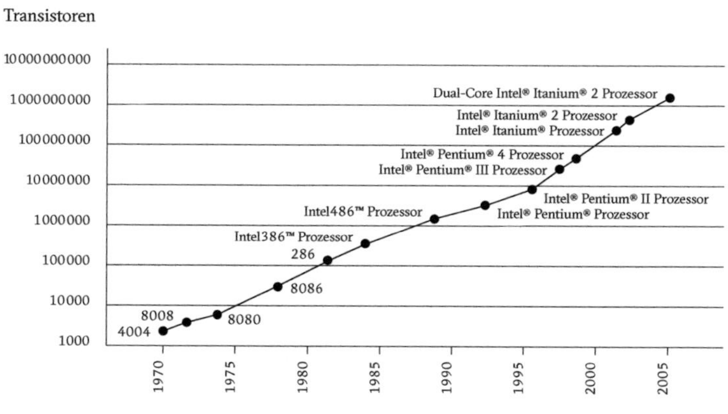

langsamer, da man in der Forschung immer wieder Grenzen überschreiten muss und Regularien entwickelt werden, die eine Einführung verschieben. Aber sicher ist, dass wir an einem solchen »Knie« der Entwicklung stehen und dass die technologischen Innovationen und Markteinführungen »explodieren« werden.

ENTWICKLUNGSFELDER DER KÜNSTLICHEN INTELLIGENZ

Künstliche Intelligenz (KI, oder Englisch: Artificial Intelligence) ist nicht eindeutig definiert. Im Prinzip geht es um Algorithmen, die aus Ereignissen lernen können. Daraus entstehen Computer oder Roboter, die sich an bestimmte Ereignisse erinnern und sich entsprechend verhalten. Diese Ereignisse können empirisch sein (kritische Situationen auf der Fahrbahn für einen Tesla) oder mit Regeln definiert werden. Im ersten Fall lernt der Algorithmus (hier die Teslas) empirisch, im zweiten entwickelt der Computer gemäß diesen Regeln ein großes Wissensrepertoire (Schachcomputer, gegen den keine Menschen mehr gewinnen).

Effizienzsteigerung

Die Industrieroboter werden immer flexibler. Sie bekommen Sehnen und Muskeln und können mit ihrer Feinmotorik immer differenziertere Arbeiten übernehmen.

Die Wertschöpfungskette wird durchgehend automatisiert, das heißt, es braucht keine Planungsbüros und keine Logistikfachleute mehr. Der Scan an der Kasse steuert die ganze Demand-Kette, von der Produktion über die selbst fahrenden Lastwagen bis zur Anlieferung. Es könnte sein, dass in wenigen Jahren Roboter die Ware in Empfang nehmen und in die Gestelle füllen. Schon heute hat jedes Produkt seinen elektronischen Platz.

Dazu ein konkretes Beispiel aus der Automobilbranche, das sich auf alle Branchen übertragen lässt: Seit Henry Ford die Herstellung von Autos durch die Fließbandfertigung revolutionierte, werden Autos in Masse produziert und in den Markt gedrückt. So entstehen sogenannte »Halden« bei den Herstellern, Kunden müssen andererseits etwa 40 Tage auf ihr Auto warten. Die Gestehungskette vom Kundenauftrag über viele Abteilungen in einem Konzern und einer komplizierten Distribution bis hin zum Kunden ist teuer und nicht kundenorientiert.

Analysen haben ergeben, dass zwischen den Auftragseingängen und der Einplanung der Fahrzeuge in die jeweiligen Endmontage-Linien die meiste Zeit verloren geht, in Europa durchschnittlich 33 Tage. Um die Durchlaufzeiten an dieser Stelle markant zu verkürzen, wurde ein neues Auftragsmanagementsystem benötigt, welches die Kundenbestellungen bzw. -spezifikationen direkt mit der Montageplanung und den Lieferanten (Supply Chain) verknüpft. Zudem sollte die Supply Chain, ausgehend vom Kunden- bzw. Marktbedarf, mit der Produktion synchronisiert werden. Nachdem der Endkunde (IWF) sein Fahrzeug konfiguriert hatte, wurden die notwendigen Modul- und Komponentenbedarfe ermittelt und zeitnah an die betroffenen Akteure (Montagewerk und Zulieferer) übermittelt.[102] Das Ergebnis war, dass der Kunde sein individuell zusammengestelltes Auto nach 5 Tagen vor der Haustür hatte! Das ist dann wirklich »on Demand«.

Es gibt aber auch Effizienzsteigerungen in ganz anderen Bereichen. So werden inzwischen gewisse Operationen im Spital schneller und sicherer mithilfe von Computern durchgeführt als von einem Chirurgen alleine, eine Buchhaltung wird besser von einem Computer übernommen, so auch das Controlling. Generell können fast alle Büroarbeiten von Algorithmen übernommen werden.

Eine Form der Effizienzsteigerung in der Medizin sind Geräte, die Blutdruck kontinuierlich messen, Blutanalysen machen und den Herzschrittmacher kontrollieren. Sie messen und senden die Daten an eine Zentrale. Dort werden automatisch die Auswertungen gemacht. Risikopatienten leben so sicherer, sie werden rechtzeitig über Gefahrenschwellen informiert.

Es gibt zudem Roboter, die alten Menschen zu Hause helfen. Die Pflege wird über die ganze Kette mehr und mehr von Robotern, Apps und Geräten aus dem Internet der Dinge ergänzt und zum Teil übernommen. Das Gleiche gilt für den öffentlichen Verkehr: Züge brauchen bald keine Lokführer mehr, Billettautomaten wird es in einigen Jahren nicht mehr geben, dafür muss der Reisende auch keine Angaben mehr eingeben. Er steigt mit seinem Smartphone in A ein und in B aus, und der Preis für Strecke und Klasse werden auf seiner Kreditkarte automatisch verrechnet.

Man kann sich noch beliebige Effizienzsteigerungen vorstellen, wenn man die Prinzipien der Verarbeitungskapazität und der lernenden Maschinen durchschaut und akzeptiert hat.

Wissensergänzung

Ein Arzt müsste jeden Tag 16 Stunden lesen, um alle neuen Erkenntnisse aufzunehmen. Das kann ein Computer besser sammeln und aufbereiten und wird so zum Assistenten des Arztes. Dasselbe gilt auch für einen Juristen. Ein Mensch kann die Fülle von Urteilen in ihrem Kontext gar nicht zuhanden haben, der Computer schon. Er verarbeitet alle relevanten Gerichtsurteile, Blogs und Journals in Zero Time.

Wir werden lernen, den Computer als Kollegen zu betrachten, da er einfach schneller Daten verarbeiten und abrufen kann, das heißt, er lernt viel schneller als wir. Es gibt bereits Firmen, die bei der Entscheidungsfindung Roboter als Kollegen einsetzen. Seit der Roboter auch »Jeopardy« (ein beliebtes TV-Quizspiel in den USA) gewinnt, bestehen kaum noch Zweifel daran, dass Roboter nicht nur Wissen speichern und wiedergeben, sondern auch viel komplexere Aufgaben meistern können. Denn in dem Quizspiel geht es nicht darum, auf Fragen die richtigen Antworten zu finden, sondern auf Antworten die richtige Frage zu formulieren – und das schneller als die Mitspieler. Allerdings, das Duo Mensch–Roboter ist fast unschlagbar. Im Schach hat der Roboter gegen die Meister schon längst gewonnen, aber ein Roboter verliert gegen das Duo Mensch–Roboter.

Wir werden uns an diese Kollegen gewöhnen. Sie kommen ja auch immer menschlicher daher, können lachen oder traurig sein und sprechen mit uns. Seit C.G. Jung wissen wir, dass Intuition eine rationale Funktion ist. Sie wird aus vielen unbewussten Erfahrungen gebildet – und das ist wiederum die Stärke des Computers; er kann diese Erfahrungen situationsgerecht abrufen. Das wird uns Mühe machen, denn mit all diesen Möglichkeiten wird der Computer auch kreativ. Die Menschen müssen dann sehr genau wissen, wohin sie wollen und was sie nicht wollen.

Der Roboter, dein Freund und Helfer

Sei es im Spitalzimmer, in der Alterswohnung, im Hausflur, Roboter werden überall anzutreffen sein und Funktionen übernehmen. Er wird Stimmungen lesen lernen und Empathie zeigen können. Roboter werden an der Rezeption eines Hotels stehen und den Gast ins Zimmer begleiten. Sie werden ihm Geräte erklären und nach seinen Wünschen fragen.

Das Internet der Dinge (IoT)

Beim Internet der Dinge geht es um komplexe Systeme, die wir auf Knopfdruck oder einfach durch Anwesenheit steuern können. Beliebige Gegenstände sind mit Sensoren und Chips ausgerüstet und übernehmen eine Funktion in einem Zusammenspiel von vielen Dingen. Die Kosten sind gering, und die Leistung wird immer größer. Das führt zu einer enormen Ausdehnung der Anwendungen.

»Smart Home« sind technische Lösungen, bei denen Haustechnik, Haushaltsgeräte und Unterhaltungselektronik vernetzt werden. Wenn zum Beispiel die letzte Person respektive deren Smartphone, das Haus verlässt, schaltet sich die Heizung zurück, wenn das Master-Smartphone das Auto in Gang setzt, schaltet sich die Heizung wieder ein. Ein Knopfdruck aufs Smartphone, und wie programmiert gehen die Jalousien runter, das Licht wird gedimmt, und der Beamer schaltet sich ein – Homekinozeit. Ein Kind läuft ins Badezimmer, und der Spiegel neigt sich dank der Erkennung der Körpergröße so, dass es sich darin sehen kann. Das sind Spielereien, aber die Technologie führt in neue Dimensionen der Digitalisierung.

Grafik 9: Das Internet der Dinge bietet im Jahr 2025 einen potenziellen wirtschaftlichen Einfluss von USD 4–11 Billionen pro Jahr

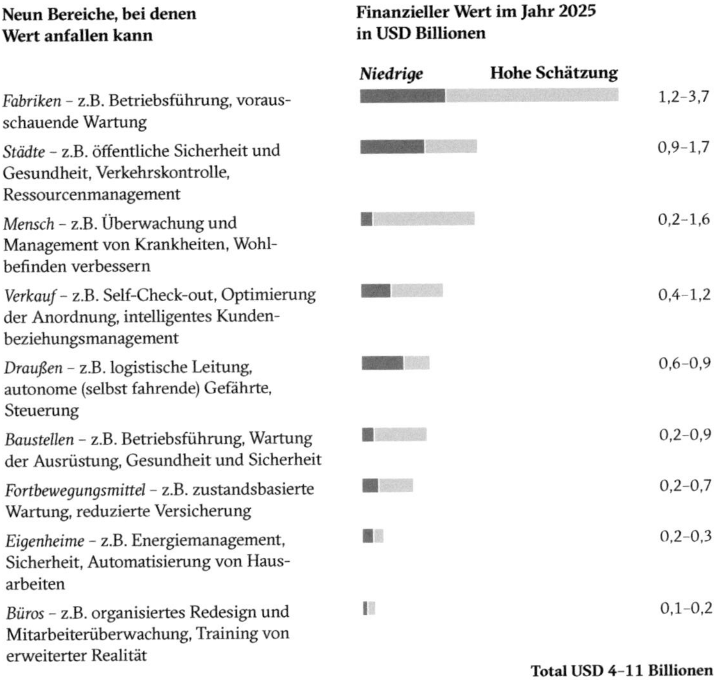

Ein anderer Anwendungsbereich ist »Smart City«. Man könnte z.B. jeden Lichtmast (Kandelaber) mit künstlicher Intelligenz ausrüsten. Man schafft so Sendepunkte, die miteinander vernetzt sind, Informationen selbständig austauschen, verarbeiten und Aktionen auslösen. Kameras könnten auf Kreuzungen Zusammenstöße filmen und selbständig die Ambulanz oder die Feuerwehr informieren. Die vielen Sendepunkte könnten auch selbsttätig den Verkehr lenken und so Unfälle verhüten. Beleuchtungen könnten sich selbst dimmen und wieder anschalten usw.

Über unzählige Sensoren werden in nicht so ferner Zukunft auch die Autos gesteuert, die Logistik optimiert, Haushalte organisiert. Es werden immer mehr Sensoren und Batterien entwickelt. Die Vernetzung wird immer dichter, und die einzelnen Geräte müssen weniger gewartet werden.

Diese technologischen Entwicklungen haben tief greifende, gesellschaftspolitische Konsequenzen. Die Profitabilität von Unternehmen wird gesteigert, und der Arbeitsmarkt wird sich in einer noch nicht absehbaren Weise verändern.

Die Strategieberatungsfirma McKinsey hat 2015 eine Zusammenstellung des möglichen Beitrags der Digitalisierung zur Wirtschaftsentwicklung (Beitrag zum Bruttosozialprodukt) gemacht und kommt auf eine Schätzung von USD 4–11 Billionen. Das sind 11% der heutigen globalen Wirtschaftsleistung.[103]

Dieser Zuwachs bedeutet aber nicht, dass es auch mehr Arbeitsplätze gibt als heute. Im Übergang zur Umsetzung des Internet der Dinge wird es viele Spezialistenjobs geben, um Apps und Systeme zu entwickeln. Es werden auch Berufe entstehen, die wir uns heute noch nicht vorstellen können. Es ist aber schon heute abzusehen, dass all diese Berufe eine höhere Ausbildung brauchen und immer weniger Normalarbeitsplätze entstehen werden.

Die Spezialisten werden sich als Selbständige anbieten müssen oder bekommen Zeitverträge. Es werden viele Start-ups gegründet, die später, wenn das Produkt funktioniert, wieder verschwinden. Neue Berufe werden entstehen, die wir heute noch gar nicht kennen können (der App-Coach in der Altersbetreuung etwa). Die Empfehlung, Computerberufe zu erlernen, ist nicht falsch, aber auch in diesem Bereich werden die einfacheren Arbeiten immer mehr von Computern erledigt werden.

Ich hoffe, anhand der folgenden Ausführungen wird deutlich, dass die Zeit vorbei ist, in der Computer nur das machen, was Menschen programmieren. Durch die Verarbeitung riesiger Datenmengen und die Lernfähigkeit kommen Computer zu Ergebnissen, die wir nicht nachvollziehen können, die aber zu 90% richtig sind.

Menschen verschwinden aus Fabrikhallen und Büros

Haben Maschinen die Mitarbeitenden in den Fabrikhallen vertrieben, so werden die Arbeitnehmer nun in den Büros und mittleren Chefetagen überflüssig. Diese exponentielle Entwicklung führt zu einer historischen Wende, dem Ende der Freizeitgesellschaft.

Die Botschaft ist einfach: Man kann bald mehr als die Hälfte aller Arbeitsplätze einsparen. Dazu ein Manager in einer Versicherung, mit dem ich gesprochen habe: *»Wir diskutieren eigentlich nur, wie viele Mitarbeitende wir aus politischen Gründen behalten sollen.«* Der Prozess der Ablösung von Arbeitskräften durch Algorithmen (Roboter, Computer) läuft schnell: *»More than 61 million jobs have been lost since the start of the global crisis in 2008 and our projections show that unemployment will continue to rise until the end of the decade. This means the jobs crisis is far from over so there is no place for complacency«,*[104] so der Generaldirektor der International Labour Organization Guy Ryder 2015. In Europa sind 7 Mio. Jugendliche arbeitslos, weltweit 75 Mio. (UNDP). Gemäß Schätzung von Eurostat waren im April 2015 in der EU28 insgesamt über 23 Mio. Männer und Frauen arbeitslos.

Wir können davon ausgehen, dass:

- jede Arbeit, die sich differenziert beschreiben lässt, von einem Algorithmus übernommen werden kann.
- ein paar Ingenieure mit ihren Robotkollegen die ganze Gestehungskette und Logistik steuern – on demand, das heißt, es gibt keine Autohalden und Lager mehr.
- 3D-Drucker vor Ort Verschleißteile produzieren (schon heute möglich).
- es keine Buchhaltungs-, Controllingabteilung im heutigen Sinne mehr gibt.
- Schreibbüros, Diktiergeräte zur Steinzeit gehören.
- Call Centers von Maschinen geführt werden.
- viele Schritte in der Softwareproduktion von Computern übernommen werden.
- Assistenzfunktionen wie Reiseplanungen usw. wegfallen.
- Arbeitsvorbereitung (AVOR), Disposition überflüssig werden.
- Lokführer und Lastwagenchauffeure überflüssig werden.
- Taxis, wie wir sie heute kennen, durch selbst fahrende Flotten ersetzt werden.

Grafik 10: Roboter ersetzen Arbeitskräfte

	Sozialversicherungspflichtig und geringfügig Beschäftigte	Gefährdete Arbeitsplätze
Untersuchte Berufe insgesamt	**30 870 000**	**18 300 000**
Bürokräfte und verwandte Berufe	3 500 000	3 000 000
Hilfsarbeitskräfte	3 800 000	3 260 000
Anlagen- und Maschinenbediener, Montageberufe	4 640 000	3 210 000
Dienstleistungs- und Verkaufsberufe	4 570 000	3 120 000
Facharbeiter in Landwirtschaft, Forstwirtschaft und Fischerei	78 000	50 000
Handwerks- und verwandte Berufe	4 100 000	2 580 000
Technische und gleichrangige nicht technische Berufe	4 800 000	2 470 000
Akademische Berufe	3 990 000	471 000
Führungskräfte	1 380 000	157 000

- Reparaturroboter Computer und andere Roboter online reparieren.
- Roboter mit uns sprechen, und was sie sehen, in Worte fassen können.

Der Fantasie sind keine Grenzen gesetzt!

Der Roboter-Pionier Rolf Pfeifer zeigt sehr bildlich, was in nächster Zeit geschehen wird. Er beschreibt, wie die Roboter die Maschinenhallen verlassen und sich überall nützlich machen werden.[105] Wir sind auf dem unumkehrbaren Weg in eine Welt, in der es nur noch Lohnarbeit für Spitzenleute und ganz einfache Arbeiten gibt.

Arbeitsplätze bleiben verloren

Gewerkschaften und auch die Politik fordern immer noch zum Investieren in Technologie auf, weil sie der Meinung sind, dass damit Arbeitsplätze geschaffen würden. Die Statistiken zeigen, dass wohl investiert wird, aber kaum noch Arbeitsplätze entstehen, und wenn, dann eben meistens prekäre.

Dieser negative Zusammenhang zwischen Investitionen und Arbeitsplätzen zeigt sehr deutlich die neue Situation. Bisher war es so, dass in Technologie investiert wurde, um die Arbeit der Mitarbeitenden zu erleichtern und die Produktivität zu steigern. Heute wird in Technologien investiert, die sich selbst weiterentwickeln. Dies führt zu hohen Produktivitätssteigerungen, die auf viel weniger Mitarbeitenden »verteilt« werden müssen – die Menschen verschwinden aus Büros und Fabrikhallen. Dies steigert den Gewinn der Unternehmen. Bei den heutigen Umverteilungsmechanismen wächst so die Ungleichheit zwischen Reich und Arm.

Die Trends sind eindeutig [siehe Grafik 12].

Ich habe hier eine US-Statistik genommen, da die Trends in den USA schon deutlicher sind als bei uns. Man kann aber davon

Grafik 11: Trends des US-amerikanischen BIPs, der Gewinne, Investitionen und Anstellungen, 1995–2011

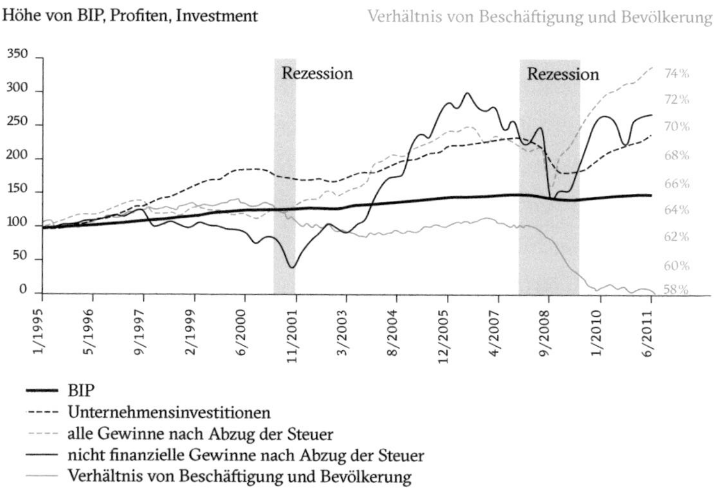

Grafik 12: Unternehmensgewinne nach Abzug von Steuern und Arbeitsanteil in % des BIP, 1947–2013

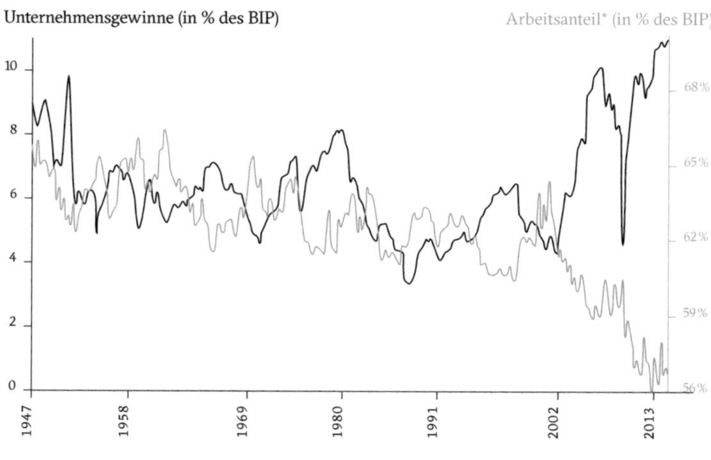

* Farmarbeiter, private Haushaltshilfen oder Charityarbeiter sind hier nicht mit einberechnet

ausgehen, dass die Entwicklung in Europa analog der US-amerikanischen sein wird.

»Vogel Strauß«-Reaktionen

In unseren Landen betont man, dass es uns gut geht und der Arbeitsmarkt kein Problem sei: *»Die Wirtschaft wächst bundesweit, Politiker schwärmen von Vollbeschäftigung. Die Zahl der Arbeitsplätze in Deutschland wächst, seit 1993 kamen fünf Millionen neue hinzu. 42,6 Millionen Erwerbstätige – das ist Rekord. Selbst die Krise 2008 erhöhte die Arbeitslosigkeit kaum.«*[106]

In der Schweiz ist es ähnlich, man hat kaum Arbeitslose. Im Gegenteil, Fachkräfte sind dringend gesucht. Die Wirtschaft ist robust. Der starke Franken ist ein Totschlagargument für ganz verschiedene Probleme. Der Schweizer Arbeitsmarkt hat sich als sehr flexibel erwiesen. »Die Volkswirtschaft« schrieb 2014: *»Die Schweiz hat die Krise ohne große Strukturveränderungen und ohne längerfristig nachteilige Folgen für den Arbeitsmarkt überstanden.«*[107] Die Strukturveränderungen werden allerdings kommen, und 2015 schreibt die »Neue Zürcher Zeitung«: »[nach dem Urteil der Seco-Ökonomen] *sei nicht auszuschließen, dass es in weiteren Betrieben und Branchen zu Strukturanpassungen, Restrukturierungen und Entlassungen kommen werde.«*[108] Die »Volkswirtschaft« liegt falsch, wenn sie meint, es hätte keine längerfristigen Folgen. Die Ermöglichung von Kurzarbeit und die rasche wirtschaftliche Erholung schieben das Problem bloß etwas in die Zukunft. Die Unternehmen müssen reagieren: Verlagerungen, Schließungen, Digitalisierung, Fusionen – das sind die möglichen Maßnahmen, und alle diese Maßnahmen bauen Arbeitsplätze ab.

Auch die Angaben über die Zunahme von Arbeitsplätzen sind kritisch zu betrachten. Sowohl in den USA wie auch in Europa gibt es immer mehr Zeitverträge. Diese Mitarbeitenden gelten als beschäftigt, erscheinen also nicht mehr in der Arbeitslosenstatistik. So kann auch in Deutschland Volkswagen kurzfristig 700 sogenannte Leiharbeiter abbauen – ohne Kostenfolgen.

Man will diese Entwicklung nicht wahrhaben. In den Talkshows werden Schlagwörter wie Industrie 4.0, Demand-Economy, Uber-Economy gehandelt, aber die Konsequenzen werden nicht ernst genommen. Nach aller Erfahrung wird es schon nicht so schlimm. Darum muss zurzeit nichts grundlegend verändert werden, sondern bekannte Themen wie Investitionen, Lohngleichheit, Vollbeschäftigung und sichere Arbeitsplätze bleiben im Fokus.

Nochmals: Das ist nachvollziehbar. Das kollektive Gedächtnis hat es so abgespeichert. In vielen Krisen wurden Arbeitsplätze abgebaut, und später entstanden neue. In der Schweiz wurden um 1970 etwa 70 000 Arbeitsplätze in der Uhrenindustrie gestrichen, und etwa 1000 Firmen mussten schließen.[109] Das war für viele Menschen ein kurzfristiges individuelles Problem. Die Regionen haben aber schnell die neue Situation adaptiert, es kamen neue Industrien dazu, und neue Arbeitsplätze sind entstanden.

So war es immer und wird wohl wieder so sein, denken sich die Leute: Mit neuen Technologien schafft man höhere Produktivität, die Mitarbeitenden verdienen daran und konsumieren mehr. Innovationen werden kommen und neue Arbeitsplätze schaffen. Doch wie gezeigt: So wird es zukünftig nicht mehr sein.

Die Freizeitgesellschaft geht davon aus, dass man mit seinem Gehalt die Freizeit bezahlen kann. Das hat sich über viele Jahre bewährt. Die Leute konnten sogar Kapital anhäufen, um nach der Pensionierung ihre Freizeit zu finanzieren. Man fährt in Urlaub, und nach der Pensionierung kauft man sich eine Wohnung auf Mallorca. Das wird so nicht mehr funktionieren. Schon heute können nur 10% der Lohnbezüger noch von Gehaltssteigerungen profitieren und auch Kapital akkumulieren, alle anderen Einkommensklassen haben stagnierende Gehälter oder verdienen weniger als vor zehn Jahren. Die Rentensituation verschlechtert sich ebenfalls zusehends, und das Gehalt reicht nicht mehr aus, um die Prämien für die Krankenkasse zu bezahlen, geschweige Ferien oder andere Freizeitideen. Wie in den südlichen Ländern, steigt auch bei uns die Tendenz, dass man mehrere Jobs annehmen muss, um genügend Geld zu haben.

Einschränkung – das Solow Paradox

Gegen diese Tendenz spricht, dass die Produktivität weltweit stagniert respektive sehr gering ansteigt. Viele Entlassungen sind nicht durch Automatisierung und neue Technologien bedingt, sondern durch normale Einsparungen, Lean Management usw.

Diese Gegenmeinung wird durch das sogenannte »Solow Paradox« bestärkt. Der US-amerikanische Ökonom Robert M. Solow hat 1987 einen Satz geprägt, der die Diskussion zu diesem Thema bis heute beeinflusst: *»You can see the computer age everywhere but in the productivity statistics.«* Analog sagen heute viele Ökonomen und Journalisten, dass Digitalisierung überall vorhanden ist, aber die Produktivität nicht steigt. Studien zeigen,[110] dass dies makroökonomisch stimmt, dass aber mikroökonomisch viele Firmen enorme Produktivitätssteigerungen durch die Digitalisierung realisieren. Dies hängt anscheinend vom Investitionsverhalten und der organisatorischen Anpassung ab. Die Digitalisierung ist nicht gratis zu haben. Es braucht Investitionen. Es kann aber auch sein, dass Unternehmen die Chancen der Digitalisierung nicht nutzen. Die neuen Technologien enthierarchisieren, da alle Mitarbeitenden auf alle Information zugreifen und kollaborativ effizient arbeiten können. Dies verlangt vom Management ein neues Führungsverständnis, da Entscheidungsprozesse neu gestaltet werden müssen. Es geht nicht mehr nur um Teamarbeit, sondern um die Selbstorganisation ganzer Bereiche. Das scheint vielen Führungskräften noch suspekt zu sein. Sie befürchten Chaos, wenn keine klare Hierarchie mehr besteht (Chain of Command). Unternehmen, die diese neuen Herausforderungen meistern, sind schneller und die Mitarbeitenden sind motivierter. Das macht Start-ups so erfolgreich. Sie sind nicht im traditionellen Korsett der hierarchischen Strukturen gefangen.

Die Diskussion um Produktivität[111] ist grundsätzlich unnütz. Wir haben über die Qualitätssysteme, über Governance und juristische Prozesse ein Heer von Mitarbeitenden geschaffen, die viele Stunden arbeiten, aber den Output einer Firma nicht steigern. Wir könnten aber die Mieten und Krankenkassenprämien erhöhen, so das Bruttosozialprodukt steigern und damit auch die Produktivität verbessern. Dass das Bruttosozialprodukt (BSP) an sich eine problematische Größe ist, führe ich weiter unten aus.

GESELLSCHAFT AM SCHEIDEWEG

Die Gesellschaft wird zwischen zwei Szenarien entscheiden müssen. Das eine Szenario ist die Ausdifferenzierung des neoliberalen Paradigmas, das andere eine offene, kollaborative Tätigkeitsgesellschaft, in der die gesellschaftliche Identität über Sinn und nicht über BSP definiert wird.

Ersteres kann zu immer mehr natürlichen Monopolen führen, die sich der digitalen Welt durchaus bedienen und immer günstiger produzieren. Sie sind aber hierarchisch zentralistisch und halten die Zulieferer von sich abhängig.

Das zweite ermöglicht kollaborativ partizipative Organisationsformen in der Gesellschaft, die lateral organisiert sind. Dies würde zu einer mindestens zweigeteilten Marktwirtschaft führen. Es würde einerseits die traditionelle Firmenwelt geben, deren Ergebnisse man mit dem BSP messen wird, und die sich auch der neuen Technologien und der Innovationen bedient, sowie einen Markt, der von vielfältigen Communitys geprägt sein wird. Die

Menschen in diesen Communitys werden sich eine Versorgungsbasis schaffen und sich im BSP-Markt ein- und ausklinken. Die Dominanz des Neoliberalismus würde gebrochen.

Um zu einer Entscheidung über künftige Gesellschaftsformen zu kommen, muss man ein künftiges Ziel anvisieren und mit einer flexiblen Strategie anpeilen. Die Politik tut sich schwer damit. Sie entwickelt vielmehr kreativ immer neue Spiralen desselben. Man streitet sich über Details, entwirft aber keine neue Zukunft. Das ist nicht nur fehlendes utopisches Denken, sondern auch Handeln ohne Strategie. Interessant ist, dass auch linke Kräfte da mithelfen. Die Politik optimiert und stützt das System, obschon es schon längst eine neues braucht.

Unternehmen entwickeln keine gesellschaftspolitischen Utopien, sondern Szenarien für ihre Marktfelder. Szenarien sind keine Prognosen, sondern mögliche künftige Welten, auf die man die Strategie ausrichtet. In einem ersten Schritt definiert das Unternehmen die relevanten Einflussfaktoren der nächsten ca. 10 Jahre (bei Branchen mit langen Entwicklungszeiten auch längere Phasen). Zu diesen Einflussfaktoren gehören natürlich auch Politik und gesellschaftliche Entwicklungstendenzen. Im Strategieprozess wird überlegt, wie man heute mit diesen Faktoren umgeht, was man gut respektive weniger gut kann. Daraufhin werden diese Faktoren in ihrer Wirkung auf die Zukunft analysiert und einer Systemanalyse unterzogen. Die Systemanalyse zeigt die Ergebnisse von möglichen Wechselwirkungen. Da die Analyse auch negative Wirkungen einbezieht und das System mehrmals rotieren lässt, erhält das Unternehmen Erkenntnisse, die es intuitiv und systematisch-analytisch nicht bekommt.

Dazu ein triviales Beispiel: In einer Volkswirtschaft verbessert sich die Auftragslage in den Unternehmen, sodass man aus der Erfahrung annehmen kann, dass die Arbeitslosigkeit sinken wird. Man stellt jedoch fest, dass die Arbeitslosigkeit weiter zunimmt.

Dies, weil es Faktoren gibt, die eine negative (im mathematischen Sinn, nicht als Wertung) Wirkung erzeugen. Das könnte z.B. die technologische Entwicklung sein. Die Auftragslage steigt, aber durch den Einsatz höherer Technologie braucht es trotzdem weniger Mitarbeitende, und die Arbeitslosigkeit steigt.

Mit diesen strategischen Radarsystemen versuchen die Unternehmen auch rechtzeitig schwache Veränderungssignale wahrzunehmen. Das können neue Faktoren oder neue Wirkungsweisen von Faktoren sein. So versucht man zu erfassen, was eine exponentielle Entwicklung bedeuten könnte. Bei obigen Beispielen verschlafener Entwicklungen wird deutlich, was diese Firmen nicht gemacht haben. Es kann allerdings auch sein, dass man die Erkenntnis über eine Entwicklung hat, aber diese nicht wahrhaben will respektive die Ressourcen nicht hat, um darauf zu reagieren. Die Schweizer Uhrenindustrie wollte das Potenzial der Quarz-Uhr nicht wahrhaben, im Mobilitätsmarkt ist offen, ob die traditionellen Autohersteller rechtzeitig auf die neuen Formen reagieren können oder ob dieser Markt von Google und Co. erschlossen wird. Dann wäre VW in einigen Jahren vielleicht nur noch ein Zulieferer.

Ein Unternehmen entscheidet sich für ein Szenario und richtet die Strategie darauf aus. Sollten sich die strategischen Ergebnisse nicht wie geplant entwickeln, so kann sehr schnell analysiert werden, welche Faktoren sich anders entwickeln oder ob neue dazugekommen sind. Es ist dann eine Frage der unternehmerischen Flexibilität und der Ressourcen, darauf adäquat zu reagieren.

Im gesellschaftspolitischen Feld müsste die strategische Vorgehensweise analog sein. Wir haben in der Schweizerischen Bundesverfassung einen zentralen sozialpolitischen Artikel:

»Art. 41

1. *Bund und Kantone setzen sich in Ergänzung zu persönlicher Verantwortung und privater Initiative dafür ein, dass:*

a. jede Person an der sozialen Sicherheit teilhat;
b. jede Person die für ihre Gesundheit notwendige Pflege erhält;
c. Familien als Gemeinschaften von Erwachsenen und Kindern geschützt und gefördert werden;
d. Erwerbsfähige ihren Lebensunterhalt durch Arbeit zu angemessenen Bedingungen bestreiten können;
e. Wohnungssuchende für sich und ihre Familie eine angemessene Wohnung zu tragbaren Bedingungen finden können;
f. Kinder und Jugendliche sowie Personen im erwerbsfähigen Alter sich nach ihren Fähigkeiten bilden, aus- und weiterbilden können;
g. Kinder und Jugendliche in ihrer Entwicklung zu selbständigen und sozial verantwortlichen Personen gefördert und in ihrer sozialen, kulturellen und politischen Integration unterstützt werden.

2. *Bund und Kantone setzen sich dafür ein, dass jede Person gegen die wirtschaftlichen Folgen von Alter, Invalidität, Krankheit, Unfall, Arbeitslosigkeit, Mutterschaft, Verwaisung und Verwitwung gesichert ist.«*

Das ist eine Art Mission-Statement, so wie etwa eine Pharmafirma schreibt: »*Our mission is to discover new ways to improve and extend people's lives.*«[112] So werden Werthaltungen in globalen Zielen formuliert. Die Umsetzung wird dann in den Gesetzen respektive der Strategie entwickelt. Darum steht in der Verfassung: »*Aus den Sozialzielen können keine unmittelbaren Ansprüche auf staatliche Leistungen abgeleitet werden.*«[113] Diese müssen in den Gesetzen formuliert sein.

Interessant ist, dass der überarbeitete Artikel von 1999 wesentlich detaillierter und individualisierter ist als in der Verfassung von 1874.[114] Es wird deutlich, dass der Staat heute den Auftrag hat, das Individuum in allen Lebenslagen zu schützen.

Der Weg von einem Verfassungsartikel zu den konkretisierenden Gesetzen ist lang und führt über viele politische Auseinandersetzungen. Die Politik arbeitet nicht mit alternativen Strategien proaktiv wie ein Unternehmen, sie ist reaktiv – und das sehr langsam. Die Einführung der AHV (Alters- und Hinterlassenen-Versicherung) ist ein gutes Beispiel dafür. »*Die Fürsorge für alte und behinderte Menschen war bis ins 19. Jahrhundert weitgehend Sache von Familienangehörigen, gemeinnützigen Organisationen und Kirche. Daneben gab eine rudimentäre und oft restriktive öffentliche Armenfürsorge. In den 1880er-Jahren wurde erstmals die Frage nach einer Eidgenössischen Alters- und Hinterlassenen-Versicherung laut. Auslöser war die Massenarmut der Fabrikarbeiterfamilien.*«[115] 1931 wurde die AHV noch abgelehnt, erst 1947 wurde die Vorlage angenommen und 1948 eingeführt! Seit 1874 stand allerdings im Mission-Statement, dass der Bund dafür verantwortlich sei, dass keine Arbeitslosigkeit entstünde und alle ein Einkommen hätten. Meiner Meinung nach verweist dieser Art. 41 in der heutigen Form auf eine Realutopie, die meiner Vorstellung sehr nahe kommt. Die Menschen in der Schweiz sollen ohne finanzielle Existenzängste leben können. Das ist nicht Schlaraffia, die BürgerInnen müssen für die Umsetzung aber durchaus auch Selbstverantwortung übernehmen.

In der aufkommenden Industrialisierung erlebte man, dass die Einzelnen nicht mehr für sich selbst sorgen konnten. Die Massenarmut war ein Phänomen, das Lösungen forderte. Ebenso die Massenarbeitslosigkeit zwischen den beiden Weltkriegen. So entstanden die Sozialwerke in der Schweiz, der New Deal in den USA oder die soziale Marktwirtschaft.

Auf dem gesellschaftspolitischen Strategieradar müssten heute ganz dringliche Gefahrensignale auftauchen. In Unternehmen sind das Absatzzahlen, zu hohes Working Capital, fehlende Innovationen usw., die auf dem Radar auftauchen und bei Strategieüberarbeitungen diskutiert werden müssen. Es stellt sich die Frage, ob sich etwas im Szenario verändert hat oder ob die strategischen Maßnahmen ungenügend sind, sei es im Inhalt oder in der Umsetzung.

Analysen zu einzelnen gesellschaftlichen Faktoren gibt es weltweit viele. Die verschiedensten Forschungsinstitute und Think Tanks liefern Daten zu unterschiedlichen Faktoren wie Ungleichheit, Investitionsverhalten, Bruttosozialprodukt, Gesundheit usw. Diese Ergebnisse werden aber nicht systemisch auf eine Zukunftsvorstellung bezogen. Es wird nicht analysiert, was diese Faktoren in ihren Wechselwirkungen in den nächsten 10 Jahren für die Umsetzung des Art. 41 der Bundesverfassung bedeuten.

Wenn ein Unternehmen so handeln würde, bestünde Konkursgefahr. Die Schweizer bauten die besten mechanischen Uhrwerke, verpassten aber den Anschluss an eine neue Technologie. Nur, Unternehmen kommen, mergen, verschwinden – das ist normal. Ein Sozialbankrott in einem Staat bedeutet Unrast und viel individuelles Leid. Wir sehen dies 2015 in Griechenland, wo die Leute kein Geld mehr für die medizinische Versorgung haben und der Staat diese Lücke nicht füllt.

Viele Signale fordern eine gesellschaftspolitische Strategieüberprüfung. Eine ehrliche und systemische Faktorenanalyse würde zeigen, dass die Bestrebungen von Bund und Kantonen bei vielen Punkten des Art. 41 der Verfassung ungenügend sind und eigentlich die Verfassung geändert werden müsste, wenn sie nicht nur Glanzpapier sein soll. Es würde sich aber auch zeigen, dass bisherige strategische Annahmen überholt sind und man viele Aspekte neu denken muss. Müsste, sollte, würde – es wird aber nicht gemacht, sodass anzunehmen ist, dass sich die Wende über soziale Unruhen durchsetzen wird. Die Gewerkschaften mussten zur Schaffung der Freizeitgesellschaft im 20. Jahrhundert auch Unruhe stiften, sonst wären sie nicht so erfolgreich gewesen. Die nächsten Unruhen werden allerdings nicht aus den sozial unteren Schichten, sondern aus der gesellschaftlichen Mitte kommen.

DER KAPITALISMUSMOTOR STOTTERT

Das kapitalistische Mecano funktioniert, wenn es einen freien Markt gibt und der Staat praktisch inexistent ist. Der Staat ist dazu da, Monopole zu verhindern. Monopole würden den freien Zutritt eines Mitbewerbers verhindern. Beide Bedingungen sind heute nicht mehr gewährleistet. Der Staat wird zu häufig um Hilfe angerufen, und die Marktteilnehmer tendieren zur Monopolbildung. Der Staat verteilt viele verdeckte und offene Subventionen. Wenn eine Branche eine tiefere Mehrwertsteuer bezahlen muss, dann ist das eine verdeckte Subvention, ebenso wenn Exportrisiken vom Staat übernommen werden. Es gibt Hardliner in der neoliberalen Fraktion, die dies nicht wollen, aber es hat sich eingebürgert, dass man nimmt, was erhältlich ist. Mit einer klaren kapitalistischen Grundhaltung hätte man sich das Swissair-Debakel erspart. Es gäbe auch keine Schweizer Großbanken mehr; diese wären ohne Unterstützung durch den Schweizer Staat vielleicht chinesisch geworden, was eigentlich für die Schweiz keine Rolle spielt. Denn die Schweizer Banken sind global tätige Unternehmen, deren Sitz zufällig noch in der Schweiz ist. Das Management ist international.

Die Tendenz zur Monopolbildung betrifft auch die KMUs (kleine und mittlere Unternehmen). Schon heute betreiben viele Mittelständler Schönfärberei: Wenn ein Lieferant zu 40–70% von einer Großfirma abhängt, dann ist er im Prinzip eine ausgelagerte Abteilung und kein selbständiges Unternehmen mehr. Das erleben viele Automobilzulieferer. Volkswagen oder BMW behandeln diese Zulieferer nicht wie selbständige Partner, sondern wie interne Abteilungen. Es werden Preise und Zahlungsfristen diktiert, die Qualität wird vorgegeben und das Risiko beim Lieferanten belassen.

Im kleineren Maßstab gilt das auch für Zulieferer von Migros. Im Bereich von Frische-Produkten (Gemüse, Pizza, Fisch ...) definiert Migros ihre Marge (gegen 50%), und der Lieferant hat sich dem anzupassen. Es kann auch sein, dass sich Migros entscheidet, Pizza selbst zu produzieren und allfällige Zwischenhändler auszuschalten. Das ist, wie wenn man eine Abteilung schließen oder mit anderen zusammenlegen würde. Die Marktmacht der Migros ist grundsätzlich antikapitalistisch, weil konkurrenzfeindlich.

Heute kommen zudem ganz neue Gefahren auf den Kapitalismus zu. Betriebswirtschaftliche Gesetzmäßigkeiten lösen sich auf. Die Grenzkosten sind ein Beispiel dafür. Jeremy Rifkin missioniert für diesen Gedanken: die Zero Marginal Cost Society (Null-Grenzkosten-Gesellschaft).[116] Mit jeder Mengeneinheit eines Produkts steigen die Kosten für den Produzenten. Der Produzent muss also seine Fixkosten decken (Maschinen, Hardware ...) und dann die Mehrkosten pro Mengeneinheit berechnen. Sollten die Mengen die Kapazitäten seiner Produktion übersteigen, dann muss er in Erweiterungen investieren. Sein Ziel ist es, einen Preis zu erzielen, der diese sprungfixen Kosten und die Grenzkosten übersteigt. Ein Unternehmen besteht in der Konkurrenz durch tiefe Grenzkosten, das heißt, man muss jede zusätzliche Mengeneinheit eines Produkts günstiger als die Konkurrenz produzieren. Diese Logik führt dazu, dass Unternehmen immer mehr Technologie einsetzen – und in einer Vorphase billige Arbeitskräfte beschäftigt. Dieses Bestreben ist erfolgreich und führt dazu, dass Unternehmen beliebige Mengen ohne Mehrkosten herstellen können, die Grenzkosten tendieren zu null. Dann entsteht allerdings auch kein Gewinn mehr, da die Preise auch gegen null tendieren.

Dies gilt für die ganze Gestehungskette (Value Chain). In dieser Kette müssen alle Glieder einen Einstandspreis bezahlen, der um die Marge des vorherigen Gliedes erhöht wird: Der Stahlhändler braucht eine Marge, damit er seine Kosten decken kann und Gewinn macht. Diese überwälzt er auf den Schienenproduzenten, der den Stahl verarbeitet. Der bezahlt also schon Marge und Gewinn des Händlers und will auch wieder etwas verdienen. Der Schienenproduzent verkauft an einen Gleisbauer, der von den SBB einen Auftrag hat. Die SBB als Endkunde des Stahls geben ihre Kosten und Margen an ihre Kunden als Trassee-Preise und als Teil der Ticketpreise weiter.

Durch die neuen, intelligenten Möglichkeiten entwickeln sich aber ganz andere Abläufe. Ich kann ein Buch schreiben und als E-Book veröffentlichen, ohne dass irgendwelche Kosten (außer meiner Zeit) entstehen und dafür ein Verlag zur Publikation und eine Buchhandlung zum Verkauf notwendig wären. Ich brauche dafür keine Zwischenschritte mehr. So braucht Nestlé im Prinzip auch die Migros nicht mehr, um ihre Produkte zu vermarkten. Sie könnte dies über Internetkanäle direkt machen.

Die Blockchaintechnologie wird viele Bereiche der Wirtschaft nochmals sehr verändern. Diese Technologie – Bitcoin ist nur eine Möglichkeit – hat das Potenzial, viele Zwischenschritte in den Dienstleistungsprozessen auszuschalten, etwa Broker, Treuhänder und Teile von Versicherungen. Man kann damit auch direkte Verträge mit einem Auto machen usw.

Heute sind 60–80% der Kosten zur Herstellung und Distribution eines Produkts Personalkosten. Wenn diese zu 50% oder gar 100% wegfallen, dann steht das Produkt praktisch gratis im Laden respektive wird gratis mit selbst fahrenden oder fliegenden Vehikeln nach Hause geliefert. Die Fixkosten, verursacht durch Sensoren-Systeme, elektrisch angetriebene Lastwagen, Drohnen usw. sind beinahe vernachlässigbar, und auch die Grenzkosten werden gegen null sinken. Durch die Gratisnutzung von Dienstleistungen und die Kostenreduktionen wird das BSP sinken – ohne dass wir ärmer wären.

KAPITALISTISCHES ABWEHRDISPOSITIV

Ein CEO eines Großunternehmens wie Nestlé oder General Electric muss sich strategisch einiges neu überlegen. Die einbrechende Produktprofitabilität muss ersetzt werden. Es entstehen auch neue Konkurrenzsituationen. Kleine Anbieter können mit neuen Technologien günstig produzieren und sich in Netzwerken organisieren. Große Konkurrenten wie Google oder Facebook können in ganz andere Märkte eindringen. Walmart z.B. stößt in den Gesundheitsmarkt vor, und Google verkauft Autos.

Es lassen sich strategische Tendenzen zur Abwehr der Konkurrenz und zur Erhaltung der Profitabilität erkennen.

Natürliche Monopole

Es entstehen immer mehr natürliche Monopole, um die Preise diktieren zu können. Natürliche Monopole verhindern auch Konkurrenz und damit Innovationen, die dem Monopolisten nicht gefallen. Dann verbreiten wir Angst und Schrecken, weil wir zeigen können, dass das BSP massiv sinkt, ergo die Steuern für das Sozialsystem fehlen werden und deshalb massiv erhöht werden müssen. Die Lebensqualität wird generell sinken.

»Als natürliches Monopol wird in der Mikroökonomie eine Situation bezeichnet, in der sich aufgrund hoher Fixkosten und niedriger Grenzkosten besonders ausgeprägte steigende Skalenerträge ergeben (Subadditivität). In diesem Fall sind also die Gesamtkosten zur Bereitstellung eines Gutes deutlich niedriger, wenn nur ein Unternehmen, und nicht mehrere konkurrierende Unternehmen, den Markt versorgt.«[117] Diese Tendenz wird verstärkt, wenn die Grenzkosten gegen null tendieren und die Fixkosten sinken, das heißt, alle können im Prinzip alles herstellen und distribuieren.

Die Tendenz zur Monopolisierung zeigt sich unter anderem bei forschenden Pharmafirmen. Die Forschungsaktivitäten sind enorm kapitalintensiv, die Reproduzierbarkeit der entwickelten Produkte ist aber bei großen Mengen sehr kostengünstig (niedrige Grenzkosten). Um diese Skalenerträge zu maximieren, schließen sich immer mehr Pharmafirmen zusammen (Merger). Man will die Nummer 1 sein und strebt das Monopol in einem Segment an (Tiermedizin, Diabetes, Agrochemie). Der Monopolist kann die Gewinne der Gestehungskette für sich beanspruchen und den Preis definieren. In diesen riesigen Märkten muss eine Pharmafirma nicht alle Bereiche beherrschen, es reicht, wenn sie ein bestimmtes Segment dominiert. Über Investoren wie Black Rock sind alle diese Firmen wiederum miteinander verbunden, was einem virtuellen Meta-Monopol gleicht.[118]

Beispiele für diese Tendenz: Der Novartis-Konzern gibt seine milliardenschwere Tiermedizin-Sparte an Eli Lilly (USA) ab und die Impfstoff-Abteilung an GlaxoSmithKline (Großbritannien). Novartis kauft im Gegenzug von GlaxoSmithKline dessen Krebsmittelgeschäft. Der Pharma-Branchenführer Pfizer übernimmt den britischen Konkurrenten AstraZeneca. Bayer kauft Monsanto – und es ist offen, wie sich später dann Syngenta/Chem China verbandeln werden, respektive wer wen kauft.

Wenn man nicht die ganze Kette kaufen kann, dann bilden Unternehmen vertikale Kartelle. Das sind Absprachen eines Herstellers mit den Händlern, die dann von Ermäßigungen profitieren.

Die »Hierarchische Share-Ökonomie« oder »Uber«-Ökonomie

Eine weitere strategische Maßnahme ist, dass Firmen in die Uber-Variante investieren und zeigen, dass unzählige Arbeitsplätze geschaffen werden. Das funktioniert ja heute in den USA schon ganz gut. Viele dieser »Selbständigen« müssen Geld verdienen und arbeiten ohne soziales Sicherungsnetz. Das Ziel muss sein, dass mit möglichst wenig Humankapital das Finanzkapital maximiert wird. Darum ist die Uber-Share-Ökonomie so dienlich. Viele Leistungen werden zu günstigen Preisen erbracht, der Monopolist setzt den Endpreis willkürlich fest. Der Preis muss keinen Zusammenhang mit den Gestehungskosten haben. Die Unternehmen steigern die Produktivität, senken die Grenzkosten und steigern den Gewinn für das Management, die Shareholder und die Spezialisten.

Ein wichtiges Ziel ist es, die laterale Share-Ökonomie oder die kollaborative Gemeingut-Ökonomie auszubremsen, indem man sie hierarchisiert. Die Zuckerbergs sind dabei wichtige Vorbilder, die muss man fördern und immer wieder darauf hinweisen: Alle können dasselbe erreichen! Für die Akzeptanz in der Gesellschaft ist es auch wichtig, dass die Unternehmer sich als Wohltäter der Menschheit präsentieren. Ein Vorbild ist da etwa George Soros, der viel Geld verdient, Macht in den Händen hält und als Philanthrop gilt.

Der Neoliberalismus ist so erfolgreich, dass er auch für die digitale Zukunft Ideen hat. Er entwickelt sich, wie ein Naturgesetz, immer weiter. Die soziale Marktwirtschaft war so eine Entwicklung in der Phase der Industrialisierung. Die Lösungen konnten von links und rechts, von Arbeitsnehmern und Arbeitgebern akzeptiert werden. In dieser Struktur entwickeln sich nun auch Lösungen für die nächste Phase, in der die alte Industriekultur aufgelöst wird und eine digitale Welt entsteht. Das Resultat ist allerdings auch dasselbe: Die Lösung verteilt Brosamen und stärkt das Kapital. Wenn die Brosamen groß genug sind, dann machen alle mit.

Jede und jeder kann sich selbständig machen und ist nicht mehr von einem abzockenden Chef abhängig. Wir haben alle Zugang zum Internet und können uns dort anbieten. Diese neue Ökonomie soll den alten Arbeitsmarkt ersetzen und allen die Selbstgestaltung ermöglichen. In den USA wird dieser neue Trend gefeiert. Es entstehen unendlich viele neue Jobs, und es können alle reich werden. Diese Botschaft wird in vielen Anzeigen und Büchern zelebriert: *»How to Get Rich Using Airbnb«*, *»Getting Paid for Everything You Do: Work as Much as You Want Whenever You Want«*, *»How to Make*

Money without Having a Job«, »Sharing Is Good: How to Save Money, Time and Resources through Collaborative Consumption«, »The Lateral Freelancer: How to Make a Living in the Share Economy«, »Airbnb: Make Money While You Sleep«, »What's Mine Is Yours: The Rise of Collaborative Consumption«.

Das erinnert an die alte Masche des Direktverkaufs. Die Werbung im Multi-Level-Marketing könnte lauten: »*Sie sind arbeitslos? Warum sind Sie nicht selbständige/r UnternehmerIn? Es gibt so viele Möglichkeiten: Wenn Sie Freude am Umgang mit Menschen haben und sich für ein Produkt begeistern können, dann bewerben Sie sich für einen Job im Direktvertrieb. Es werden allein in Deutschland über 200 000 BeraterInnen gesucht. Da könnten Sie Ihre Zeit frei einteilen und gut verdienen!*« Amway verspricht, dass man zwischen EUR 3000 und 20 000 pro Monat verdienen kann.

Noch toller in den USA: Die Topverdiener im Direktvertrieb, auch Multi Level Marketing oder Network Marketing (Netzwerkmarketing) genannt, verdient ungefähr USD 20 700 pro Monat bzw. USD 248 000 pro Jahr. Einige verdienen über 1 Mio. Das sind Tellerwäschergeschichten. Wenn man allerdings genauer hinschaut, dann verdienen lediglich 100 von 16 Mio. BeraterInnen sehr viel. Der Durchschnittsverdienst bei Amway liegt bei etwa EUR 200. Aber jede/r hat die Chance, ganz schnell reich zu werden! Selbst schuld, wenn man sie nicht nutzt, respektive es falsch angeht.

Diese falschen Versprechungen wiederholen sich nun in einer neuen qualitativen und quantitativen Dimension. In den USA florieren die verschiedensten Plattformen, in Europa treten sie erst langsam in Erscheinung.[119] Das funktioniert z.B. bei »TaskRabbit«[120] so: Ich habe einen Garten und möchte die Hecken schneiden, bin aber nicht mehr so gut zu Fuß oder möchte lieber die Zeit in der Stadt verbringen. Die Aufgabe, die für mich gemacht werden soll, beschreibe ich auf der Plattform. Daraufhin wird ein Hase gesucht, der diese Arbeit ausführen will. Das klingt vernünftig, fast wie

Nachbarschaftshilfe. Nur, so altruistisch ist das nicht. Ein Hase meldet sich und sagt, dass er die Aufgabe für EUR 10,00/Std. übernehmen würde. Da meldet sich der nächste, der macht es für EUR 7,00 usw. In den USA geht das bis auf ein paar Cents hinunter. Da gibt es keine Sicherheiten für Aufträge, keine Altersvorsorge, keine Krankenkasse. Das ist das Risiko der Selbständigkeit.

Auf anderen Plattformen werden Softwarepakete ausgeschrieben, und man kann einen Teil übernehmen. Es gibt gigs und micro-gigs. Dabei ist der Anbieter immer in Konkurrenz mit anderen, das ist der freie Markt. So können Firmen wie Swisscom Lohnkosten und Sozialleistungen einsparen.

Mit Uber, Airbnb usw. kann jeder zum selbständigen Taxifahrer werden oder die Wohnung gegen Geld ausleihen respektive vermieten. Die Idee ist nicht neu: So haben die Bergbauern früher ihre gute Stube an Touristen vermietet und selbst im Heu geschlafen.

Firmen stellen Leute mehr und mehr mit Zeitverträgen ein. Die übrige Zeit kann man sich ja auf der Share-Ökonomie tummeln und Geld verdienen. In den USA gibt es Schätzungen, wonach in zehn Jahren etwa die Hälfte aller Arbeitenden, also etwa 65 Mio. Menschen, sogenannte »Selbständige« sein werden. Es gibt dafür im Englischen viele Namen: freelancers, temps, contractors, day laborers, micro-entrepreneurs, gig-preneurs, solo-preneurs, contingent labor, perma-lancers, perma-temps usw.

All diese Leute werden nicht in der Arbeitslosenstatistik aufgeführt! Es gibt darum tendenziell immer weniger Arbeitslose. Das ist eine zynische Form der Vollbeschäftigung.

Es entsteht durch diese Share-Ökonomie ein Heer von Menschen, die ungesichert und weit unter den Mindestlöhnen arbeiten. Es gibt keine Kontrollmöglichkeiten dafür. Die Folge ist eine total entsolidarisierte Gesellschaft. Eine Gesellschaft, in der es einige ganz Reiche und viele Arme und Ärmste gibt. Die Diskrepanzen werden noch größer.

Der Treiber dieser Gesellschaftsform ist die Konkurrenz aller gegen alle. Die einen kämpfen um ihren täglichen Euro, die anderen um die Vermehrung ihrer Vermögen. Einzelne werden sehr reich. Brian Chesky, der Co-Gründer und CEO von Airbnb, ist in kurzer Zeit zum Milliardär geworden. Facebook-Gründer Mark Zuckerberg, Jahrgang 1984!, konnte 45 Mrd. in eine Stiftung einbringen. Das sind Vorbilder, die ihre Chance genutzt haben – und in Aussicht stellen: Alle können es erreichen. Das sind die modernen Tellerwäschergeschichten.

Diese skizzierte Form der Share-Ökonomie optimiert das neoliberale System. Es ist eine absurde Form von »Teilen«. So verteilten Fürsten im Mittelalter Lehen, und Oligarchen lassen so ihre Vasallen an ihrer Macht teilhaben.

Die im letzten Jahrhundert entwickelten sozialen Netze der sozialen Marktwirtschaft oder des New Deals verschwinden. Jeder ist seines Glückes Schmied und selbstverantwortlich. Ob jemand dann 70 Stunden pro Woche in verschiedensten Jobs arbeiten muss, interessiert niemanden. Das ist die perfekteste Form des Neoliberalismus, denn in dieser Form ist der Staat nicht mehr regulativ existent.

Usurpation der Netze

Wer das Netzwerk beherrscht, kann Macht ausüben, darum ist dies ein weiteres strategisches Ziel. Das klingt verschwörerisch, könnte aber eine erfolgreiche Strategie eines Staates oder großer Monopolisten sein. Worum geht es? Wir müssen uns die Dimension des Internet of Things (IoT) bewusst machen. Jeremy Rifkin formuliert es so: *»The Internet of Things will connect every thing with everyone in an integrated global network. People, machines, natural resources, production lines, logistics networks, consumption habits, recycling flows, and virtually every other aspect of economic and social life will be linked via sensors and software to the IoT platform, continually feeding Big Data to every node – businesses, homes, vehicles – moment to moment,* *in real time.«*[121] Diese Vernetzung von allem/allen mit allem/allen generiert eine riesige Zahl von Daten, man spricht von »big data«. Um diese Daten in irgendeiner Form nutzbar zu machen, braucht es Analysesysteme. Wir kennen das bereits von Amazon. Wenn man ein Buch sucht, bekommt man ähnliche Titel präsentiert, die einen interessieren könnten. Amazon registriert unser Interesse an einem Buch und vergleicht das mit anderen Büchern vom selben Genre und x-tausend anderen Lesern. Man nennt das »Nudging«, man bekommt einen kleinen Entscheidungsschubs.

Das ist bei Büchern relativ harmlos. Google »weiß« noch viel mehr über eine Person, da das Unternehmen nicht nur die Daten aus der Google-Suche kennt, sondern auch die vom E-mail-Dienst Gmail, vom Browser Google Chrome, von der App-Plattform Google Play Store, Google Maps, dem Sozialen Netzwerk Google+, Google Shopping, Android TV, Google Home (persönlicher digitaler Assistent in Form eines Lautsprechers) oder von You Tube (gehört ebenfalls dem Konzern). Google weiß dank dem Handy und/oder Computer einer Person, wo sie sich befindet respektive befand, welche Websites sie aufruft, was sie im Internet kauft, welche Online-Zeitungen sie liest und welche Leserbriefe sie schreibt. Die Kredit- und Bonuskartendaten sind weitere Ergänzungen. Google macht über 40% des Umsatzes mit Werbung, das heißt, die werbenden Firmen sind auch über die Daten informiert.

Aus all diesen Daten (big data) kann man ein Profil einer Person erstellen. »Big Nudging« ist dann möglich, also eine gezielte Beeinflussung von Individuen mit allen Erkenntnissen der Verhaltenspsychologie. Als betroffene Person staunt man dann, warum man Schriften von einer bestimmten Partei erhält, ist vielleicht vor den Kopf gestoßen, weil man kein Visum bekommt oder eine Versicherungspolice abgelehnt wird. Konsumhinweise sind dagegen noch harmlos: Plötzlich poppt eine Werbung für ein bestimmtes Automodell auf dem Bildschirm auf, nachdem man einem Kollegen in einem E-mail von der Gmail-Adresse aus vom Auto vorgeschwärmt hat.

Man kann diese Person auch mit anderen vergleichen und Gruppen bilden. Diese Gruppen sind dann spezifisch zu beeinflussen, zu bestärken oder eher abzuschrecken. Das kann im Interesse eines Staates, einer Partei, einem Präsidentschaftskandidaten, einer Gruppe von Oligarchen oder eines Monopolisten liegen. Darum fordert Dirk Helbing, Professor für Computational Social Science an der ETH Zürich: »*To ensure that no government, company or person with sole control of digital filters can manipulate our decisions, we need information systems that are transparent, trustworthy and user-controlled. Each of us must be able to choose, modify and build our own tools for winnowing information.*«[122]

Er setzt sich für ein demokratisches Internet der Dinge ein, in dem alle Daten offen zugänglich sind und neue generiert werden können. Im schlimmsten Fall werde aber das IoT usurpiert: »*The Planetary Nervous System is a large-scale distributed research platform that will provide real-time social mining services as a public good. It is an open and participatory platform which will protect personal privacy and is designed to be collectively built by citizens, for citizens.*«[123]

Auch Helbing sieht, dass wir an einem Scheideweg stehen. Das IoT wird weiterwuchern, aber mit welchen Werthaltungen es wuchert, das ist offen: »*Wir müssen uns die Frage stellen, in welcher Art von Gesellschaft wir leben möchten. Eine datenbasierte wird es auf jeden Fall sein. Es kann der Feudalismus 2.0 kommen, wo nur einige wenige über die Daten verfügen, oder der Kommunismus 2.0, wo der Staat alle bemuttert. Es kann der Faschismus 2.0 sein – oder Demokratie 2.0 und Kapitalismus 2.0. Von oben gesteuerte Gesellschaftsmodelle scheinen schon auf dem Weg zu sein [...]*«[124] 90 Staaten sollen bereits Big Nudging einsetzen.

NOCHMALS: WELCHE ZUKUNFT WOLLEN WIR?

Wir erkennen, dass die Modelle der Vergangenheit nicht mehr funktionieren. Es gibt zu viele Menschen, die irgendwelche soziale Unterstützung brauchen und deshalb als nicht vollwertig gelten. Die Digitalisierung der Industrie ist Fakt und wird noch mehr Arbeitslose produzieren. Wenn wir uns zur neoliberalen Werthaltung entscheiden, dann wird der offene Markt individuell, es heißt: jede/r gegen jeden. Die Ungleichheit wird steigen und damit auch die Gefahr von Unruhen oder autoritären Systemen.

Die gesellschaftliche Organisation könnte dann wieder der vor- und frühindustriellen Zeit ähneln. Da waren alle irgendwie damit beschäftigt, sich durchs Leben zu bringen. Es gab keine Altersvorsorge, keine Krankenkassen und Versicherungen, man war den Marktgesetzen ausgeliefert, und die ganze Familie war in den Überlebenskampf integriert. Vielleicht ist das die Zukunft, wenn auch auf technisch viel höherem Niveau.

Eine andere Zukunft ist möglich. Wir können das Internet der Dinge positiv nutzen. Dazu braucht es eine andere Marktlogik, eine Werthaltung, die sich am Bedarf und nicht an der Leistung orientiert. Es braucht den Entscheid zu einer offenen, transparenten Demokratie der Daten. Dann können wir die künstliche Intelligenz zur Unterstützung der Menschheit einsetzen. Sie verhilft zu besseren Entscheidungen, besserem Ressourceneinsatz und einer Welt mit weniger Ungleichheit.

Wir stehen am Scheideweg. Es scheint noch kaum jemanden in der offiziellen Politik zu interessieren.

IV.
Die solidarische Tätigkeitsgesellschaft

Der neoliberale Kapitalismus hat es fertiggebracht, dass praktisch alle Bereiche der Gesellschaft ökonomisiert wurden. Jede menschliche Äußerung ist zur Ware geworden, die einen Gestehungspreis und einen Profit hat. Ist der Profit negativ, so muss entweder die Value Chain kostengünstiger gestaltet werden, oder der Preis wird angehoben. Und wenn alles nichts hilft, dann verschwindet die Leistung.

Darum werden Bahntickets immer teurer, und Leistungen im Spital für gewisse Patienten nicht mehr angeboten. Darum muss eine Universität genügend Drittmittel beschaffen, sonst ist sie nicht mehr rentabel und verschlingt zu viele Subventionen.

Diese Ökonomisierung wird in der Schweiz durch ein gutes Sozialsystem akzeptabel gemacht. Heute kommen aber diese sozialen Angebote immer mehr unter Druck. Die Medien überbieten sich in Analysen, dass die Anreize für Invalidenversicherung und Ergänzungsleistungen falsch gesetzt sind und darum zu hohe Kosten verursacht würden. Die Politik bemüht sich, Sparprogramme durchzuziehen, die Renten zu kürzen und das Pensionierungsalter nach oben zu verschieben. In verschiedenen Ländern werden Pensionskassen und Wiedereingliederungsmaßnahmen privatisiert. Sogar mit den Arbeitslosen muss man Geld verdienen. In der geschilderten Uber-Ökonomie kämpft jeder gegen jeden.

Schon in den 1970er-Jahren wurde deutlich, dass diese Form des Kapitalismus nicht nachhaltig ist und überwunden werden muss. Es wurde von einem neuen Paradigma gesprochen.[125] Fast wie eine Reaktion darauf feierte der Neoliberalismus in den folgenden Jahren einen globalen Boom sondergleichen.

Seither ist die Ungleichheit weltweit gewachsen, und wieder kommt die Erkenntnis, dass man etwas grundsätzlich ändern sollte. Und wieder erstarkt das alte System. Die Ökonomisierung wird extrem, und die Solidarität der sozialen Marktwirtschaft, hart erkämpft über Jahrzehnte, löst sich auf.

Es gab und gibt explorative Ansätze zu einem neuen Gesellschaftssystem. Die oben erwähnten Ausführungen von Fritjof Capra etwa, die Geldtheorie von Hans Christoph Binswanger[126] oder die Vertreter des Nullwachstums waren solche Ansätze. Heute gibt es viele laterale Share-Plattformen, auf denen Teilnehmende sinnvoll teilen können, und auch die vielen Komplementärgeldkreisläufe sind Versuche im Neuland. Vielleicht sind diese Ansätze diesmal erfolgreich!? Jedenfalls hoffe ich, mit den folgenden Ausführungen einen Beitrag zu einem neuen Diskurs zu leisten.

NEUE GESELLSCHAFTLICHE IDENTITÄT DURCH EINE NEUE WIRTSCHAFTSLOGIK

Die gesellschaftliche Identität fußt heute auf Erwerbsarbeit. Wer arbeitslos ist, wird tendenziell stigmatisiert, gehört zu einer Randgruppe. Wenn die Erwerbsarbeit durch die neuen Technologien immer weniger wird, führt das zu einem Identitätsverlust in breiten gesellschaftlichen Schichten. Wir brauchen darum eine neue gesellschaftliche Identität, die darauf basiert, dass Menschen sinnvoll tätig sein müssen, aber nicht unbedingt eine Lohnarbeit brauchen. Etwas philosophisch könnte man von der Aufhebung der Selbstentfremdung des Menschen sprechen. Dabei verstehe ich unter »Selbstentfremdung«, dass die Menschen sich über einen ökonomischen Wert definieren müssen. Bis heute ist in der Gesellschaft nicht gefragt, wer ich bin und was meinem Leben Sinn gibt, sondern wie viel ich zum Bruttosozialprodukt (BSP) beitrage respektive verdienen und konsumieren kann. Die Freizeitgesellschaft hat einen einzigen Identitätspfeiler: die Erwerbsarbeit. Die Identitätsbildung oder Sozialisation ist entsprechend organisiert: Man geht in den Kindergarten, um dann in die Schule zu kommen. Dort muss man lernen, um eine Lehre machen zu können oder ins Gymnasium zu kommen. Danach muss man studieren, um gut zu verdienen. Jeder Schritt hat ein finales Entwicklungsziel, das im Beruf endet. Man geht also nicht aufs Gymnasium, weil es Spaß macht, Latein zu lernen, sondern weil Latein den Zugang zu gewissen Studien ermöglicht und man die Berufschancen damit erhöhen kann. Die sogenannte Bologna-Reform[127] und die Pisa-Studien[128] haben dieses System perfektioniert.

Die heutigen Wertzuschreibungen sind auf den Identitätspfeiler »Erwerb« ausgerichtet. So etwa die Äußerung: »Ich arbeite zu Hause.« Alle nehmen an, dass er oder sie einen Home-Arbeitsplatz hat, niemand denkt, es sei eine Hausfrau oder ein Hausmann. Wenn wir »Arbeit« sagen, dann meinen wir Erwerbsarbeit, also Arbeit, die einen Beitrag zum BSP leistet. Sonst sagen wir eben: »Sie pflegt ihre Eltern«, oder: »Er ist Hausmann«, und damit meinen wir, dass diese Tätigkeit keinen Beitrag zum BSP leistet. Entgegen allen anderen Behauptungen gehen wir automatisch davon aus, dass solche Tätigkeiten nicht gleichwertig sind. Darum kann man noch so lange für die Anerkennung der Care-Arbeit und Hausarbeit kämpfen, solange das BSP regiert, wird sich die Einstellung nicht grundsätzlich ändern.

Diese Sozialisierung führt dazu, dass sich Menschen nur dann als vollwertig fühlen, wenn sie eine Erwerbsarbeit haben, also zum Bruttosozialprodukt beitragen. Das ist die bisherige Wirtschaftslogik. Jedes vollwertige Mitglied der Gesellschaft muss Leistungen erbringen, die ein Beitrag zum BSP sind. Für diese Leistungen bekommt man Lohn und kann konsumieren. Entsprechend sind andere Tätigkeiten der Freizeit oder anderen Bereichen zugeordnet. Diese Identität über Erwerbsarbeit ist sehr tief verankert. Die Sozialkosten steigen zwar, aber die Politik sucht Mittel und Wege, um die Folgen der Erwerbslosigkeit zu mildern und Armut abzufedern. Sozialleistungen sollen gekürzt werden, aber man verschiebt sie bloß von der Bundeskasse zu den Kantonen und Gemeinden oder dann in den privaten Haushalt. Die Gewerkschaften kämpfen um die Erhaltung der Arbeitsplätze. Sie wollen einen besseren Kündigungsschutz und bessere Bezahlung durch höhere Gewinnabschöpfung. So versuchen die verschiedenen Sozialpartner das Bestehende zu optimieren und verhindern damit grundsätzliche Veränderungen. Jede Partei argumentiert mit dem Hinweis auf die Gefährdung des Wohlstandes der Gesellschaft. Darum akzeptiert man, wie oben dargestellt, die vielen Armutsgefährdeten, Hartz-IV-Empfänger, die Ausgesteuerten usw. Man nimmt auch in Kauf, dass die RAV (Regionale Arbeitsvermittlungszentren) wenig erfolgreich sind. Unternehmen halten sich bedeckt und entlassen Mitarbeitende peu à peu, um keine politische Reaktion zu provozieren.

Schon John F. Kennedy hat diese Entwicklungen erkannt und suchte den Hebel zur Veränderung: »*How do we eradicate the barriers which separate substantial minorities of our citizens from access to education and employment on equal terms with the rest? How, in sum, can we make our free economy work at full capacity – that is, provide adequate profits for enterprise, adequate wages for labor, and opportunity for all?*«[129] Die Geschichte zeigt, dass er sich geirrt hat. Durch die Wirtschaftsleistung allein entsteht kein balanciertes Gesellschaftssystem. Ungleichheit und Vulnerabilität haben zugenommen und werden weiter zunehmen.

Eine neue Solidarität fordert, dass die Leistungslogik durch die Bedarfslogik ersetzt wird. Die neue, von mir geforderte Identität basiert auf der Bedarfslogik. Es geht nicht mehr darum, was jemand leistet und welchen Lohn man dafür erhält, sondern die Frage ist, was jemand braucht, und wie die Gesellschaft dieses Gut zur Verfügung stellt. Als Erstes muss darum das BSP wieder auf seine ursprüngliche Funktion reduziert werden (was ich weiter unten ausführen werde). Ganz wichtig ist dann der Diskurs über einen neuen Service Public, die Grundversorgung. Es ist zu erarbeiten, welchen individuellen Bedarf die Gesellschaft als »Grundversorgung« anerkennt und zur Verfügung stellt. Die Idee der Grundversorgung ist sozusagen das Gegenteil der Uber-Ökonomie und ihrem Kampf aller gegen alle. Es geht vielmehr um einen Korb von Dienstleistungen, der allen in der Gesellschaft zugänglich ist. Es geht nicht um Chancengleichheit, sondern um reale, gleiche Leistungen für alle; was nicht bedeutet, dass alle gleich viel Geld zur Verfügung haben. Auf diesem Fundament kann eine neue Identität entstehen, in der die Erwerbsarbeit nur noch ein möglicher Teil ist.

Dahrendorf schrieb 1983, dass die Identitätsdefinition der Freizeitgesellschaft nicht zukunftstauglich ist.[130] Er meinte (als liberaler Denker), dass der Mensch nicht eine Erwerbsarbeit braucht, aber sinnvoll tätig sein können muss. Er formulierte damals auch schon, wenn auch nur sehr tentativ, ein wesentliches Element zu einer Tätigkeitsgesellschaft: *»[...] in der Tätigkeitsgesellschaft macht es wenig Sinn, die Staatseinnahmen weitgehend von den Arbeitseinkommen abhängig zu machen. Noch weniger Sinn aber hat es, das Einkommen des Einzelnen, einschließlich der Sozialleistungen, von Berufsarbeit abhängig zu machen. [...] Fast unausweichlich führt jede Überlegung zu dem Gedanken eines Minimaleinkommens, das auf die eine oder andere Weise garantiert sein muss.«*[131] Dazu meine Ausführungen unten.

Leider wurden solche Ansätze vom globalen Aufschwung der Wirtschaft überrollt. Das BSP ist identitätsstiftend geworden und nicht der selbst definierte Sinn in einer Tätigkeit.

Das Bruttosozialprodukt (BSP) – der falsche Maßstab

Stiglitz hat pointiert formuliert: *»America's GDP fetishism is a rare luxury in an age of vulnerability.«*[132] Das BSP wurde geschaffen, um die Wirtschaftskraft eines Landes möglichst objektiv zu messen und zwischen verschiedenen Ländern zu vergleichen. Es ist kein Maßstab für die Lebensqualität in einer Gesellschaft. Um ein balanciertes Gesellschaftssystem zu generieren, muss das BSP auf seine ursprüngliche Funktion zurückgestuft werden.

Es gibt eine alte Diskussion um »GDP and beyond«: Was ist über das Bruttosozialprodukt hinaus relevant? Was ist eigentlich ausgesagt, wenn das BSP steigt und es »uns gut geht«? Fast schon literarisch formulierte es Robert F. Kennedy: »*Too much and for too long, we seemed to have surrendered personal excellence and community values in the mere accumulation of material things. Our Gross National Product, now, is over $800 billion dollars a year, but that Gross National Product – if we judge the United States of America by that – that Gross National Product counts air pollution and cigarette advertising, and ambulances to clear our highways of carnage. It counts special locks for our doors and the jails for the people who break them. It counts the destruction of the redwood and the loss of our natural wonder in chaotic sprawl. It counts napalm and counts nuclear warheads and armored cars for the police to fight the riots in our cities. It counts Whitman's rifle and Speck's knife, and the television programs which glorify violence in order to sell toys to our children. Yet the gross national product does not allow for the health of our children, the quality of their education or the joy of their play. It does not include the beauty of our poetry or the strength of our marriages, the intelligence of our public debate or the integrity of our public officials. It measures neither our wit nor our courage, neither our wisdom nor our learning, neither our compassion nor our devotion to our country, it measures everything in short, except that which makes life worthwhile [...]*«[133]

Zu der Erkenntnis, dass das BSP ein ungenügender Messrahmen ist, kam auch der ehemalige Französische Präsident Nicolas Sarkozy: »*In February 2008, the President of the French Republic, Nicholas Sarkozy, unsatisfied with the present state of statistical information about the economy and the society, asked Joseph Stiglitz (President of the Commission), Amartya Sen (Advisor) and Jean Paul Fitoussi (Coordinator) to create a Commission, subsequently called ›The Commission on the Measurement of Economic Performance and Social Progress‹ (CMEPSP).*«[134] Auslöser war Sarkozys Besorgnis über den

Zustand der Nation: »*Increasing concerns have been raised since a long time about the adequacy of current measures of economic performance, in particular those based on GDP figures. Moreover, there are broader concerns about the relevance of these figures as measures of societal well-being, as well as measures of economic, environmental, and social sustainability. Reflecting these concerns, President Sarkozy has decided to create this Commission, to look at the entire range of issues. Its aim was to identify the limits of GDP as an indicator of economic performance and social progress, to consider additional information required for the production of a more relevant picture, to discuss how to present this information in the most appropriate way, and to check the feasibility of measurement tools proposed by the Commission. Commission's work is not focused on France, nor on developed countries.*«[135]

Der Bericht wurde 300 Seiten stark, ist anstrengend, aber gut zu lesen. Vielleicht hat dieser Bericht die damalige Zürcher Nationalrätin Jacqueline Fehr zu einer Motion angeregt, dass man in der Schweiz auch einen Messrahmen für die »Zufriedenheit« der Menschen entwickeln solle. Das führte dazu, dass die Schweiz, wie andere Staaten, qualitative Aspekte aufgenommen hat, die regelmäßig erhoben werden – allerdings auf statistischen Sonderkonten. Grafik 13 zeigt das Ergebnis von 2014.[136]

Diese Daten liefern wichtige Erkenntnisse, lösen aber das Grundproblem nicht, da die Erweiterungen der nationalen Statistik auf einem Sonderkonto nicht zu einer neuen gesellschaftlichen Identität der Menschen führen, die durch sinnvolle Tätigkeiten definiert wird. Dazu braucht es eine umfassendere, neue Grundversorgung und eine entsprechende Sozialisierung der BürgerInnen.

GRUNDVERSORGUNG

Der Abbau von Arbeitsplätzen durch die Digitalisierung vieler Prozesse wird in den kommenden Jahren die Sozialsysteme finanziell überfordern. Wir müssen darum die Grundversorgung neu definieren, um eine Existenzsicherung in allen Lebenslagen zu gewährleisten.

»Service Public« für die Grundversorgung ist ein typisch schweizerischer Begriff, der unterschiedlich verwendet wird. 2004 hat der Bundesrat einen Bericht zum Service Public verfasst, in dem er das schweizerische Verständnis so formuliert: *»Service Public umfasst eine politisch definierte Grundversorgung mit Infrastrukturgütern und Infrastrukturdienstleistungen, welche für alle Bevölkerungsschichten und Regionen des Landes nach gleichen Grundsätzen in guter Qualität und zu angemessenen Preisen zur Verfügung stehen*

Grafik 13: Zufriedenheit nach Einkommensquintilen

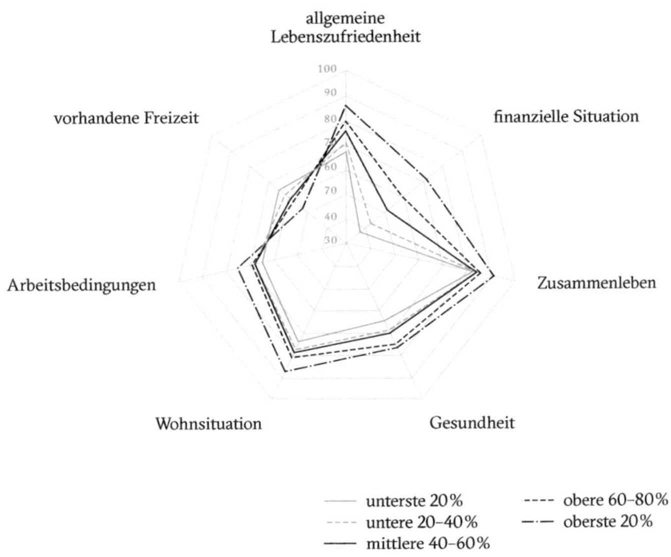

sollen. Der Service Public ist folglich eine politisch festgelegte Basisausstattung mit bestimmten Gütern und Dienstleistungen, meist aus dem Bereich der Infrastrukturen.«[137]

Teilweise wird der Service Public über die Infrastruktur hinaus auf weitere Bereiche wie Gesundheit, Bildung, Kultur, soziale Sicherheit, Militär, Polizei usw. ausgedehnt. Im Allgemeinen wird der Begriff Service Public jedoch mit den großen netz- und infrastrukturgebundenen Wirtschaftssektoren des Verkehrswesens, der Postdienste, der Telekommunikation oder des Energiesektors in Verbindung gebracht, welche bestimmte Leistungen im Interesse der Allgemeinheit erbringen.

Der Bundesrat übernimmt und zementiert damit eine sehr enge Auffassung von Infrastruktur. Das Gabler Wirtschaftslexikon macht zum Begriff »Infrastruktur« einen interessanten Kommentar: *»Am Beginn eines Wachstumsprozesses ist der Bedarf an Basisausstattung wie Verkehr und Energieversorgung am größten, entsprechend dem Vorleistungscharakter der Infrastruktur. Dies lässt sich bei sogenannten Entwicklungsländern gut beobachten. Mit fortschreitender Industrialisierung, im Allgemeinen in Verbindung mit einem starken Wachstum des privaten Kapitalstocks, verlagert sich der Infrastrukturbedarf mehr in Richtung Humankapital. Auf einem hohen Entwicklungsniveau in späteren Stadien des Strukturwandels (Dienstleistungsgesellschaft) werden der weitere Ausbau und die Verbesserung der Infrastruktur schließlich vermehrt von sozialökonomischen Zielen bestimmt, z.B. das Angebot an Kultur- oder Freizeiteinrichtungen.«*[138]

Gemäß dieser Umschreibung ist die Auffassung des Bundesrates aus dem Jahr 2004 irgendwo beim Stand von Entwicklungsländern stehengeblieben. Dabei hat man in der Schweiz schon sehr fortschrittliche Lösungsansätze für diesen »Grundbedarf« gefunden: Bei einer Pfändung darf der Fernseher nicht mehr gepfändet werden, weil er zur Grundausstattung eines Haushalts gehört – ein Auto hingegen nicht. Die AHV garantiert für alle nach 64/65

Grafik 14: Aspekte der Grundversorgung

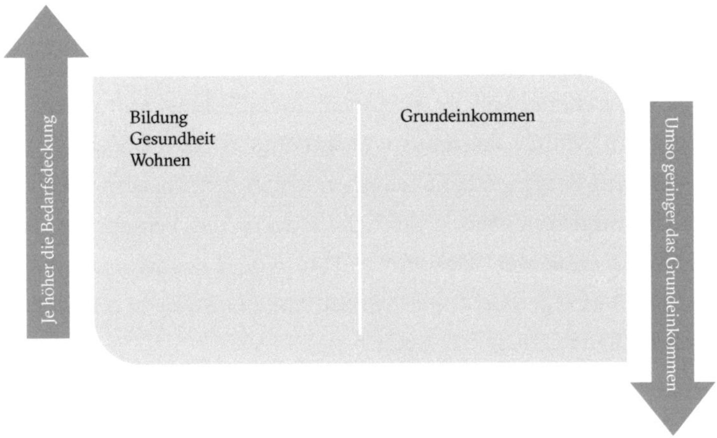

die finanzielle Sicherheit – wenn diese nicht genügt, dann kommen Ergänzungsleistungen der Gemeinde dazu. Es gibt Zuschüsse für die Krankenkasse, und das Sozialamt zahlt auch Mieten. Diese Unterstützungen führen zwar zu Stigmatisierungen von Randgruppen, aber es ist ein Konsens, dass die Existenzsicherung eine Aufgabe des Staates ist.

In der solidarischen Tätigkeitsgesellschaft ist dieser bundesrätliche Infrastrukturbegriff so zu erweitern, dass es keine Ausgrenzung mehr gibt. Es geht um die Frage, was die BürgerInnen an Grundleistungen brauchen, um in jeder Lebenslage ohne existenzielle Ängste leben zu können. Das ist die Idee des künftigen Service Public, der Daseinsvorsorge oder Infrastruktur.

Grafik 14 zeigt die Zusammenhänge.

Für jedes Element der Grundversorgung – Bildung, Gesundheit und Wohnen und Grundeinkommen – ist ein Basisanspruch zu formulieren. Es gab in den 1970er-Jahren die Idee der Bildungsgutscheine: Bei Geburt bekommen alle BürgerInnen Gutscheine für eine kostenlose Bildung auf verschiedenen Stufen. Das könnte ein Ansatz für den Grundbedarf an Bildung sein. Man könnte Bildung aber auch generell als ein Bürgerrecht definieren, also bei allen staatlichen Angeboten und über alle Stufen, egal wann und in welcher Abfolge jemand sich aus- und weiterbildet.

Das Element Gesundheit meint, dass für alle ein Grundbedarf gedeckt sein muss. Der Ansatz einer Volkskrankenkasse geht in diese Richtung.

Auch Wohnen ist ein zentraler Bedarf, und es muss deshalb eine Art Grundausstattung zur Verfügung stehen. Dabei ist zwischen Subjekt- und Objektfinanzierung zu entscheiden (siehe unten).

Das Grundeinkommen ist eine Ergänzung zu den anderen Elementen. Es muss, wie heute in der Schweiz auch schon definiert, allen ermöglichen, einen bestimmten Konsumbedarf zu decken. Dazu gehören Lebensmittel, aber auch ein Fernseher und die Teilhabe an kulturellen Veranstaltungen. Aber es gehört weder ein Auto noch eine Mobilitätsgarantie zum Grundbedarf.

Auch die Unternehmen müssen an einer Grundversorgung interessiert sein, denn sie sichert die Möglichkeit des Konsums von Primärprodukten und stabilisiert das Gesellschaftssystem. Das heutige System ist auf Einseitigkeit angelegt und wird so immer instabiler, wie meine obigen Ausführungen oder die Darstellungen von Joseph Stiglitz u.a. belegen. Das gesellschaftliche System wird stabil, wenn allen Menschen eine gewisse Geldmenge zur Verfügung steht und ergänzende Wirtschaftskreisläufe, die vom BSP entkoppelt sind, installiert werden: Tauschringe, komplementäre Geldkreisläufe, Time Banking, das sind Stichworte zu alternativen, ergänzenden Systemteilen, die mit verschiedensten Tätigkeiten gekoppelt sein können.

Man kann sich darüber streiten, ob und um wie viel das BSP quantitativ wachsen muss. Aber es ist unbestritten, dass die Produktivität durch neue Technologien nochmals exponentiell gesteigert werden kann, indem viele Zwischenschritte und Arbeitsabläufe automatisiert und von selbst lernenden Systemen übernommen werden. Es braucht viel weniger Lagerkapazität, wenn man vor Ort »on demand« produzieren kann, oder wenn die ganze Value Chain von künstlicher Intelligenz gesteuert wird. Das bedeutet, dass das jetzige BSP mit viel weniger Humankapital und weniger anderen Ressourcen erarbeitet werden kann. Zudem ist das Wachstum auch qualitativ. Der freie Zugang zu Dienstleistungen wie Google oder zu vielen Apps wird im BSP nicht abgebildet. Die Zufriedenheit in einer Volkswirtschaft kann steigen, obschon das BSP sinkt.

Die Angst vor Staatsmonopolen durch eine umfassende Grundversorgung ist unbegründet. Die staatlichen Leistungen sollen nur einen Grundbedarf abdecken, und das ist im Prinzip nie profitabel im betriebswirtschaftlichen Sinne. Es müssen alle PatientInnen behandelt werden, alle Kinder müssen einen Schulplatz haben usw. Das sind gesellschaftspolitische Aufträge, die nicht Gewinne für Eigner und Managementboni abwerfen können und müssen.

Private Unternehmen können in jedem Bereich der Grundversorgung zusätzliche Dienstleistungen anbieten, die ein entsprechender Kundenkreis, der sich dies leisten kann, kaufen kann. Es kann aber nicht sein, dass der Staat Leistungen subventioniert, die über die Grundleistungen hinausgehen – sei es direkt oder indirekt.

Der Staat braucht bei der Grundversorgung auch keine privaten Beteiligungen (Public Private Partnership, PPP). Die öffentlichen Betriebe arbeiten so effizient wie die privaten und bekommen am Markt bessere Konditionen für Kredite.

Das sind Aspekte der Bedarfslogik. Es muss in der Gesellschaft verhandelt werden, was in den Service Public gehört. Und nochmals: Es ist keine Frage der Finanzierbarkeit. Es geht »nur« darum, wie das Geld in der Gesellschaft gerecht verteilt wird.

ZENTRALE BEREICHE DES NEUEN SERVICE PUBLIC

Gesundheitswesen

In der solidarischen Tätigkeitsgesellschaft haben alle den gleichen Zugang zu Grundleistungen im Gesundheitswesen. Das bedeutet, dass alle Menschen in der Schweiz einen freien Zugang zu hoch qualitativen medizinischen und pflegerischen Leistungen haben. Anders formuliert, die Qualität der Gesundheitsversorgung ist unabhängig von Einkommen und Alter. Dazu braucht es einen Konsens über einen Leistungskatalog und Qualitätskriterien.

Der Zugang zu diesen medizinischen Grundleistungen wird über das Steuersystem bezahlt, ist also für PatientInnen »gratis«, ebenso die Nachsorge, sei es zu Hause oder in Reha-Kliniken oder Pflegeheimen. Dies gilt allerdings nur für öffentliche Einrichtungen. Wer mit ihnen nicht zufrieden ist, muss sich privat versichern und in eine private Institution gehen, die aber nicht subventioniert wird. Es werden keine Steuergelder an private Institutionen (Spitäler, Pflege-, Altersheime, Spitex) abgegeben. Dieser Mittelabfluss wird blockiert.

Wenn also jemand in der Schweiz in ein Hirslanden Spital oder ein Hotelspital geht, dann zahlt die Kosten keine Grundversicherung mehr – es gibt die Grundversicherung gar nicht mehr. Es braucht auch keine Spitallisten mit Leistungsvereinbarungen, da der Staat nur öffentliche Institutionen finanziert. Es gibt also keine gemischten Versicherungen mehr. Entweder man partizipiert an den öffentlichen Leistungen oder bezahlt respektive versichert privat. Das versicherungstechnische Mehrklassensystem ist damit abgeschafft.

Politisch sind damit alle Diskussionen wegen der verschiedenen »Hüte« (Regulator, Finanzierer, Controller) der Kantone vom Tisch. Der Staat hat die wichtige Funktion, die Qualität der Leistungen sicherzustellen und die Preise für Medikamente im Interesse der Steuerzahler zu kontrollieren. Dazu gehört u.a. auch, dass neue Technologien (z.B. TAVI, katheterbasierter Aortenklappenersatz) nach einer Einführungszeit respektive einer bestimmten Anzahl von Anwendungen billiger werden. Sobald ein chirurgischer Eingriff zur Routine wird, müsste der Preis dafür angepasst werden. Das Gleiche gilt für Medikamente nach einer gewissen Laufdauer. Da der Markt immer mehr von natürlichen Monopolen beherrscht wird, reicht der Konkurrenzdruck nicht mehr aus, um die Preise anzupassen.

Diese allgemeine Grundversorgung ermöglicht es, die Grundversicherung und damit auch die Krankenkassen abzuschaffen: ein Einsparungspotenzial von 1,2 Mrd. (Betriebsaufwand 2013). Davon wären auch etwa 10 000 Vollzeitstellen betroffen. Das sind viele Arbeitsplätze, aber mit einer neuen gesellschaftlichen Identität, die nicht mehr einseitig auf Erwerbsarbeit beruht, und dem neuen Service Public wird das nicht mehr zu einem Problem.

Das DRG-System (Diagnosis Related Groups, diagnosebezogene Fallgruppen) kann zu einem Qualitätssystem umfunktioniert werden. Statt der Krankenkasse haben alle PatientInnen einen Gesundheits-Chip. Auf diesem Chip sind alle bezogenen Leistungen und Diagnosen gespeichert. Diese Datensammlung ist keine Bedrohung mehr, da niemand dadurch höhere Prämien bezahlen muss oder von Leistungen ausgeschlossen werden kann. Man könnte so eine Art Best-Practice-Datenbank entwickeln, die Analysen ermöglicht und als Ansporn zu effizienterem Management dient.

Zur heutigen Situation im Gesundheitswesen

Um meinen strategischen Ansatz für öffentliche Spitäler zu verstehen, ist ein Grundverständnis über den Gesundheitsmarkt und die Strategien der privaten Anbieter wichtig.

Die Gesundheitswirtschaft, ein Markt im Umbruch

Die Gesundheitswirtschaft ist weltweit zu einem umkämpften Markt geworden, der viele Investoren anlockt und wo viel Geld verdient wird; leider nicht von der öffentlichen Hand, sondern von Privaten. In der Gesellschaft ist das Bewusstsein verankert, dass wir in der Schweiz ein teures Gesundheitswesen haben und darum unbedingt durch Privatisierungen gespart werden muss.

Grafik 15[139] zeigt, was man heute unter Gesundheitswirtschaft versteht. Traditionell sind dies unterschiedliche Märkte und unter-

Grafik 15: Gesundheitswirtschaft

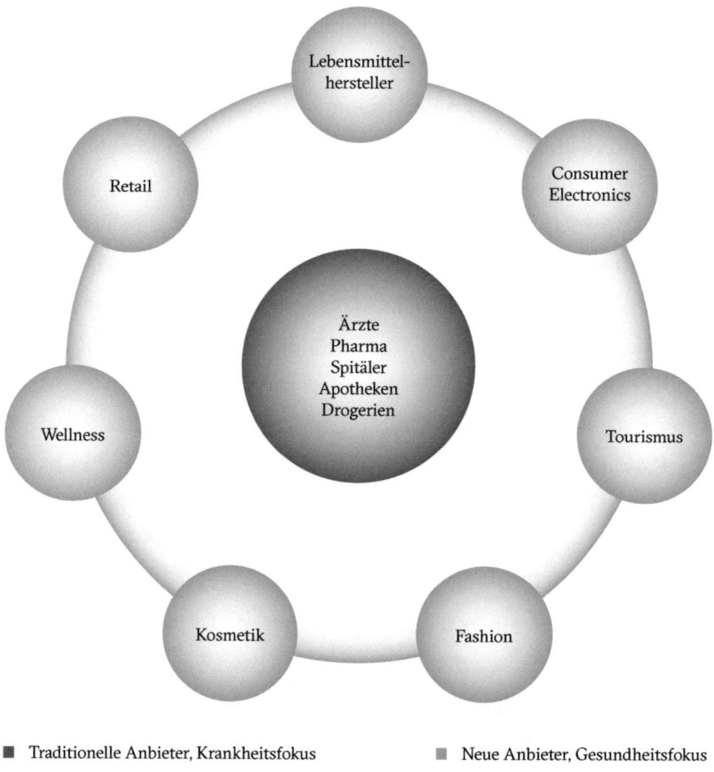

schiedliche Anbieter. So umfasst die Gesundheitswirtschaft etwa auch die pharmazeutische Industrie, die sich mit der Entwicklung von Substanzen zu Medikamenten und deren Vertrieb befasst. Andererseits gehört neu auch Google dazu, die sich ursprünglich auf Informations- und Kommunikationstechnologie (ICT) spezialisiert hat.

Diese unterschiedlichen Branchen hatten spezifische Forschungs- und Innovationsgebiete und so auch unterschiedliche Absatzmärkte. Dieser Markt verändert sich grundlegend. Die verschiedenen Wissenschaftszweige wie Stammzellenforschung/Gentechnologie, Neurologie, Nanotechnologie, Informatik arbeiten verstärkt transdisziplinär, und die Ergebnisse führen zu neuen Technologien, Märkten und Businessmodellen.

Die Biotechnologie findet Einlass in die Medikamentenentwicklung, aber auch in Instrumente und Informatik. Die Nanotechnologie wird bald viele Operationen überflüssig machen. Es wird mehr und mehr Geräte geben, die online Diagnosen stellen und Behandlungen initiieren. Aufgaben wie die Überwachung des Blutzuckerspiegels, von Herzrhythmusstörungen oder der Verengung von Blutgefäßen werden von neuartigen Geräten übernommen, die zum Teil im Körper implantiert sind. Auch die Medikamente verändern sich: Ein Beispiel dafür ist die »digitalisierte Pille«, ein Medikament mit einem essbaren Microchip. Dieser Chip sendet Informationen an ein Gerät, mit dem der Arzt erkennen kann, ob der Patient die Medikamente gemäß Anordnung geschluckt hat.

Das Handy wird in Zukunft für den Arzt wichtiger als das Stethoskop oder das Otoskop sein. Übermittelte elektronische Daten werden die Grundlagen für den Arzt sein. Er wird das Handy mehr und mehr einsetzen zur Diagnose und zur Überwachung von Patienten. Es wird selbstverständlich werden, dass man Telemedizin abruft, das heißt, dass der Arzt und der Patient bei der Diagnostik und Therapie örtlich unabhängig voneinander sind. Patienten werden über eClearing lernen, wie sie sich verhalten sollen. Man wird genomische Profile erstellen und die Behandlung darauf abstimmen.

Mit dieser Entwicklung verbunden ist die Veränderung von Wertschöpfungsnetzwerken: Swisscom hat einen ganzen Bereich »Gesundheit« aufgebaut, Pharmafirmen kaufen Technologiefirmen und Google kauft Pharmahersteller auf. Walmart, der größte Detailhändler der Welt, ist ebenfalls in die Gesundheitswirtschaft eingestiegen: Diet & Nutrition, Exercise & Fitness, Home Health Care, Medicine Cabinet (Apotheke), Oral Care, Personal Care, Sexual Wellness, Vision, Vitamins) und natürlich auch Kliniken (Get Well – Stay Well) mit allen elektronischen Möglichkeiten, um nur einige Angebote aus dem Sortiment zu nennen. Fresenius, eine große Pharmafirma, führt auch eine große Internetapotheke (1 Mio. Kunden) und bietet bis zu Home Care alles an. Migros hat vor Kurzem ein Ärztenetz gekauft – die Aufzählung ließe sich beliebig verlängern.

Die ganze Tragweite der Forschungsergebnisse und des Zusammengehens unterschiedlicher Wissenschaften auf die Wirtschaft ist erst in Ansätzen absehbar. Sicher ist, dass ganz neue Firmenkonglomerate entstehen und sich auch Berufe stark verändern werden. Die Pflege beispielsweise wird sich neu definieren müssen, da viele Funktionen neu von Robotern und datenverarbeitenden Systemen übernommen werden können.

Es ist notwendig, darüber nachzudenken, welche Kapazitäten durch die Technik frei werden, und ob und wie man sie für die Verbesserung der zwischenmenschlichen Beziehungen im Pflegebereich nutzen will und kann. Dies gilt für Spitäler, aber auch für Praxen und Pflegeinstitutionen. Die technische Entwicklung muss im Zusammenhang mit der ökonomischen und politischen gesehen werden: Entsprechend dem jetzigen Trend wird der Druck der Ökonomisierung weiter steigen. Das kann in den öffentlichen Spitälern dazu führen, dass der Patient nur noch ein Element in der

Wertschöpfungskette ist. Man wird dann die durch die Technik frei werdende Zeit nicht für eine Intensivierung der zwischenmenschlichen Beziehung nutzen, sondern um noch mehr Personal abzubauen.

Bei dem hohen Anteil der Personalkosten wird es für öffentliche Spitäler attraktiv sein, in höhere Technologie zu investieren. Fehlt dafür das Geld, werden sowohl die medizinische wie auch die pflegerische Qualität sinken. Wie bereits erwähnt, ist aber nicht sicher, ob sie mit mehr Technologie besser werden.

Die Privatspitäler werden voraussichtlich eine ausgeprägte individuelle Versorgung für zahlungskräftige Patienten anbieten, denn sie haben die finanziellen Mittel dazu. Die Folge davon wird eine Mehrklassenmedizin mit privilegierten und benachteiligten Menschen sein.

Arbeiten private Spitäler effizienter?

Es ist den Vertretern der Marktlogik gelungen, die Privatisierung der Spitäler in der Bevölkerung als angeblich positiven Vorgang zu verankern. »Gesundheit ist Privatsache« und »Privat ist besser« ist zu einer Art Volksweisheit geworden, die gebetsmühlenartig wiederholt wird. Das macht sie nicht wahrer, aber für die BürgerInnen selbstverständlich.

»Private Spitäler sind bis zu 30% effizienter«, sagte mir ein bekannter Professor. Die Konsequenz sei, dass man unrentable Spitäler schließen, andere zusammenfügen und privatisieren sollte. So wäre Effizienz gewährleistet, und die Qualität würde besser. Der freie Markt, der Druck, unter Konkurrenz sich zu beweisen, wirke Wunder.

Auch der Lobbyistenverein PPP (Verein Public Private Partnership) ist überzeugt, dass es unumgänglich sei, die öffentlichen Spitäler in eine Partnerschaft mit Privaten zu überführen. Nur so könne man in Zukunft den Investitionsstau in der Schweiz von ca.

CHF 20 Mrd. abbauen respektive das weitere Anwachsen verhindern. Das hat auch der Thurgauer CVP-Regierungsrat Bernhard Koch begriffen, und er freut sich über diese Situation im Gesundheitswesen: *»Ich bin dankbar für den Wettbewerb, durch den nebst der Patientenfreundlichkeit auch die Qualität der Leistungen erhöht wird.«*[140]

Also: Durch die Privatisierung von Spitälern steige die Effizienz, und die Kosten für die PatientInnen sänken, zudem werde die medizinische Qualität besser. Das ist immer wieder das vertraute neoliberale Credo, hier auf das Gesundheitswesen gemünzt.

Der Privatisierungstrend zeigt, dass führende Politiker schon sehr viel Vertrauen in dieses Credo gewonnen haben: 32,9% aller Krankenhäuser in Deutschland befanden sich 2010 in privater Trägerschaft – demgegenüber hatte 1991 der Anteil noch 14,8% betragen. In der Schweiz sind ca. 24% der Spitalbetten der stationären Gesundheitsversorgung in Privatspitälern.[141]

In der Schweiz sind die Meinungen gemacht, das Credo scheint zum Schlussspurt anzusetzen: *»Verschiedene Studien zur Privatisierung zeigen, dass sich die Versorgungsqualität mit der Privatisierung verbessert,«*[142] so CVP-Regierungsrat Bernhard Koch. *»Wir wollen den Service Public nicht abschaffen, sondern besser machen!«*,[143] tönte es 2012 beim damaligen Avenir-Suisse Direktor Gerhard Schwarz; er meinte damit wohl, dass mit einem privaten Management des Service Public die Leistungen qualitativ besser und günstiger würden.

Um das Thema differenzierter diskutieren zu können, muss der Begriff »Effizienz« in technische Effizienz, Kosteneffizienz und Gewinneffizienz aufgeschlüsselt werden. Die technische Effizienz fragt nach dem Input von Ressourcen und dem erzeugten Output. Sie ist auch das Maß für Produktivität. Die Kosteneffizienz fragt nach dem finanziellen Aufwand für eine Leistung, und die Gewinneffizienz fragt nach der Profitabilität einer erbrachten Leistung. Es kann also sein, dass ein Betrieb technisch hochgradig effizient ist, jedoch zu teuer produziert, demzufolge also die Kosteneffizienz tief ist. Dies muss die Gewinneffizienz nicht direkt beeinflussen. Der Gewinn wird von der Art der Fälle, der Menge an Operationen, dem Betrieb von Notfallstationen usw. beeinflusst. Ein Privatpatient kann auch länger im Spital bleiben, da er die Hotellerie privat bezahlt, also ein zusätzlicher Tag auch ein Umsatztag ist. Beim allgemein versicherten Patienten steigert dies die Kosten für das Spital, weil die Fallpauschale aufgebraucht ist. Wenn also das Kantonsspital Winterthur (KSW) 2016 eine EBITDA-Marge (Gewinn vor Investitionen und Abschreibungen in % vom Betriebsertrag) von 9% hatte und MediClinic (Hirslanden) einen von 21%,[144] so lässt sich daraus nicht ableiten, dass das KSW weniger produktiv gearbeitet hätte.[145]

Die weltweiten Studien zur technischen Effizienz und zur Kosteneffizienz sind uneinheitlich: »[Bruce] *Hollingsworth conducted a meta-analysis of 317 published works on efficiency measures and concludes that ›public provision may be potentially more efficient than private‹.*«[146] Auch in Deutschland sind die Ergebnisse unterschiedlich. Dr. Annika Herr vom Düsseldorf Institute for Competition Economics (DICE) fand heraus, dass die technische Effizienz und die Kosteneffizienz bei öffentlichen Krankenhäusern besser als bei privaten sei.[147] Eine Längsschnittstudie von Jonas Schreyögg, Ökonom und Professor für Betriebswirtschaftslehre, zeigt, dass öffentliche Krankenhäuser nach der Privatisierung effizienter arbeiten (allerdings nach massivem Personalabbau).[148] Bei allen verfügbaren Studien zeigt sich, dass die Unterschiede nach Einführung der Fallpauschalen nicht mehr signifikant sind.

Die zweite Studie von Schreyögg wird von den Marktgläubigen gerne zitiert, und dies zeigt wiederum die Unsinnigkeit der Argumentation. Es ist eine singuläre Studie, und sie erfasst nur betriebswirtschaftliche Aspekte, was nur bedingt möglich ist. Sie zeigt, dass möglicherweise durch einen massiven Personalabbau ein gewisser Effizienzvorteil geschaffen werden kann. Sie sagt aber nichts darüber aus, was diese Maßnahmen den Staat gekostet haben. Sie sagt auch nichts über die Pflegequalität aus, da sich Qualität in der Studie nur auf Mortalität bezieht. Wenn man die Mortalität als wichtigstes Kriterium nimmt, dann könnte man auch Roboter an Stelle von Pflegepersonal hinstellen. Es finden sich in der Studie auch keine Hinweise, wie sich die Zahl der Wiedereintritte (Rückfallquote) verändert hat, respektive welche Kostenverschiebungen zu Pflegeheimen und Home Care stattgefunden haben.

Justine Hsu fasst die Effizienzdiskussion so zusammen: »*The literature on relative efficiency levels between private and public delivery of healthcare shows inconclusive evidence. This underscores that one cannot generalise which ownership model is best across countries or even within countries over time.*« Und: »*The debate of private vs. public seems anachronistic.*«[149]

Diese Erkenntnis gilt für alle Organisationen. Gutes Management ist nicht an die rechtliche Form gebunden, sondern an Personen und Strukturen. So haben Großorganisationen wie Bayer oder Volkswagen dieselben Herausforderungen wie öffentliche Großspitäler: die administrativen Kosten im Griff zu haben.

Bleibt die Gewinneffizienz, und da sind die Privatspitäler immer besser!

Dass private Spitäler vor Einführung der Fallpauschalen tendenziell weniger kosteneffizient waren, hängt mit der möglichen inversen Wirkung der verschiedenen Effizienzparameter zusammen. Vor Einführung der DRG hatten die Privatspitäler längere Liegezeiten, das heißt eine schlechtere Leistungseffizienz, aber durch den höheren Umsatz durch die längere Liegezeit mehr Gewinn. Seit der Einführung der Fallpauschalen wird dieser Mechanismus bei allgemein versicherten PatientInnen bestraft, da die Pauschale mit langen Liegezeiten überschritten wird und der Profit sinkt.

Die Fallpauschalen verändern den Anreiz, aber nicht den Effekt. Privatspitäler konzentrieren sich auf höher bewertete Fälle, wenn möglich mit Nebendiagnosemöglichkeiten, und die Abwicklung einer größeren Zahl von Patienten. Dabei werden Wiedereinlieferungen profitabel einkalkuliert. Gemäß dieser Logik macht man lieber eine Rücken-OP als eine physiotherapeutische Behandlung. Technische Eingriffe sind lukrativer als Behandlungen, die menschliche Zuwendung brauchen. Man bietet an, was gewinnversprechend ist, und man behandelt die gewinnbringenderen Fälle. Den staatlichen Institutionen bleiben die weniger profitablen oder gar unprofitablen Bereiche. Das ist der Grund für die Gewinnunterschiede von 9 bis zu 21%, die oben erwähnt wurden.

Die privaten Konzerne sind sehr erfinderisch in der Suche nach Gewinnen. Sie haben dabei die gesamten Wertschöpfungsketten im Blick, von der Forschung bis zu Home Care und Altersresidenz. So werden beispielsweise Zusatzversicherungen angeboten, die einen Kunden an einen bestimmten Konzern binden und so langfristig Gewinn bringen. Oder es werden Versicherungen angeboten, die nur für bestimmte Spitäler und bestimmte Medikamente gültig sind.

Strategiemöglichkeiten im öffentlichen Gesundheitswesen

Das strategische Ziel für eine solidarische Tätigkeitsgesellschaft ist oben formuliert: Alle BürgerInnen haben den gleichen Zugang zum Gesundheitswesen. Das bedeutet, dass alle Menschen in der Schweiz einen freien Zugang zu hoch qualitativen medizinischen und pflegerischen Leistungen haben. Dies kann erreicht werden, indem die öffentlichen Einrichtungen effizient arbeiten. Das ist bei Spitälern heute weitgehend realisiert. Wie dargestellt, zeigen alle relevanten Studien, dass öffentliche Spitäler effizienter arbeiten als private respektive dass nach Einführung von DRG die Unterschiede nivelliert sind. Die Privaten generieren allerdings mehr

Gewinn, da sie die Fälle anders managen können. Sie übernehmen pro forma einen Grundversorgungsauftrag, um die Subventionen abholen zu können. De facto wählen sie aber ihre Patienten nach Rentabilitätskriterien aus und stimmen die Behandlung darauf ab.

Eine Konkurrenz im neoliberalen Sinne ist Unsinn im öffentlichen Gesundheitssystem. Ein genereller Versorgungsauftrag für die Gesellschaft kann und muss nicht im neoliberalen Sinne profitabel geführt werden. Ein Gesundheitsnetzwerk soll Profit generieren, um Investitionen zu refinanzieren, Innovationen zu tätigen und so Steuern zu sparen. Wenn man heute die fehlenden Investitionen beklagt, dann ist das scheinheilig. Der reale Grund der fehlenden Finanzkraft liegt in den Steuersenkungen der letzten 15 Jahre.

Internationale Erfahrungen zeigen, dass private Investoren generell sehr zurückhaltend mit Erneuerungsinvestitionen sind. So sind Wasser- und Energienetze sehr vernachlässigt worden. Alle großen Privatisierungen werden mit Preisreduktionen argumentiert. Die Realität bei Privatisierungen ist aber, dass nach wenigen Jahren die Leistungen reduziert und die Preise erhöht werden.[150] Zudem tendieren privatisierte Gesellschaften zu Oligopolen, was im Prinzip gegen das neoliberale Credo der Konkurrenz verstößt.

Neben Effizienzkriterien, die sich auf Prozesse beziehen, gilt es, strategisch Strukturen zu schaffen, die Ressourcen bündeln und koordinieren. Darum ist es sinnvoll, dass sich Spitäler strategisch zusammenschließen und vernetzen. Die heutige Spitallandschaft im Kanton St. Gallen kann dafür ein Startmodell sein. Der Kanton St. Gallen hat es in einem 10-jährigen politischen Prozess geschafft, von neun Akutspitälern mit neun Geschäftsleitungen und entsprechenden Chefärzten und Aufsichtsgremien zu vier Spitalregionen und einem Verwaltungsrat über alle vier Regionen zu gelangen – und das als öffentlich-rechtliche Anstalt. Es ist folgerichtig, dass man dem Management mehr Verantwortung gibt, in-

Grafik 16: Spitalnetzwerk St. Gallen

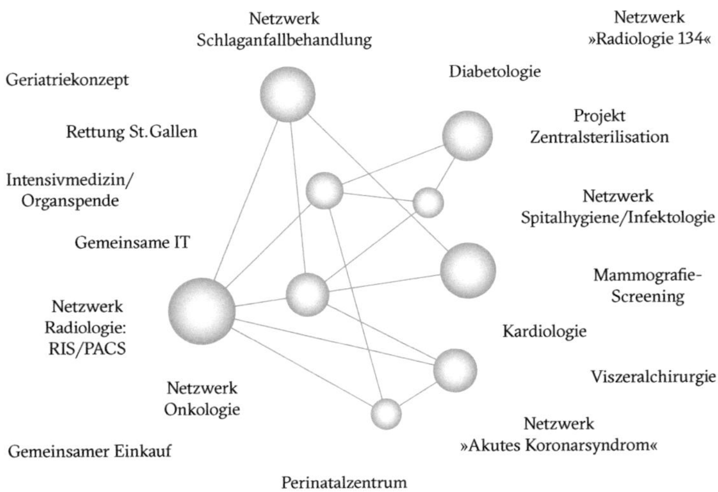

Grafik 17: Schwerpunktbildung St. Galler Spitäler

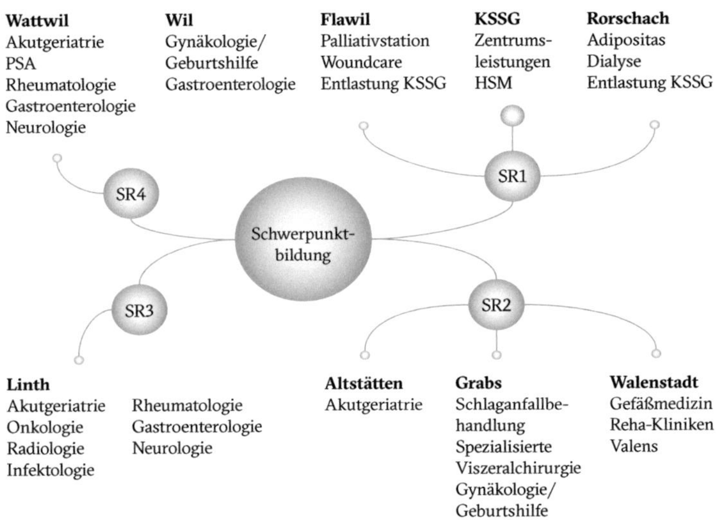

dem man die Immobilien der Trägergesellschaft überträgt. Dieser Freiraum ist wichtig für das Management, und das Beispiel zeigt, dass man dies schaffen kann, ohne materiell zu privatisieren.[151]

Vernetzungen und Schwerpunktbildung sind Maßnahmen, die Leitungs- und Kosteneffizienz steigern helfen und somit Steuern einsparen. Auch hier zeigt St. Gallen vorbildliche Ansätze. Von einem verzettelten Netz von Leistungen entwickelte sich das Spital zu einem effektiven und effizienten Netzwerk [siehe Grafik 16].[152]

Schwerpunktbildungen ermöglichen eine patientennahe Versorgung und die strategische Entwicklung gewinnbringender Elemente wie Kardiologie und Ophthalmologie.

Es ist strategisch wichtig, diese gewinnbringenden Bereiche auszubauen. Es ist nicht möglich, alle Spitalbereiche kostendeckend zu führen. Man braucht Quersubventionierungen. Überlässt man privaten Anbietern Herz- oder Brustzentren wie etwa in Aarau oder Fribourg, werden Steuergelder verschenkt. Man realisiert den möglichen Gewinn nicht und subventioniert die privaten Unternehmen doppelt durch Spitallisten und Grundversicherung. Die Gewinne werden an die Shareholder transferiert, und der Staat hat das Nachsehen.

Da müsste man den Spieß umdrehen und den öffentlichen Spitälern die Berechtigung geben, Profit zu machen, um Steuermittel einzusparen. Das heißt, zusätzlich zu einem definierten Paket an Leistungen für alle könnte ein Spital auch privatwirtschaftliche Leistungen aufbauen. So könnte St. Gallen z.B. die Klinik Stephanshorn (heute Hirslanden) kaufen und betreiben. Hier erwirtschaftet die Klinik 25% Ebit mit Privatversicherten. Dieser Gewinn würde bei der Betreibung durch die öffentliche Hand nicht in eine private Holding (heute zu Mediclinic) fließen, sondern zurück an den Kanton als Aufwandsminderung überwiesen werden.

So könnte das Kantonsspital auch eine Internetapotheke, Rehas oder Herzzentren betreiben, alles Institutionen, die Gewinn abwerfen. Der Gewinn in einer öffentlich-rechtlichen Anstalt ist eine Steuerersparnis für den Kanton.

Ein öffentliches Spital wäre also ein Konglomerat von öffentlich-rechtlichen Firmen, das für alle ein »Gratis«-Angebot hat und an den PatientInnen verdient, die eine zusätzliche Leistung wollen und sie selbst finanzieren können. Bei diesen zusätzlichen Leistungen würden sie in der Konkurrenz mit den privaten Anbietern stehen.

Die Steuerersparnis ist allerdings mit den notwendigen Investitionen zu verrechnen. Es ist darum durchaus sinnvoll, eine gemeinnützige AG zu entwickeln. In dieser Rechtsform dürfen weder Tantiemen noch Dividenden ausgeschüttet werden. So bleiben die Gewinne – und Verluste – im Unternehmen, das zumindest auch für seine Erneuerungsinvestitionen aufkommen muss. Für Forschung und Entwicklung sind zusätzliche Finanzierungsmechanismen vorhanden.

Eine solche AG kann auch psychiatrische Leistungen, Pflegeheime und Home Care integrieren, sodass eine durchgehende Patientenversorgung möglich wird. Das ist bereits jetzt die Strategie privater Anbieter, die von der pharmazeutischen Produktion bis zu Home Care alle Stufen anbieten.

Wohnen

Alle haben ein Recht auf eine Wohnung, dieser Grundsatz ist unbestritten. Darum bekommen bereits heute alle mit zu wenig oder keinem Einkommen einen Mietzuschuss. Die Bittsteller sind stigmatisiert, denn eigentlich muss man für sich selbst sorgen können. Menschen die einen Mietzuschuss brauchen, müssen auch den Grundbedarf (Essen, Kleider ...) und die Krankenkasse vom Staat erbetteln.

Grafik 18: Immobilienmarkt Schweiz, 2011

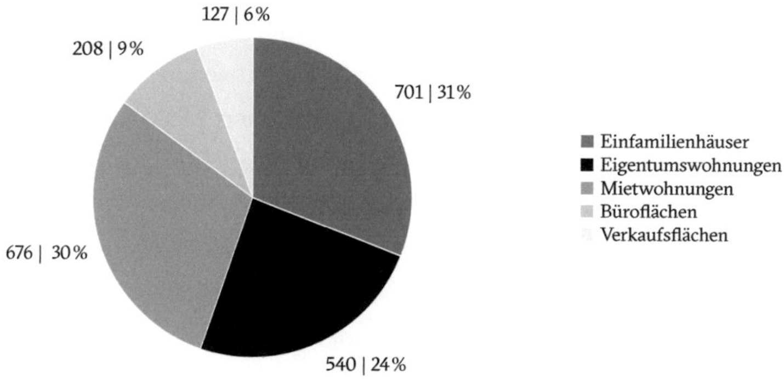

Die Bedingungen, wer für solche Leistungen qualifiziert ist, sind kompliziert zu verstehen und beschäftigen Sozialämter und viele Juristen. Ich habe den Verdacht, dass der administrative Aufwand größer ist als die Kosten für die Leistungen. Dazu kommt der psychologische Schaden, der diesen Menschen zugefügt wird.

Die Schweiz ist ein Land der MieterInnen: ca. 70% besitzen kein Wohneigentum. In den Agglomerationen sind die Mieten sehr hoch und übersteigen die empfohlenen 25–30% des Nettoeinkommens deutlich.[153] Günstiger Wohnungsbau ist darum ein Muss in jeder Agglomeration. Genossenschaften spielen dabei eine wesentliche Rolle. Nicht nur sind Genossenschaftswohnungen bis 25% günstiger, sie sind auch ein demokratisches Übungsfeld und eine Möglichkeit, mit neuen Identitätselementen wie einer Komplementärwährung (siehe unten) zu experimentieren.[154]

Der Immobilienmarkt insgesamt ist riesig. Das Immobilienvermögen in der Schweiz wird auf CHF 2252 Mrd. geschätzt. Die Grafik 18[155] zeigt, dass davon 30% Mietwohnungen sind. Dies entspricht einem Vermögensvolumen von CHF 676 Mrd.

Ein kleiner Teil aller Mietwohnungen (in Zürich 18%,[156] schweizweit nur 5%[157]) ist gemeinnütziger Wohnungsbau. Alle übrigen Wohnungen gehören privaten Investoren (Privatpersonen und Private Equity Firmen), Pensionskassen und Versicherungen. Die Investoren wollen Gewinne erwirtschaften, damit Shareholder, Management und auch RentnerInnen zufrieden sind. Zu den normalen Bau- und Unterhaltskosten kommen Managementkosten, Zinsen, Zinseszinsen und Gebühren dazu. Um profitabel zu sein, werden alle diese Kosten auf die Mieten überwälzt und die Mieten so angesetzt, dass Gewinn für die Besitzer sicher ist.

Ganz anders der genossenschaftlich-gemeinnützige Wohnungsbau. Im Gegensatz zu gewinnorientierten Immobilieninvestoren wollen Baugenossenschaften mit ihren Liegenschaften keinen Profit erwirtschaften. Sie verrechnen ihren Mietern nur eine sogenannte Kostenmiete, das heißt, nur so viel, wie die Wohnungen effektiv kosten, inkl. Erneuerungsfonds. Eine Genossenschaftswohnung in Zürich ist darum bis zu 50% günstiger. Zudem sind große Gemeinschaftsflächen in den Mieten enthalten (Veranstaltungsräume, Ateliers, interne Bistros, Großküchen), was profitorientierten Gesellschaften völlig fremd ist.

Natürlich bezahlen Genossenschaften auch Hypothekarzinsen. Da Genossenschaftsbauten aber sehr langfristig angelegt sind und keine Gewinne akkumulieren wollen, können sie einen eigenen »Zinskorb« bilden, der sich aus Hypotheken mit ganz unterschiedlichen Zinssätzen zusammensetzt. Dieser Korb federt kurzfristige Schwankungen ab, sodass die Mieten relativ konstant bleiben. Die Genossenschaften sind dadurch nicht vom Referenzzinssatz[158] abhängig. Ältere Genossenschaften haben auch den Vorteil, dass sie beim Ersetzen von alten Liegenschaften keinen Boden zu aktuellen Preisen kaufen müssen. Das steigert bei gewinnorientierten Bauherren den Profit, bei Genossenschaften führt es zu tiefen Mieten in Neuwohnungen. Darum ist es z.B. in einer großen Siedlung in Zürich möglich, eine 3,5-Zimmer-Neuwohnung mit 70 m^2 für CHF 1200 anzubieten. In neuen Siedlungen sind die Anfangsmieten auch relativ hoch (Bodenpreise und Baukosten). Durch die Not-for-Profit-Organisation sind sie aber schon nach wenigen Jahren wesentlich günstiger als vergleichbare Wohnungen in der Region.[159]

Es ist evident, dass die Gemeinden genossenschaftlich-gemeinnützigen Wohnungsbau dringend fördern müssen. Sie haben dazu verschiedene Möglichkeiten: a) Abgabe von Grundstücken im Baurecht; b) Wohnbauförderung durch Darlehen oder Annuitätszuschüssen zur Errichtung von Wohnungen und Verbilligung der Mieten (Objektförderung); c) Entrichten von Beiträgen an MieterInnen (Subjektförderung).

Baurecht bedeutet, dass die Baurechtsgeberin als Eigentümerin des Bodens (die Gemeinde) diesen nicht selbst bebaut, sondern das Recht zum Bauen, das »Baurecht«, auf eine andere Partei (die Genossenschaft) überträgt. Diese wird Eigentümerin der Gebäude, nicht aber des Bodens. Die starke Verbreitung weist darauf hin, dass diese Vertragsart für beide Seiten von Vorteil ist.[160] Voraussetzung dafür ist, dass die Gemeinden ihren Bodenbesitz nicht veräußern, um kurzfristig ihre Rechnung zu verbessern.

Subjektfinanzierung ist eine direkte Unterstützung für MieterInnen. Die Objektfinanzierung sind Darlehen an die Eigentümer, z.B. Genossenschaften, um die Mieten zu verbilligen. Im Gegensatz zu neoliberalen Ansätzen vertrete ich die Objektfinanzierung. Im genossenschaftlichen Wohnungsbau ermöglicht dies subventionierte Wohnungen für Personen mit tiefen Einkommen, und für die Gemeinde ist es eine Anlage auf Zeit. Die Subjektfinanzierung ist auch an Bedingungen (Einkommen, Familiensituation) gebunden. Qualifizierte Mieter bekommen einen Zuschuss an die Miete, ein Wohngeld.[161] Für die Gemeinde ist dies eine Ausgabe à fonds perdu, und dem Baubesitzer erlaubt es, die Mieten marktkonform (mit Profit) zu gestalten. Das Wohngeld ist eine indirekte Subventionierung der Vermieter, indem Mieter Zuschüsse zur Bezahlung überteuerter Wohnungsmieten bekommen. Dies ist auch der Grund, warum neoliberale Think Tanks wie Avenir Suisse für diese Form der Finanzierung plädieren.[162] Für sie ist die Objektfinanzierung ein Eingriff in den Markt und somit per se schädlich.

Existenzsicherung heißt, dass ein Grundbedarf für alle sichergestellt ist. Man könnte das Genossenschaftsmodell nehmen und den Grundbedarf über Zimmerzahl und m² definieren. Dabei gilt: Personen + 1–1,5 Zimmer oder 35 m²/erwachsene Person. Eine Paar hätte dann Anrecht auf eine 3–3,5 Zimmerwohnung mit etwa 70 m² Fläche. Wie in Genossenschaften müssten Paare umziehen, wenn die Kinder ausziehen.

Auch in diesem Bereich ist die Finanzierung kein Problem. Durch einen Systemwechsel von einem neoliberalen Modell hin zu einer solidarischen Gesellschaft würden Pensionskassen überflüssig, weil es ein allgemeine Grundversorgung gibt. Das würde den Finanzmärkten viele spekulative Gelder entziehen, die man direkt in die Gesellschaft investieren könnte.

2016 betrug das Vermögen der Pensionskassen der 2. Säule (betriebliche PK) über CHF 600 Mrd. bei 3,3 Mio. Versicherten. Von diesen CHF 600 Mrd. sind 17% in Immobilien angelegt – in der Hoffnung auf langfristige Rendite. Der restliche Teil des Vermögens steht dem allgemeinen Finanzkasino der Welt zu Verfügung, neben Aktien auch 6% alternative Anlagen (Hedgefonds und die Glencores dieser Welt).[163] Renten aus Pensionskassen würden zu einem Luxusgut, vergleichbar mit der Privatversicherung im Gesundheitswesen. Auch hier, wie im Gesundheitsbereich, wird also sehr viel Geld frei, das sozial-solidarisch eingesetzt werden kann.

Baugenossenschaften haben aber noch eine gesellschaftspolitische Funktion. Wenn man die Leitbilder oder Chartas von Wohnbaugenossenschaften liest, wird eine gemeinsame Philosophie erkennbar. Sie wollen eine soziale Durchmischung und Geld sparen durch persönliches Engagement. Durch ihre Struktur sind sie ein Übungsfeld für direkte Demokratie. Ob reich oder arm, jede

Person hat eine Stimme, aber trägt Mitverantwortung für die ganze Genossenschaft. Es gibt oft auch Formen der Nachbarschaftshilfe, die Pflegeheime entlasten.

Es werden zudem innovative Organisationskonzepte möglich. So gibt es Genossenschaften, die nicht in der normalen Genossenschaftshierarchie organisiert sind und auch nicht einfach durch Mehrheitsprinzipien Entscheidungen fällen.[164] Kinder in solchen Siedlungen wachsen mit der Erfahrung von Solidarität auf, was für ihr späteres Verhalten prägend sein kann.

Komplementärwährung

»Das Geld ist um des Tausches willen erfunden worden, durch den Zins vermehrt es sich aber durch sich selbst. Diese Art des Gelderwerbes ist also am meisten gegen die Natur.« Aristoteles

»Geld ist kein Metall, sondern aufgeprägtes Vertrauen: Tatsächlich gab es außer dem historischen Zufall keinen Grund dafür, dass Geld in der Vorstellung des Westens mit Metall gleichgesetzt wurde. […] Ob es sich um Silber, Ton oder Papier oder einen Monitor aus Flüssigkristallen handelt, alles kann als Geld dienen, von den Kaurimuscheln auf den Malediven bis zu den riesigen Steinscheiben, die auf den Inseln von Yap im Pazifik benutzt wurden. Und im heutigen elektronischen Zeitalter scheint auch ein Nichts als Geld dienen zu können«,[165] so schreibt der britische Historiker Niall Ferguson in seinem Buch »Der Aufstieg des Geldes«. Komplementäre Währungen (Regiogeld, Gutscheine, Zeitbanken) basieren auf dieser Einsicht.

Die offiziellen Währungen beruhen auf einer Fiktion. Sie täuschen vor, einen Wert zu haben. Bei einem Goldstandard war das so. CHF 1,00 war mit einem entsprechenden Goldwert gedeckt. 1971 wurde dies aufgehoben. Heute wird das meiste Geld aus nichts geschaffen. 3% der Geldmenge sind noch Papiergeld, 97% sind Giralgeld. Grafik 19 verdeutlicht diesen Mechanismus.

Grafik 19: Die monetäre Teufelsspirale

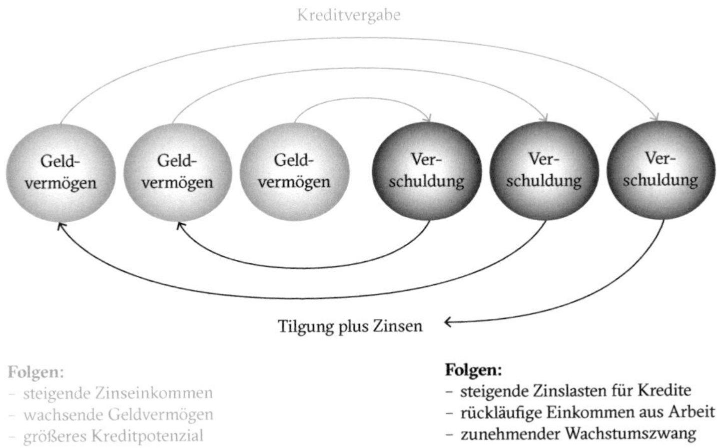

Die Europäische Zentralbank verlangt von den Geschäftsbanken eine Mindestreserve von 1% der Bankeinlagen. Eine Bank kann also EUR 10 000 Kredit geben, wenn jemand EUR 100 auf die Bank bringt. Ein Bankkunde kann sich dann einen Kredit von EUR 10 000 für seinen Autokauf geben lassen und bezahlt damit den Autohändler. Der Betrag kommt auf das Bankkonto, und die Bank kann nun diese Einzahlung wieder als 10% Deckung nehmen und einen Kredit von EUR 1 Mio. vergeben. So kann die Geldmenge unbegrenzt ausgedehnt werden.[166] Dieses Geld ist aber nur vorhanden, solange Schulden gemacht werden. Würden alle Kredite zurückbehalten werden, so wären 97% des Geldes wieder nichts. Schulden sind darum der Motor des Geldsystems.

Geld hat nur ein Ziel: Geld schaffen. Es fließt darum dahin, wo es am meisten Zins gibt. Dieser Mechanismus hat zwei Auswirkungen. Erstens werden Reiche immer reicher, da nur sie genügend Kredite (über die Banken) vergeben können und dann an den entsprechenden Zinsen und Zinseszinsen verdienen.

Grafik 20 verdeutlicht diesen Zusammenhang für Deutschland.[167] Die Vermögen nehmen ungleich schneller zu als das Bruttoinlandsprodukt oder die Nettolöhne. Damit wächst die Ungleichheit, denn der Anteil an diesen Vermögen ist sehr ungleich verteilt. In der Schweiz besaßen 2016 1% der Steuerpflichtigen 41% des steuerpflichtigen Vermögens – was immer nur ein Teil des realen Vermögens ist, und 90% der Bevölkerung besaßen bloß 29% dieses Kuchens. Das heißt, 1% der Bevölkerung besaß – und besitzt – mehr als die anderen 90%!

Zweitens verteuert dieses Zinsensystem unsere Waren, Dienstleistungen und Mieten. Ein Unternehmen muss, um zu überleben, zusätzlich zu den eigenen Kosten und dem eigenen Gewinn, Zinskosten auf Fremd- und Eigenkapital erarbeiten, das heißt Zinsen/Zinseszinsen plus Kosten der Banken (Gebühren) plus Gewinn

Grafik 20: Zuwachsraten im Vergleich, Deutschland 1950–2000

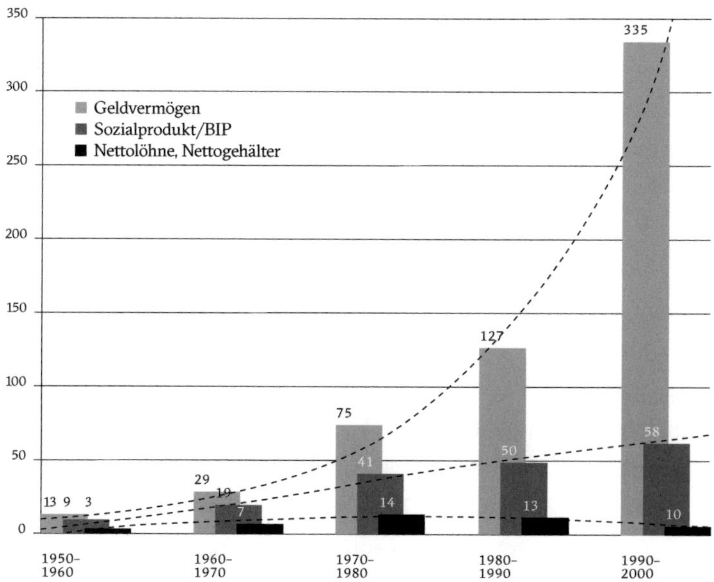

der Banken und Anleger. Diese Kosten werden auf das Produkt übertragen, von Stufe zu Stufe. So stecken in jedem Produkt etwa 49% Zins, in den Mieten ca. 70%. Wenn also eine Fertigpizza in Italien produziert wird, dann bezahlt ein Zwischenhändler in der Schweiz bereits die Kosten und Gewinne der Vorstufen (Bauern, Transporteure) plus die Kosten inklusive Gewinne der Produktion in Italien. Darin enthalten sind immer wieder Gebühren, Zinsen und Gewinne von Banken und Zulieferern (Folien, Karton, Transport). Der Zwischenhändler verkauft dann die Pizza zum Beispiel an die Migros, wobei wieder obige Kosten zum Ankaufspreis dazukommen. Migros wiederum macht einen Preis, der um etwa 45% höher ist als der Ankauf, um die entsprechenden Kosten zu decken und Gewinn zu machen. Darum kostet dann die Pizza statt CHF 0,70 rund CHF 9,00.

Diese Kette von Kosten, Zinsen und Zinseszinsen löst auch einen Wachstumszwang aus. Um die Gesamtkosten in den verschiedenen Herstellungsstufen zu decken, müssen jedes Jahr mehr Waren produziert oder die Preise angehoben werden. Da Preiserhöhungen bei funktionierender Konkurrenz nur begrenzt möglich sind, werden immer mehr Waren auf den Markt geworfen. Wie gezeigt, ist dies auch ein Grund für die Monopoltendenz. Ein Monopolist kann den Preis diktieren.

Bei komplementären Währungen[168] sind diese Mechanismen ausgeschlossen. Eine Komplementärwährung bildet einen geschlossenen Kreislauf außerhalb der Landeswährung. Sie ersetzt nicht die offizielle Währung, sondern ergänzt sie. Eigentlich entspricht das der freien Marktwirtschaft, dass man zwischen verschiedenen Produkten wählen kann. Es sind meist regionalwirtschaftliche Handelsbeziehungen und Kundenbindungsinstrumente. Außer den Zeitbanken gibt es zwei Systemtypen.[169]

Konvertierbare Komplementärwährungen, k$:[170] Es gibt eine Ausgabestelle für den k$, wo man Landeswährung umtauschen und gegebenenfalls mit einem Verlust von 10% auch wieder zurückwechseln kann, darum »konvertierbar« genannt. Manchmal wird auch ein kleiner %-Satz an Gebühren gefordert, die einerseits der Ausgabestelle zur Deckung der Kosten dienen und andererseits soziale Projekte unterstützen (auch in k$).[171] Der k$ rollt dann in einem Netzwerk von Anbietern und Käufern, zins- und gebührenfrei. Wenn jemand k$ erworben hat, dann will er sie bei einem Geschäft ausgeben, das k$ annimmt. So rollt dieser k$ vom Bauern zum Metzger und vom Marktkunden zum Bauern oder zur Buchhandlung. Auf diese Weise können Dorfläden erhalten und entwickelt werden,[172] oder eine regionale Wirtschaft kann sich wieder erholen.[173] Es braucht keine Bank, es werden keine Anlagen getätigt, es findet kein Geldhandel statt. Der k$ hat vielleicht auch ein Verfalldatum, sodass man ihn auch wirklich unter die Leute bringen muss und nicht horten kann. Mit anderen Worten: Geld ist die Basis für reale Geschäfte zwischen Menschen und nicht an sich ein Handelsgut.

Leistungsgedeckte Komplementärwährungen, l$: Wie oben bilden auch diese Komplemenärwährungen einen meist regionalen Kreislauf. Es sind aber Gutscheine, die nicht konvertierbar sind. Eine Ausgabestelle gibt die l$ an Geschäfte in der Region. Das ist ein zinsfreier Kredit. Aus dem Nichts geschaffen, einfach so. Das Geschäft, z.B. eine Bäckerei, hat einen Vertrag mit der Ausgabestelle, dass sie n% des Umsatzes in l$ annimmt. Das ist die versprochene Leistung. Da es Gutscheine sind, darf in der Schweiz nur eine juristische Person solche ausgeben. Die Kunden bekommen den l$ z.B. als Bonus, wenn sie für einen bestimmten Betrag einkaufen. Oder eine Firma bezahlt Boni oder Weihnachtsgeld in l$. In der Buchhaltung wird der l$ wie eine Zweitwährung geführt.

Komplementärwährungen in regionalen Netzwerken sind auch ein zentrales Element, um Armut zu verhindern und Tätigkeiten zu ermöglichen, die nicht im BSP-Kreislauf sind: *»Im Ge-*

gensatz zu herkömmlichen Geld, das vor allem dorthin fließt, wo es den größten Zinsertrag erwirtschaftet [das gilt auch für Corporate Currencies, Anm. des Autors], *können komplementäre Gelder eine soziale, kulturelle und ökologische Wirkung entfalten, die sich stabilisierend auf Wirtschaft und Gesellschaft auswirkt.«*[174]

Bernard Lietaer,[175] Finanzexperte, der den ECU (Vorläufer des Euro) einführte und eine Vielfalt an Währungen zur Stabilisierung des Wirtschaftssystems fordert, ist überzeugt: »*Wir brauchen auch beim Geld eine ›Artenvielfalt‹. Also Währungen, die nicht alles auf einmal sein wollen, die stattdessen ein sozialeres Wirtschaften ermöglichen, die mehr Unabhängigkeit von Banken versprechen – und dank Internet und Computertechnik immer leichter zu installieren sind.«*[176]

In Wirtschaftskrisen, in denen Unternehmen und Gemeinden ihr Vertrauen in die Banken verlieren, entstehen Komplementärwährungen. So wurde 1934 in der Schweiz die »Wirtschaftsring-Genossenschaft« (WIR) gegründet. Die größte Komplementärwährung weltweit. Es ist eine sektorale Währung, geschaffen von kleinen und mittleren Unternehmen (KMU) in der Schweiz. Die Währung WIR ist sehr erfolgreich, und Forschungen zeigen, dass sie in Krisenzeiten einen wesentlichen Beitrag zu Arbeitsplatzerhaltung in der Schweiz leistet.

Seit der Wirtschaftskrise 2008 sind viele Alternativwährungen entstanden. Wie 1930 haben Gemeinden und Regionen erkannt, dass sie sich so selbst helfen können. In Dörfern werden Dorfläden entwickelt und die Abwanderung so verhindert.[177] Tauschringe sowie Zeitbanken ermöglichen lokal und regional ein »Geschäften« ohne Abhängigkeiten von Banken und Leasingfirmen. Allerdings, diese Tätigkeiten sind kein Beitrag zum BSP. Das BSP wird deshalb mit der Ausbreitung von Alternativwährungen sinken, die Lebensqualität aber steigen, weil es keine Zinsen gibt und deshalb breitere Bevölkerungsschichten davon profitieren. Wichtig ist in diesem Zusammenhang, dass Bitcoin ein ganz anderer Typ von Komplementärwährung ist. Der Bitcoin ist virtuelles Geld, das wie Landeswährungen gehandelt werden kann. Er ist nicht transparent und dient darum auch zur Geldwäscherei. Die Blockchain-Technologie, mit der auch der Bitcoin gehandelt wird, ist eine viel weitreichendere, revolutionäre Technologie und nicht mit dem Bitcoin gleichzusetzen.

Grundeinkommen

Die Idee und Diskussion über ein Grundeinkommen ist nicht neu und auch nicht einfach eine Idee linker Kreise. Sogar der US-amerikanische Präsident Nixon (1969-1974) wurde von der gesellschaftlichen Aufbruchsstimmung (Wendezeit, Woodstock, Hippies) der Zeit angesteckt und propagierte ein Grundeinkommen: »*In August of that year* [1969], *President Nixon presented a bill providing for a modest basic income, calling it ›the most significant piece of social legislation in our nation's history‹. According to Nixon, the baby boomers would do two things deemed impossible by earlier generations. Besides putting a man on the moon (which had happened the month before), their generation would also, finally, eradicate poverty. A White House poll found 90% of all newspapers enthusiastically receptive to the plan. The Chicago Sun-Times called it ›A Giant Leap Forward‹, the Los Angeles Times ›A bold new blue print‹. The National Council of Churches was in favour, and so were the labor unions and even the corporate sector. At the White House, a telegram arrived declaring, ›Two upper middle class Republicans who will pay for the program say bravo‹. Pundits were even going around quoting Victor Hugo – ›Nothing is stronger than an idea whose time has come‹.*«[178]

In den letzten Jahren wurde diese Idee in der Schweiz intensiv diskutiert und mit einer Volksinitiative zur Abstimmung gebracht. Es entstand eine breite Bewegung für das bedingungslose Grundeinkommen, und die Initianten buchten einen Achtungserfolg. So auf der Website der Initianten: »*Die Schweiz ist das erste Land, das über ein bedingungsloses Grundeinkommen abgestimmt hat* [5. Juni 2016]. *Schweizweit haben 23,1% der Vorlage zugestimmt. Das sind 568 905 Menschen. Im Basel-Stadt war die Zustimmung mit 36% kantonal am höchsten. Im Jura und im Kanton Waadt gab es drei Gemeinden, welche den Vorschlag angenommen haben. Ebenso im Kreis 4 und 5 in Zürich und in einem Stadtkreis in Genf. Die Bundestadt Bern hatte eine Zustimmung von 40%! Das schlechteste Resultat erzielte der Kanton Appenzell Innerroden mit 87,4% Ablehnung. Aber selbst die Mehrheit derjenigen, die abgelehnt haben, und insgesamt 69% der Schweizerinnen und Schweizer rechnen laut einer Umfrage von gfs Bern* [Gesellschaft für Sozialforschung] *damit, dass es eine 2. Abstimmung geben wird.«*[179]

In den USA wird das »Universal Basic Income« auch heute von führenden Ökonomen und Gewerkschaftern propagiert. So etwa von Robert Reich:[180] *»We're heading toward the i-Everything far quicker than most people realize. Even now, we're producing more and more with fewer and fewer people […] There's only one hitch. As the economy is now organized, no one will be able to buy it, because there won't be any paying jobs left.«*[181] Er ist überzeugt, dass ein »Universal Basic Income« eine Antwort dafür ist.

Die Motive sind allerdings unterschiedlich. Nixon wollte irgendwie modern sein, aber seine Wirtschaftsberater (u.a. Milton Friedman) haben ihm anscheinend die Idee ganz schnell wieder ausgeredet. Robert Reich vertritt die Idee aus kapitalistischer Sicht. Es braucht Konsumenten, sonst funktioniert das Wirtschaftssystem nicht mehr. Er ist überzeugt, dass ein bedingungsloses Grundeinkommen Armut bekämpft und den Menschen die Angst vor fehlender Lohnarbeit nimmt. Zudem meint er, dass so gesicherte Menschen kreativ werden und das Geld nicht einfach verschleudern: *»In recent years, evidence has shown that giving people cash as a way to address poverty actually works. In study after study, people don't stop working and they don't drink it away.«*[182]

Den Initianten in der Schweiz geht es um Chancengleichheit und Befreiung der Menschen zu einer kreativen Lebensgestaltung. Der technologische Fortschritt schafft Raum für Tätigkeiten außerhalb der Erwerbsarbeit.

Sowohl Robert Reich wie auch die Schweizer Initianten sehen kein Finanzierungsproblem. Reich betont, dass man die Gewinne anders verteilen muss – auch im Interesse der Unternehmer, da sonst immer weniger konsumiert wird. Die Initiative Grundeinkommen will die Kosten des Sozialsystems, also den Basisteil des Lebensunterhaltes, der vom Staat auch heute schon über das Sozialsystem finanziert wird, in das Grundeinkommen verlagern. Dieser letztere Ansatz ist kritisch, denn ein Arbeitgeber kann so seinen Anteil an die Sozialkosten einsparen. Ich bin einverstanden, dass auch diese Initiative eine befreiende Wirkung haben kann und die Ausgrenzung von sozial schwachen Gruppen verhindern würde, meine aber, dass das Grundeinkommen allein nicht die Lösung ist. Es braucht eine umfassendere Sicherung durch einen Korb von staatlichen Leistungen. Für die Finanzierung sehe ich auch keine Probleme.

Die heutigen Kosten für die Existenzsicherung in der Schweiz (und in allen Industrieländern) sind enorm hoch. 14% der NeurentnerInnen und RentnerInnen brauchen in der Schweiz Ergänzungsleistungen. Die Krankenkassenprämien steigen und steigen. 2014 wurden insgesamt mehr als CHF 4 Mrd. für Prämienverbilligung für 2,2 Mio. Menschen respektive 27% aller Versicherten bezahlt; dazu kommen alle oben erwähnten Arbeitslosen, Ausgesteuerten, Sozialbezüger, die durch den Staat Gelder erhalten.

In der Schweiz muss niemand hungern, der Grundbedarf (Essen, Kleidung, Kino …) wird vom Staat übernommen, wenn jemand zu wenig oder nichts verdient. In diesem Fall werden auch Mieten (wenn auch nur mit einem minimalen Betrag) und Krankenkasse bezahlt. Für viele Betroffene ist es eine »Schande«, Sozialhilfe zu beziehen. Sie hungern lieber, als sich vom Staat unterstützen zu lassen. Denn eigentlich ist man ja für sich selbst verantwortlich. Für den Staat bedingen die Ergänzungsleistungen und Sozialhilfen einen riesigen administrativen Apparat; Gerichte werden beschäftigt, und die Politik streitet sich immer wieder über Missbrauch und Berechtigung.

Dabei ist es ganz einfach: Schafft Krankenkassen, Sozialämter, Pensionskassen, Bildungsverwaltungen einfach ab. Es braucht das alles nicht, denn es bildet keinen Mehrwert. Die Details habe ich oben dargestellt. Das funktioniert allerdings nur, wenn damit keine Arbeitslosen geschaffen werden, da es in der Tätigkeitsgesellschaft diese nicht mehr gibt.

Dass das Grundeinkommen auch durch eine höhere Besteuerung der Vermögenden zu ergänzen ist, wie auch Robert Reich fordert,[183] erachte ich als selbstverständlich.

Wie das Grundeinkommen ausgestaltet wird, ist zu entwickeln. Es kann bedingungslos sein, es könnte aber auch an gewisse Leistungen im sozialen Bereich geknüpft werden. Die Höhe des Minimalbetrages hängt vom Set der gesamten Leistungen an die BürgerInnen (Service Public) ab. Wenn Bildung, Gesundheit und Wohnen in einem Leistungskorb enthalten sind, dann kann das Grundeinkommen relativ klein sein. Wie hoch auch immer es ausfallen wird, wichtig ist, dass ein Minimalbetrag garantiert ist, der ein einfaches Leben ermöglicht.

Am Beispiel einer Pflegeperson kann die alte und neue Wirtschaftslogik dargestellt werden. Die Technisierung der Prozesse im Spital führt dazu, dass die Pflegeperson nur noch 20% arbeiten kann (BSP). Nach der Leistungslogik kann sie mit 20% Arbeit nicht leben. Wie wir heute vor allem in den USA sehen, muss sie sich dann irgendwie in der »Uber-Ökonomie« durchwursteln. Sie kann dazu die verschiedenen Angebote auf Plattformen nutzen (Airbnb usw.), was allerdings für sie kaum ausreicht. Höchstwahrscheinlich landet die Pflegeperson beim Sozialamt, das dann eine Ausgleichszahlung macht. Die Person ist ja nicht arbeitslos! Sie wird damit zur »Schmarotzerin« gestempelt, die von der Arbeit anderer lebt.

Nach der neuen Logik, die sich am Bedarf orientiert, steht der Person ein Grundeinkommen zur Verfügung, sie hat Zugang zu allen Bildungsinstitutionen, muss keine Krankenkasse mehr bezahlen und hat eine günstige, subventionierte Wohnung. So kann sie selbstbestimmt leben und ist keine »Sozialhilfeempfängerin«, da alle Personen die gleichen Grundleistungen erhalten. Die 20% Lohnarbeit genügen dann, um ein einfaches Leben zu führen.

Jetzt gibt es noch den Handlungsspielraum, um einen geordneten Übergang zu finden vom heutigen zu einem neuen System. Geht es weiter wie bisher, wird die Gesellschaft in 10–20 Jahren vor einem Chaos stehen, das mittelalterliche Dimensionen haben wird an Armut und Ungleichheit. Spätestens dann wird es wie damals Revolutionen und Zerstörung geben.

Bildung

Die solidarische Tätigkeitsgesellschaft bedingt einen Kulturwandel, der durch Erziehung und Ausbildung unterstützt werden muss. Das Bildungswesen als Teil des Service Public muss darum entsprechend umgestaltet werden.

Aktuell entwickelt sich allerdings das Bildungswesen in eine ganz andere Richtung, denn der Neoliberalismus macht auch vor dem Erziehungswesen nicht halt. Mehr und mehr Bildungsinstitutionen werden privatisiert. Was in den USA normal ist, entwickelt sich in Europa sehr schnell. So sind in Deutschland bereits medizinische Universitäten von privaten Firmen übernommen worden. Große Firmen finanzieren Lehrstühle an Schweizer Universitäten (natürlich mit Verträgen, die freie Forschung garantieren).

Der Kanton St. Gallen zeigt mit der Universität St. Gallen (unisg) ein für die Schweiz neues Modell: Kompetenzen, die bisher bei der Regierung oder dem Kantonsrat lagen, werden an die Universitätsleitung delegiert. Jörg Krummenacher von der »Neuen Zürcher Zeitung« schrieb dazu: »*Das wesentliche Merkmal dieser neuen universitären Autonomie besteht darin, dass die Universität nicht mehr vollständig durch den Kanton und durch Studiengebühren bezahlt wird, sondern dass die Universität selbst zusätzliche Mittel generieren muss – was in der regierungsamtlichen Botschaft besonders verlockend klingt: ›Die unternehmerischen Potenziale der HSG* [Hochschule St. Gallen] *sollen entfesselt werden.‹«*[184]

Der Rektor verkauft diese Idee als »mehr Autonomie«: »*Im Rahmen des Entlastungsprogramms 2013 habe die Regierung für ihre Hochschulen (HSG, Pädagogische Hochschule und Fachhochschulen) die ›Einführung mehrjähriger Leistungsvereinbarungen mit verbindlichen Staatsbeiträgen und gleichzeitige Erhöhung der Autonomie‹ vorgeschlagen. Mit der Einführung mehrjähriger Leistungsvereinbarungen sei die Erwartung verbunden, dass die Hochschulen noch stärker als heute finanzielle Verantwortung übernähmen, sagte der Regierungspräsident. Durch eine erhöhte Autonomie sollen sie befähigt werden, verstärkt unternehmerisch zu handeln. Die Chance, Überschüsse dem Eigenkapital zuzuweisen, und das Risiko, Fehlbeträge aus dem Eigenkapital decken zu müssen, fördere einerseits den haushälterischen Umgang mit vorhandenen (staatlichen) Mitteln und begünstige andererseits die Suche nach zusätzlichen Geldern von Dritten. Privatpersonen oder die Wirtschaft seien eher bereit, Gelder zur Verfügung zu stellen, wenn sie Gewähr hätten, dass ihre Zuwendungen tatsächlich der Lehre oder Forschung an der Hochschule zugutekommen und nicht die Reduktion der öffentlichen Beiträge kompensieren würden.«*[185]

Entfesselung, mehr Autonomie, mehr Handlungsspielraum – all das soll ermöglichen, dass private Firmen, Investoren und Spender eher Geld für diese Uni geben. Diese Gelder werden unternehmerisch eingesetzt, wie es sich für eine Wirtschaftsuniversität auch gehört. Die Universität St. Gallen ist eine kleine Universität,[186] Migros, Nestlé, Bosch und Co. könnten sie auch zu 100% finanzieren respektive übernehmen. Die Firmen können sie aber auch über Lehrstühle und Forschungslabs (wie das so schön heißt) steuern.

Die Zusammenarbeit in der Forschung mit den privaten Firmen hat zwei Seiten. Für die Studierenden ist es eine Möglichkeit, Praxis zu schnuppern und einfacher Stellen zu finden. Die Unternehmen lassen sich so den Aufbau von Nachwuchs finanzieren und senken das Forschungsrisiko. Die Zusammenarbeit mit Unis oder Start-ups ist günstiger und effizienter als der Aufbau eigener Forschungskapazitäten.

Die StudentInnen müssen sich aber diesen Marktzutritt, der schlussendlich sowieso nur für einige gilt, teuer erkaufen. Das Studium an der Universität St. Gallen ist auch für Schweizer Verhältnisse teuer. Inländische immatrikulierte StudentInnen bezahlen im Bachelorstudium CHF 1226 pro Semester, dazu kommen diverse Gebühren. Das Bachelorstudium umfasst ein Assessmentjahr und dauert dann nochmals zwei Jahre, das heißt mindestens sechs Semester und CHF 7300. Dies sind die notwendigen regulären Module. Wenn jemand spezielle Interessen hat und zusätzliche Module besucht, dann ist dies mit weiteren Kosten verbunden (ein Modul kann durchaus CHF 8000 kosten). Da hat man noch nichts gegessen und noch kein Zimmer bezahlt. Die Mietkosten betragen etwa CHF 600–700 pro Monat, also nochmals mindestens CHF 21 000 für die sechs Studiensemester.

Natürlich gibt es in der Schweiz Stipendien. Diese werden aber sehr restriktiv gehandhabt. Stipendien bekommen diejenigen, bei denen das Einkommen der Eltern maximal CHF 80 000 beträgt und der Student oder die Studentin zwei Geschwister hat. Dann beläuft sich die Unterstützung etwa bei CHF 3000–4000 für die ganze Studiendauer. Dazu kommt, dass man mit einem Bachelor kaum große Berufschancen hat; also muss man noch ein Masterstudium machen, und dieses ist teurer als das Bachelorstudium.

Die Universität St.Gallen hat einen sehr guten Ruf. Man könnte sie in eine AG umwandeln und würde sicher Shareholder finden. Der Staat wäre dann ein Hauptaktionär, und die Uni würde nach betriebswirtschaftlichen Prinzipien geführt. Dieser Gedanke lässt sich weiterspinnen: Um Geld zu sparen, könnte man die Universität Zürich aufteilen. Die medizinische Fakultät könnte an eine Pharmafirma verkauft, die betriebswirtschaftliche Fakultät mit der Universität St.Gallen fusioniert und in die AG integriert (ev. in eine Holding) werden usw. Am Schluss blieben wohl noch Institute wie Germanistik oder Psychologie übrig, die kaum rentabel geführt werden können. Die öffentliche Hand würde aber entlastet, das heißt, es müssten weniger Steuern eingesetzt werden. Neoliberal gedacht, ein valables Szenario, von einer solidarischen Gesellschaft her gedacht, ein Horrorszenario.

Was aber heute schon real ist: Studieren kostet immer mehr, und tiefere Einkommensklassen werden mehr und mehr ausgeschlossen. Der Zugang für alle ist immer weniger gewährleistet, und Chancengleichheit wird zu einem zynischen Begriff.

Der Privatisierungsdruck trifft alle Schulstufen, nicht nur die Universitäten. In der Schweiz wurde im Juni 2005 eine Motion »Faire Rahmenbedingungen für private Maturitäts- und Volksschulen« eingereicht. Man verlangte von der Regierung eine Änderung der Vorschriften, damit die privaten Maturitäts- und Volksschulen *»in Berücksichtigung ihrer Entlastungswirkung für die öffentliche Hand inskünftig angemessen abgegolten werden«*.[187] Man geht davon aus, dass Privatschulen besser sind als die öffentlichen und dass die Konkurrenz zwischen Schulen zu einer höheren Qualität führen würde. Diese Argumentationslinie kennen wir von den generellen Privatisierungsdiskussionen, und sie ist hier genauso falsch.

Im Prinzip ist jede neue Privatschule – auf allen Stufen – ein bildungspolitischer Schritt zurück in die mittelalterliche, ständische Gesellschaft, in der nur ein kleiner Kreis privilegierter Menschen sich Bildung erwerben und die Gestaltung der Welt mitbestimmen konnte.

Der Kanton Zürich war eine Vorreiterin einer anderen, damals revolutionären Idee: *»Die Volksschule soll die Kinder aller Volcsklassen nach übereinstimmenden Grundsätzen zu geistig thätigen, bürgerlich brauchbaren und sittlich religiösen Menschen bilden.«* So steht es im »Gesetz über die Organisation des gesamten Unterrichtswesens im Canton Zürich« von 1832 auf S. 313.[188] Das war eine deutliche Absage an jede Form der Standesschulen, wie sie damals in den umliegenden Ländern noch selbstverständlich waren.

Bildung als Teil des Service Public

Die Schweiz ist stolz auf ihre Spitzenposition in Innovation und auch auf das duale Ausbildungssystem. Wir sind darin weltweit führend. Auch die Volksschule ist gut, und wir haben viele hoch motivierte LehrerInnen. Was fehlt, ist Bildung per se. Es geht in den Schulen immer gleich um den Werkplatz Schweiz oder um Arbeitsmarktfähigkeit. Bildung ist damit immer »Ausbildung zu etwas« und braucht ein Abschlusspapier, das man für die nächste Stufe verwenden kann.

In der Tätigkeitsgesellschaft braucht es das nicht mehr. Bildung per se ist wichtig. Menschen lernen etwas, entwickeln sich, sie bilden sich für sich selbst aus. Es braucht nicht für jeden Kurs ein Papier. Das bedeutet, dass man Bildung aus der Ökonomisierung herauslöst, sie muss nicht rentieren.[189] Die Universitäten hatten vor ihrer Effizienzideologie diesen Ansatz. Ich hatte in meinem Studium bis zur Promotion keine Zwischenstationen wie Vordiplom, Lizenziat (heute Master). So beschäftigte ich mich einige Semester lang – für einen heutigen Lebenslauf in einer Bewerbung völlig nutzlos – nur mit Hölderlin, dann besuchte ich Philosophievorlesungen zu Husserl und Kant; wir waren in Seminarveranstaltungen, in denen wir uns stundenlang die Köpfe heiß redeten, ob es in der Geschichte einen Fortschritt gibt oder nicht. Auch das ohne eine Idee, dies irgendwie in der Karriere nutzbar machen zu können. Sicher, es gab auch StudentInnen, die sich eine akademische Karriere ausrechneten, aber im Prinzip war uns bewusst, dass wir uns für uns selbst bildeten.

Dänemark, offiziell das glücklichste Land Europas, hat eine andere Kultur als wir in der Schweiz. Da kennt man die Volkshochschulen, wo sich Direktoren, Studenten, Arbeitslose treffen und irgendetwas studieren oder zusammen gestalten.[190] Diese Schulen folgen den Ideen von Grundtvig, dem Pestalozzi Dänemarks. Bei uns machen das höchstens Rentner, aber auch sie müssen dafür bezahlen.

Diese »nutzlose« Bildung ist genau die Richtung, in der Bildung in der Tätigkeitsgesellschaft gedacht werden sollte. Sie soll Menschen zur Selbstgestaltung befähigen, Horizonte öffnen und sie ermuntern, Ideen zu haben und umzusetzen – jenseits von Konsum. Dass heute auch in skandinavischen Ländern die alte Wirtschaftslogik dominiert, ist dem Erfolg des Neoliberalismus zuzuschreiben und ist nicht eine Frage der Finanzierungsmöglichkeit.

Bei uns ist schon lange die Ökonomisierung im Trend. Die Politik spart an Bildung (senkt Kosten!). Klassen sollen größer werden, eine Kunstfachschule soll schließen, LehrerInnen sollen weniger verdienen usw. Das ist alles schlicht Unsinn und eine mittelalterliche Zukunftsvorstellung. Damals konnten sich nur Privilegierte bilden. Bildung muss jedoch für alle gleich zugänglich sein und wird in Zukunft nur noch einen begrenzten Zusammenhang mit Berufen und Geldverdienen haben.

In den Diskussionen über die Bildung wird oft über die Organisation und Wissenselemente diskutiert und gestritten. Das sind allerdings zweitrangige Aspekte. Vorgängig muss man das Menschenbild diskutieren, das ein Curriculum bestimmt, und es ist ebenso wichtig, ein Bild der gesellschaftlichen Zukunft zu haben. Wie dargestellt, ist heute diese mögliche Zukunft nicht mehr eine Verlängerung der Gegenwart. Die Erwerbstätigkeit wird für die meisten Menschen nicht mehr Sinnstiftung bieten können. Wir stehen an einem disruptiven Wendepunkt zu einer nur in Umrissen erkennbaren Tätigkeitsgesellschaft.

Das Menschenbild im Curriculum

Die Rektorin der ETH Zürich wünscht sich, dass die StudentInnen an ihrer Hochschule kritischer mitdenken: »*Die jungen Studierenden sind heute zwar viel weniger autoritätsgläubig als noch vor 20 Jahren*«, sagte Sarah Springman 2015 in einem Interview. »*Aber sie sind eher passiv in den Vorlesungen und konsumieren vor allem, was ihnen präsentiert wird.*«[191] Der ehemalige Rektor und heutige Präsident der ETH Zürich Lino Guzzella sagte in seiner Rede am ETH-Tag 2014: »*Eine gute Hochschule vermittelt nicht primär Wissen, sondern die Fähigkeit zu denken.*«[192]

Die Bologna-Reform steht diesen Aussagen entgegen und wird auch von vielen dafür kritisiert. Man kritisiert, dass es vielen StudentInnen um das möglichst schnelle Erreichen der notwendigen Credits geht und die Inhalte der Fächer eher Nebensache sind. Natürlich können die Studierenden denken; sie sind ja auch sehr intelligent, aber sie denken immer weniger kritisch und schon gar nicht utopisch. Sie haben gelernt, dass man sich anpassen muss, um die nächste Stufe zu erreichen. Also lernt man, was vorgegeben ist – das aber möglichst »elegant«. Die Vorbilder sind auch so gestrickt: Sie erleben Dozenten und Professoren, die möglichst viel und effizient publizieren – oft auf Kosten der Qualität.

Die Kritik an den Jungen ist aber unfair. Seit dreißig Jahren erziehen wir sie konsequent und mit immer mehr pädagogischem

Geschick für die Konsumgesellschaft und staunen, dass dies auch Wirkung zeigt. Sie konsumieren Wissen und Kleider. Wissen braucht man, um Karriere zu machen, bestimmte Kleider, um jemand zu sein in der Peergroup.

Ich weiß nicht, ob die Rektorin ihre Forderung in ein Menschenbild, in Werte fasst. Es ist aber sicher so, dass kritische Studenten nicht nur in ihrem Fach kritisch wären, sondern generell Sachverhalte infrage stellen würden. Die »Gefahr« bestünde dann, dass sie vermehrt den Unterricht mit ihren kritischen Fragen stören und auch die neoliberale Konsumgesellschaft vermehrt infrage stellen würden.

Wenn dieser Aspekt des kritischen Denkens gemeint ist, dann melden sich die Gegner ganz schnell zu Wort. Zum Verständnis dieser Auseinandersetzungen um ein Menschenbild einige Hinweise auf die 1970er-Jahre und die heutige Diskussion um den »Lehrplan 21«.

Pädagogische Ansätze in den 1970er-Jahren

In den 1970-Jahren gab es pädagogische und gesellschaftliche Vorstellungen, wie man Kinder und Studenten zu kritisch denkenden Erwachsenen erziehen kann. Kinder sollten befähigt werden, sich zu einem Menschenbild und zu Inhalten zu entscheiden.

Persönlich bildete ich von 1970–74 an einem Oberseminar LehrerInnen und KindergärtnerInnen aus.[193] Wir hatten als Kollegium klare pädagogische Vorstellungen und versuchten die Organisation entsprechend zu entwickeln. Wir wollten die LehrerInnen befähigen, mit Kindern offen und individualisiert umzugehen, und gingen davon aus, dass nur kritische ErzieherInnen auch in der Lage sind, Kinder zu kritisch denkenden Erwachsenen zu erziehen.

Damals gab es viel Enthusiasmus bei den DozentInnen und StudentInnen. Sie wollten Neues ausprobieren und gemäß einem gemeinsamen Menschenbild Reformen durchführen. Dafür arbeiteten junge LehrerInnen zum halben Lohn. Sie wollten genügend Zeit haben, um zu zweit zu arbeiten und neue Ideen zu reflektieren. DozentInnen und StudentInnen lernten gemeinsam aus Fehlern. So etwa, wenn Junglehrer negative Erfahrungen mit einem offenen, demokratischen Unterricht in den Oberstufen machten. Sie riefen mich zum Beispiel an und klagten, dass das von ihnen Gelernte nicht funktioniere, sie hätten ein Chaos im Schulzimmer. Wir setzten uns zusammen und reflektierten die Situation. Es wurde uns klar, dass Kinder nach sechs Jahren Grundschule, wo es einen Kampf darum gab, wer schlauer sei, der Lehrer oder der Schüler, in der Oberstufe nicht plötzlich offen und demokratisch mit den LehrerInnen und dem Schulstoff umgehen konnten. Sie interpretierten die Offenheit der JunglehrerInnen als Schwäche und nutzten diese aus. Wir lernten, dass man Kinder zuerst zu demokratischen Verhaltensweisen erziehen muss. Wir lernten auch, die Schwächen der antiautoritären Erziehung zu erkennen, und stimmten unsere Pädagogik darauf ab. Wir analysierten A.S. Neills demokratische Schule Summerhill im englischen Leiston, sahen die problematischen Seiten – aber auch die Wichtigkeit dieser Reformideen:

»*Imagine a school*

- *Where kids have freedom to be themselves ...*
- *Where success is not defined by academic achievement but by the child's own definition of success ...*
- *Where the whole school deals democratically with issues, with each individual having an equal right to be heard ...*
- *Where you can play all day if you want to ...*
- *And there is time and space to sit and dream.*

Could there be such a school?«[194]

Man stelle sich vor, diese Ideen hätten sich durchgesetzt! Wir hätten Erwachsene, die eigenständig sinnvolle Tätigkeiten finden und ausüben würden. Wir hätten nicht die Freizeitgesellschaft, sondern die Tätigkeitsgesellschaft entwickelt. Wahrscheinlich hätten wir dann den Arbeitsbegriff schon längst vom BSP abgelöst und eine neue Identität gefunden.

Wir verfolgten damals auch die Versuche an der 1970 von Hartmut von Hentig gegründeten Laborschule an der Universität Bielefeld, sahen die pädagogischen Parallelen zu unseren Ideen, wollten aber keine Gesamtschulen, sondern fanden die Dorfschule sehr wichtig.

Von Hentigs Ansatz ist noch heute gültig. Er wollte die Schule als Lebens- und Erfahrungsraum gestalten:

»Die Laborschule möchte ein Ort sein, wo Kinder und Jugendliche gern leben und lernen. Sie möchte ihnen wichtige Grunderfahrungen ermöglichen, die viele von ihnen sonst nicht machen könnten. Leben und Lernen sollen, so weit dies möglich und sinnvoll ist, eng aufeinander bezogen sein. Der Unterricht folgt dem Prinzip, Lernen an und aus der Erfahrung (und nicht primär aus Belehrung) zu ermöglichen. Die Schule ist mit Lerngelegenheiten ausgestattet, die solches Erfahrungslernen begünstigen. [...]

Mit Unterschieden leben: Die Schule will die Unterschiede zwischen den Kindern bewusst bejahen und als Bereicherung verstehen. Daraus ergibt sich eine weitgehende Individualisierung des Unterrichts, die Rücksicht auf das unterschiedliche Lerntempo der Kinder und ihre individuell verschiedenen Bedürfnisse und Fähigkeiten nimmt. LaborschülerInnen leben und lernen gemeinsam in leistungs-, teilweise auch altersheterogenen Gruppen. Die Schule will niemanden aussondern, es gibt auch kein ›Sitzenbleiben‹ und keine äußere Leistungsdifferenzierung, an deren Stelle die Differenzierung der Angebote tritt.

Schule als Gesellschaft im Kleinen: Die Schule versteht sich zugleich als Gemeinschaft aller in ihr tätigen Personen, die einander in ihrer Unterschiedlichkeit akzeptieren und achten. Die Verhaltensweisen, die von erwachsenen BürgerInnen unserer Gesellschaft erwartet werden, sollen hier im Alltag gelernt werden: das friedliche und vernünftige Regeln gemeinsamer Angelegenheiten. Solches Lernen geschieht durch Verantwortung und Beteiligung. In dieser ›Gesellschaft im Kleinen‹ lernen die Einzelnen, für übernommene Aufgaben und zunehmend auch für den eigenen Lernweg verantwortlich einzustehen.«[195]

Interessant ist, dass die Schulen, die diese Ideen umgesetzt haben, etwa die Schweizer Internatsschule »Ecole d'Humanité« auf dem Hasliberg, auch in den Pisa-Studien überdurchschnittlich abschneiden und die Lernziele mit sehr viel weniger kognitiven Schulstunden erreichen, sodass die Kinder viel mehr Zeit für die musischen Fächer und Sport haben. Schulen wie diese sind aber Ausnahmen. Generell ist von diesen Ansätzen wenig geblieben. Sowohl die LehrerInnenausbildung, wie auch die Schulfinanzierung sind heute auf Effizienz und Kognition ausgerichtet. Die sozialen und musischen Aspekte sind in der heutigen Leistungsgesellschaft wenig gefragt. Effizienz lässt keine Zeit zum eigenen, kreativen Denken. Nur wenige Schulen fordern Entscheidungen zu einem Lernstoff. Die meisten Staatschulen gehen darauf überhaupt nicht ein, denn man muss lernen, was die nächste Stufe verlangt, und die Kinder werden mit didaktischen Mitteln zum Lernen verführt. Eigentlich ist dies eine konsequente Erziehung zum Konsum. Im Marketing nenn man dies Softverkauf. So ist auch das universitäre Studium zu einer Lernschule geworden. Es sind auch hier nur noch eindimensionale Entscheidungen gefragt, also zwischen Modul A oder B, so wie man sich zwischen H&M und Zara oder zigtausend Turnschuhvarianten entscheidet.

Das Menschenbild im Lehrplan 21

Im Lehrplan 21[196] der Deutschschweizer Erziehungsdirektoren-Konferenz sind viele der curricularen Ziele und das Menschenbild der 1970er-Jahre wieder enthalten. Die Kritiken sind darum auch dieselben wie damals: Es seien die Linken und Chaoten, die diese Lernziele wollen. Neu kommen die NGOs und andere Gruppen von Gutmenschen dazu – und natürlich, dass das alles nicht finanzierbar sei.

So etwa in der »Weltwoche«-Ausgabe 17/2014, wo unter dem Titel »Sanfte Gehirnmassage« zu lesen war: *»Unterstützt von der Bundesverwaltung und links-grünen Parteien, dürfen Hilfswerke und Menschenrechtsgruppen in Klassenzimmern lobbyieren. Der neue Lehrplan 21 ist eines ihrer Instrumente. Die Kosten tragen die Steuerzahler.«* Bereits einige Wochen zuvor schrieb die gleiche Zeitschrift (Ausgabe 33/2013): *»Seine* [EDK-Präsident Christian Amsler, FDP] *Botschaft, dass der Lehrplan 21 eine ideologisch unbedenkliche Sache sei, wird dadurch allerdings nicht glaubwürdiger. Denn was den Schülern an ›Bildung für nachhaltige Entwicklung‹ (BNE) vermittelt werden soll – unter dieses modische Label fallen die von Amsler genannten Themen –, dient weniger der freien Meinungsbildung, sondern mehr der freien Entfaltung linksgrüner Bildungspolitiker. Wie kommen Begriffe wie ›Genderfragen‹ oder ›interkulturelles Verständnis‹ in einen Volksschul-Lehrplan? Das sind doch geradezu Steilvorlagen für politische Gegner.«* »Die Weltwoche« nahm die »Steilvorlagen«-Themen über ein Jahr später nochmals in der Ausgabe 42/2014 auf: *»Auffallend im neuen Lehrplan sind Begriffe wie ›interkulturelles Verständnis‹, ›nachhaltige Entwicklung‹, ›Gleichstellung und Genderfragen‹ oder ›globaler Frieden‹. Das tönt mehr nach einem Partei- als nach einem Lehrprogramm.«* Eigentlich sind diese Zeilen so dumm, dass man sie kaum zu zitieren wagt.

»Die Weltwoche« findet natürlich auch Pädagogen, die ganz einfache Lösungen anbieten für die genannten Probleme. So etwa den Sekundarlehrer und Bildungspolitiker Hanspeter Amstutz: *»In der Schule ist man täglich damit konfrontiert, wie man mit schwierigen Schülern aus anderen Kulturen umgeht. Bisher ist man ohne all diese*

Begriffe ausgekommen und hat den gesunden Menschenverstand zurate gezogen. Wie gesagt, für mich reicht das Wort ›Respekt‹, alles andere hat in einem Lehrplan nichts zu suchen, erst recht nicht soll dabei eine politische Richtung sichtbar werden.«[197] Sicher ist Hanspeter Amstutz auch mit dem »gesunden Menschenverstand« von Lucien Scherrer einverstanden: »*Was die Bildungsstelle bislang an Unterrichtsmaterial und Projekten entwickelt hat, ist durchtränkt von links-grünen Anliegen. Die Schüler lernen etwa, dass der Klimawandel menschengemacht ist und ›bekämpft‹ werden kann oder dass Bio-Produkte und der öffentliche Verkehr gut sind; sie führen antirassistische Theater auf und werden mit Filmen dazu animiert, ihr geschlechtsspezifisches Rollenverständnis zu hinterfragen (jedenfalls, wenn das Geschlecht männlich ist).«*[198]

Bei so viel gesundem Menschenverstand ist es ein Glück, dass der Lehrplan 21 unter anderem folgende Kompetenzen kennt: Die SchülerInnen

- können sich eine Meinung zu einem Text bilden und diese begründen.
- können Eigenschaften, Stimmungen und Absichten der Figuren erschließen und erklären, auch wenn diese nicht explizit erwähnt sind.
- können die Absicht hinter Medienbeiträgen einschätzen. [Was der »Weltwoche« u.a. wohl nicht so gefällt; Anm. des Autors]
- können Informationsquellen beurteilen und einschätzen, ob mit den Informationen bestimmte Interessen vertreten werden. [Dazu müssen sie die Quellen kennen, gelesen und verstanden haben! Anm. des Autors]
- können kontroverse Fragen diskutieren, Positionen, deren Interessen und Begründungen vergleichen und einen Standpunkt vertreten.

Wenn die LehrerInnen diese Ziele erfolgreich umsetzen, dann haben es bornierte Stimmungsmacher wesentlich schwerer!

Es gibt allerdings auch viele LehrerInnen, die sich für eine »effiziente« Schule einsetzen, das heißt, das zu vermittelnde Wissen ist definiert und wird methodisch mehr oder weniger geschickt vermittelt. Dieses Wissen kann man auch fair benoten, so meint man. Das ist die perfekte Vorbereitung für Bologna, wo viele StudentInnen sich die Module mit möglichst vielen Credits bei geringstem Aufwand aussuchen und sich nicht um die Inhalte kümmern.

Die Schulorganisation hat sich gemäß dieser Effizienzideolgie entwickelt. Man hat das Spezialistenprinzip übernommen und die Fächer auf viele LehrerInnen verteilt, sodass es für diese immer schwieriger wird, sich über ergänzende Inhalte abzustimmen und auf bestimmte Kompetenzen hin zu organisieren. Der Diskurs über ein gemeinsames Menschenbild und eine gemeinsame Vorstellung über die Gesellschaft von morgen ist schon gar nicht mehr erwünscht. Die Idee gilt schon als »politisch«, und das darf die Schule nicht sein.

1970 hörten wir ähnliche Kritiken, aber man ließ uns den Freiraum. Die gesellschaftliche Atmosphäre war eine andere. Es war mehr Offenheit für ein kritisches Denken vorhanden. Ein Denken, das hinterfragt, die Hintergründe und Interessen einer Meinung erkunden will und sich dann eine eigene Meinung bildet. Das kritische Denken (Theodor W. Adorno hat es negatives Denken genannt, im Gegensatz zum affirmativen Denken) ist die Voraussetzung für Utopie, nur so kann man die Grenzen des Bewusstseins überschreiten, das Gefängnis des Seins sprengen. Darum wurde und wird es vom neoliberalen System auch abgelehnt. Man will ein kritisches Denken, aber innerhalb des Systems. Ich hoffe, dass die ETH-Rektorin, wenn sie ein kritisches Denken fordert, dieses störende Denken meint.

In der Tätigkeitsgesellschaft ist Bildung für alle ein BürgerInnenrecht und kann nicht verhandelt werden. Darum gelten folgende Grundsätze:

1. Die Curricula sind auf eine solidarische Tätigkeitsgesellschaft ausgerichtet, in der Individuen selbstwirksam mitgestalten können. Die Fachcurricula fördern kritisches Denken, das heißt auch, dass Fragen höher gewichtet werden als Antworten.
2. Alle haben den gleichen Zugang zu allen Bildungsinstitutionen, das heißt, das Erziehungswesen wird über Steuern finanziert. Dies gilt von der Krippe bis zur Universität. Ebenso sind Zweitausbildungen und Weiterbildungen kostenlos.
3. Der Staat subventioniert keine Privatschulen, dieser Mittelabfluss wird blockiert.

LATERALE SHARE-ÖKONOMIE ALS TEIL DER SOLIDARISCHEN TÄTIGKEITSGESELLSCHAFT

Wenn wir die globalen Probleme der Arbeitsgesellschaft mit den Millionen von Arbeitslosen und Sozialhilfeempfängern ernst nehmen, dann hat die Tätigkeitsgesellschaft die Freizeitgesellschaft bereits abgelöst. Es ist aber der Lobby des Neoliberalismus gelungen, das BSP als Identitätspfeiler zu erhalten und damit alle diese nicht Erwerbstätigen ins Abseits zu drängen. Die dargestellte »Uber-Ökonomie« ist für den Neoliberalismus die Lösung für die Zukunft.

Mit einer neuen Identitätsdefinition wird eine ganz andere Gesellschaft möglich. Die Menschen definieren sich über unterschiedliche Tätigkeiten, in denen sie ihren Sinn finden. Diese Tätigkeiten werden unterschiedlich organisiert sein. Ein Teil trägt zum Bruttosozialprodukt bei, andere Tätigkeiten beziehen sich auf kollaborative Communitys, die alternative Wirtschaftskreisläufe und Finanzsysteme haben. Wieder andere Tätigkeiten sind rein privat und dienen dem persönlichen Ausdruck. Es könnte auch sein, dass es eine Art Pflichttätigkeiten gibt. Es ist vorstellbar, dass man eine bestimmte Anzahl Stunden Menschen betreuen oder andere soziale Verpflichtungen übernehmen muss. Das hängt davon ab, wie schnell und wie viele Communitys sich bilden, die diese Aufgaben übernehmen und mit Alternativgeld bezahlen.

ICT (Information & Communication Technology) wird als Trägersystem wesentlicher sein, aber in einer ganz anderen Form als in der dargestellten Uber-Ökonomie. Ich nenne diese Form die »Laterale Share-Ökonomie«.

Ich verstehe die Laterale Share-Ökonomie als Teil der solidarischen Tätigkeitsgesellschaft. Sie löst die BSP-Ökonomie nicht ab, sondern ergänzt sie. Ich glaube nicht, dass ein Szenario, das nur von einer Alternativwirtschaft ausgeht, sinnvoll ist. Es kann aber durchaus sein, dass diese Form der Share-Ökonomie die traditionelle Ökonomie Richtung mehr Demokratie und qualitatives Wachstum verändert. Wenn die neue Identität sich durchsetzt, dann werden die Menschen kreativ neue Wirtschaftszweige entwickeln und auch in den traditionellen Arbeitsbereichen andere Ansprüche haben.

Die Laterale Share-Ökonomie fußt auf drei Pfeilern:

- Komplementärwährung, wie oben beschrieben
- Laterale Beziehungen im Netzwerk, das heißt, es gibt keine Machtballungen im Netzwerk (wie Google, Facebook ...)
- Laterale, basisdemokratische Organisation

Im Folgenden einige Ausführungen zu den letzten beiden Pfeilern.

Laterale Netzwerke

Wenn sich Leute zum Beispiel über Facebook organisieren, so ist das nur scheinbar eine Peer-to-Peer-Interaktion (P2P). Facebook ist eine hierarchische Zentrale, die alles registriert, auswertet und weiterverwendet. Facebook produziert keine Inhalte, sondern übernimmt eine Mittlerfunktion für die Interagierenden, die Inhalte produzieren. Facebook vermittelt diese Inhalte wiederum an Interessierte (Firmen, Staaten) und verdient damit Geld (42% Umsatz mit Werbung). Diese Vermarktung der Inhalte ist nicht transparent, und die ursprünglichen Inhaltsproduzenten bekommen keinen Anteil davon.

Ein erster Ansatz zu einem nicht hierarchischen, nicht zentralen Netzwerk ist meines Wissens der Filehosting-Dienst Wuala. Der ETH-Spin-off war meines Wissens der erste Provider, der keine Kontrolle über die gespeicherten Inhalte hatte, und die Daten auf verschiedenste Server verteilte. So konnte Wuala z.B. kein neues Passwort generieren, da dieses nicht zentral gespeichert wurde. Wuala, 2008 gegründet, wurde ein Jahr später verkauft (LaCie und Folgefirmen). Mitte November 2015 wurde der Dienst beendet und die Daten gelöscht. Das schottische Start-up Maidsafe nennt sich auf ihrer Website »The World's First Autonomous Data Network«[199] und stellt eine Plattform zur Verfügung, auf der beliebig viele Teilnehmende interagieren und individuelle Daten gespeichert werden können. Die Teilnehmenden stellen Speicherplatz zur Verfügung, der dann von codierten Daten benutzt wird. Es gibt keine Administratoren, das Netz entwickelt sich selbst organisiert. Eine Kryptowährung (Safecoins) macht das Angebot von Speicherplatz attraktiv. Safecoins ist ein Tauschmittel innerhalb des Netzwerkes, also nicht eine losgelöste Währung wie Bitcoin. Wenn sich die Blockchain durchsetzt, dann wird diese Technologie ganz neue Möglichkeiten der vertraulichen Interaktion erschließen.

Solche lateralen, nicht hierarchisch und zentralistisch organisierten Netzwerke ermöglichen einer unbegrenzten Zahl von Teilnehmenden eine P2P-Beziehung und beliebige Gruppierungen. Jede bzw. jeder hat die eigenen Daten unter Kontrolle und produziert Inhalte für andere und mit anderen zusammen. Es gibt keinen zentralen Vermittler, der Geld abschöpft und Daten kontrolliert. Solche Netze sind die Zukunft einer lateralen Ökonomie. Ist eine Gemeinschaft klein, also z.B. eine Wohngenossenschaft mit 200–800 Menschen, dann kann sie auch einen gemeinsamen Server benutzen. Man kennt sich und kontrolliert die »Zentrale« gemeinsam, die Beziehungen basieren auf Vertrauen. Die technologische Entwicklung wird aber bald auch für diese Größenordnung Lösungen anbieten, die keine Server mehr voraussetzen.

Diese technischen Entwicklungen ermöglichen P2P-Tauschgeschäfte. Dabei können Produkte und/oder Tätigkeiten getauscht werden. Wenn also jemand eine Bohrmaschine braucht, dann kann er im Netzwerk die Anfrage stellen, und ein anderer Teilnehmer wird antworten. Bezahlt wird mit der Komplementärwährung. Der Vermieter der Bohrmaschine bekommt den Betrag X gutgeschrieben und kann mit diesem »Geld« wieder etwas innerhalb des Netzwerkes kaufen. Vielleicht verkauft er oder sie die Bohrmaschine, oder man hat in einer Genossenschaft ein Lager mit solchen Geräten, die dann durch die Vermietung amortisiert werden.

Es können aber auch Tätigkeiten getauscht werden. Statt dass man zu Swisscom geht und einen kostenpflichtigen (in Nationalwährung) iPhone-Kurs besucht, bezahlt man einen Superuser innerhalb des Netzwerkes mit der Alternativwährung, der individuell oder als Kurs diesen Support bietet. Vielleicht tauscht man auch Tätigkeit gegen Tätigkeit, so kann jemand dem Superuser vielleicht die Wohnung reinigen oder die Kinder hüten.

Der Fantasie für Tätigkeiten sind keine Grenzen gesetzt: Man kann stricken, weben, Kunst herstellen, Leute pflegen, Produkte mit 3D-Druckern generieren usw. Wenn die Flächen da sind, kann auch Urban Gardening einbezogen werden, und ein Netzwerk produziert den eigenen Strom (Bezug mit Alternativwährung). Es entstehen viele Prosumer (Konsumenten, die gleichzeitig Produzenten sind) und Prosumer-Gruppen, die ihre Produkte »on demand« herstellen und anbieten.

Das ist eine positive Share-Ökonomie, P2P, ohne zentrale Macht, nur mit Informationsknoten (Lager, Listen, Angebotsübersichten). Das ist ein alternativer Arbeitsmarkt und eine alternative Wirtschaft, in der alle sinnvollen Tätigkeiten finden und in der alle gleichberechtigt und gleichwertig sind. Man kann individuell entscheiden, wie viel man Erwerbsarbeit leisten und wie viel man im alternativen Markt tätig sein wird.

Laterale, basisdemokratische Organisation

In der Tätigkeitsgesellschaft verliert der Kapitalismus seine Dominanz. Die Menschen können wählen, werden mehrdimensional, im Gegensatz zum heutigen Konsumenten, der eindimensional in der Warenwelt gefangen ist. Der Konsum von Waren geht zurück, es wird mehr geteilt und selbst gemacht (Prosumer). Diese Communitys organisieren sich demokratisch, selbst organisierend durch direkte gegenseitige Abstimmung. Diese Entwicklung hin zu lateralen, also nicht hierarchisch-zentralistischen Organisationsformen wird von bestimmten Eliten ausgehen. Das werden nicht mehr Eliten im Sinne des Kapitalismus sein. Es sind vielmehr Menschen mit einer Offenheit für Neues, Verständnis für technische Möglichkeiten und mit der Utopie einer solidarischen Gesellschaft. Diese Elite wird auch Zulauf von Leuten haben, die gut ausgebildet sind, aber ihren Job verlieren und nach neuen Möglichkeiten suchen.

Es können Clusters entstehen, die regional organisiert sind. Als Beispiel nehme ich eine Siedlung mit 300 BewohnerInnen. Das ist eine Größenordnung, in der es heute Genossenschaften gibt. Es könnten aber auch Quartiere oder Dörfer mit Dorfladen sein. Wichtig sind organisationale Prinzipien. Gewisse Prozesse müssen definiert sein. So etwa: Wie kommt ein Entscheid zustande? Wie werden Entscheidungen hinterfragt, revidiert (organisationales Lernen)? Wie wird die Siedlung nach außen vertreten, respektive wie ist sie von außen ansprechbar? Wie werden Konflikte gelöst? Diese Prozesse müssen in einer basisdemokratischen Kultur entwickelt werden. Solche basisdemokratische, soziale Organisationsformen sind tendenziell langsam, vor allem im Vergleich zu den technischen Prozessen; sie schaffen aber Vertrauen und schützen vor einer Hierarchisierung der Organisation. Denn: Werden Organisationen hierarchisiert, entstehen immer Machtzentren, die sich von der Basis entfernen und ihre Dominanz ausüben.

Die Blockchain-Technologie bietet auch neue Möglichkeiten für eine Demokratisierung der traditionellen Wirtschaft. Statt Profit zu verteilen, könnte man im Voraus definieren, wer von den Beteiligten (Mitarbeitende, Unternehmer) wie viel bekommt, und diesen Schlüssel in der Blockchain hinterlegen. Sobald das Produkt verkauft wird, verteilt die Blockchain das Geld in der vordefinierten Weise. Dies wäre ein transparenter Vorgang, demokratisch im Voraus ausgehandelt.

V.
Projekt »Manifest. Zukunft«

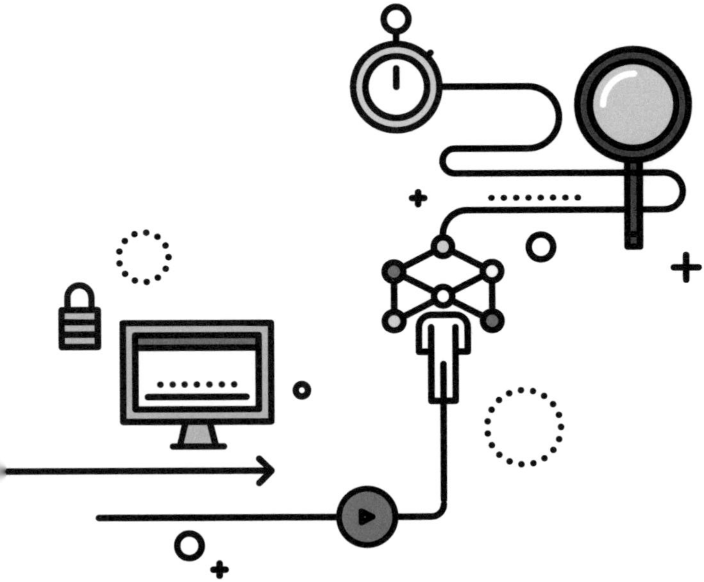

Die andere Zukunft ist eine Realutopie. Eine Identität jenseits der Erwerbsarbeit in einer Tätigkeitsgesellschaft und ein neues Verständnis vom Service Public sind deren Grundpfeiler. Der neue Service Public bietet eine Grundversorgung für alle, die über Steuern finanziert ist, und die solidarische Tätigkeitsgesellschaft basiert auf einem Nebeneinander von BSP-bezogenen Arbeiten und alternativen Wirtschaftskreisläufen. Diese alternativen Tätigkeitskreisläufe benutzen Komplementärwährungen (regional oder global), laterale technische Netzwerke (P2P) und sind basisdemokratisch organisiert. Sie basieren auf Vertrauen, das durch Auseinandersetzung und Engagement entsteht. Es ist darum anzunehmen, dass diese alternativen Netzwerke immer relativ kleinräumig und auch in der Mitgliederzahl begrenzt sind. Sie können aber untereinander wiederum vernetzt sein und gewisse Prozesse gemeinsam organisieren. So entstehen vernetzte Netze, die sich selbst organisierend entwickeln. Die Entwicklung der alternativen Wirtschaftskreisläufe bestimmt die Ausstattung des Service Public. Je mehr Menschen eigene Versorgungsnetze aufbauen, und je näher wir einer »Zero Marginal Cost Society« (Jeremy Rifkin) kommen, umso weniger Steuereinnahmen braucht der Staat, und das BSP kann entsprechend sinken.

Das Projekt »Manifest.Zukunft« unterstützt alle Gruppierungen, die Aspekte dieser Realutopie realisieren wollen. Diese »Realutopisten« haben ihre eigenen Projekte wie Vollgeld, Grundeinkommen, Komplementärwährung, Commons usw. und sind meistens als Netzwerk organisiert. Man weiß wohl von anderen Bewegungen, aber versucht nicht Synergien zu bilden, einander Anregungen zu geben. So könnte es sein, dass eine Urban-Gardening-Gruppe mit einer Komplementärwährung wesentlich mehr Wirkung erzeugen würde.

»Manifest.Zukunft« will diese Lücke schließen. Es ist eine Plattform (www.manifestzukunft.com), eine Art Netzwerk-Hub.

Hier können Erfahrungen ausgetauscht und Ideen in Gang gesetzt werden. Hier stehen auch Instrumente und Anleitungen zur Verfügung, um Systemanalysen zu machen oder Szenarien und Strategien zu entwickeln. Man kann sich hier auch über Storytelling und Aktionsplanung informieren. Es wird sich immer jemand finden, die/der etwas weiß und kann. Das Projekt entwickelt eine Wissensdatenbank, eine Tool-Boutique und bietet Links zu den verschiedenen Organisationen an. So werden Vernetzungen möglich, die sonst nicht erkannt werden. Diese Plattform hat keine hierarchisierende Tendenz, sie entwickelt sich nach dem Start selbst organisierend und benutzt später die Blockchain-Technologie.

Den BenutzerInnen ist eine reale Vorstellung einer anderen Zukunft gemeinsam.

EPILOG MAI 2018

Wie einleitend angemerkt, entstand das Manuskript 2015/16. Im Unterschied zu damals sprechen heute viele Befugte und weniger Befugte über Digitalisierung und die Zukunft der Arbeit, über Bildung und genossenschaftliches Wohnen, über die Zukunft der Gesellschaft insgesamt. Leider bestätigt sich meine Befürchtung, dass politisch sowohl links wie rechts nur extrapolierend gedacht und kein Entwurf für die Zukunft vorgelegt wird.

Die Gewerkschaften kämpfen immer noch für ihr Geschäftsmodell aus den 1970er-Jahren (Mitbestimmung, Vollbeschäftigung, Recht auf Arbeit, Kündigungsschutz ...). Avenir Suisse, der wohl größte Think Tank der Schweiz, fährt eine quasiwissenschaftliche Kampagne der Beruhigung: Die Roboter kamen nicht, deren Produktivität ist gering, Tendenz sinkend, also keine Digitalisierung; es wurden viele Arbeitsplätze geschaffen, also alles wie gehabt, nur keine Aufregung. Einen gewissen Kontrapunkt setzt das

»Weißbuch. Arbeiten 4.0« vom Bundesministerium für Arbeit und Soziales vom März 2017.[200] Die Schrift ist aber so vielschichtig, dass man fast alles herauslesen kann. Aber immerhin, es ist ein Ansatz und gibt Hinweise auf die Entwicklungen.

Das Neue ist unterwegs

Die Konturen einer Zukunft mit disruptiven Umwälzungen werden allerdings deutlicher. Die Information and Communication Technology (ICT) wird mit immer mehr Intelligenz ausgestattet (Sprachsysteme, Gesichtserkennung, Vernetzung von Geräten). Swisscom führt 2018 das 5G-Mobilfunknetz ein, was einer ganz neuen Qualität entspricht und andere Entwicklungen beschleunigen wird. Es entwickeln sich Netze von Kleinstkraftwerken mit Sonne und Wind, was die großen Energiefirmen überflüssig macht. Selbst fahrende Autos ohne Ottomotor, führerlose Züge sind Realität und lernen enorm schnell. Der Hype Internet of Things (IoT) kommt zur Anwendung. Lichtmasten werden intelligent, steuern die Lichtstärke, überwachen aber auch Kreuzungen und alarmieren Polizei und Feuerwehr bei Unfällen. Smart Home ist in Ansätzen installierbar usw. Mit der Blockchain-Technologie entstehen ganz neue Vertragsnetzwerke.

Diese Entwicklungen ergänzen sich gegenseitig, was wiederum zu einer Beschleunigung der technischen Entwicklung führt. Gewisse Diskussion sind Nebenschauplätze. Es geht nicht darum, ob wir von den Robotern versklavt werden. Wenn man so will, sind wir von der Technik schon längst versklavt. Wenn Swisscom 5G einführt, werden wir wohl wieder alle Peripheriegeräte ersetzen müssen. Wenn das Internet aussetzt, läuft weder Fernseher noch Computer, noch das Telefon. Wenn ein Element in der Autoelektronik ausfällt, können wir die Fenster nicht mehr schließen oder nicht mehr anfahren. Diese Abhängigkeiten sind schon längst real.

Wesentlich ist, dass wir das Prinzip lernender Algorithmen verstehen. Diese künstliche Intelligenz (KI) wird (und ist schon) uns Menschen in vielen Bereichen überlegen sein. Das hat nicht nur Auswirkungen auf die Schule, die viel zu viel Wert auf die Ausbildung und Wissensvermittlungen für Arbeiten legt, die für die Menschen in naher Zukunft wegfallen werden, sondern auf die meisten gesellschaftlichen Bereiche. Die Diskussionsthemen dazu sind unter anderem: Welche Arbeiten werden wegfallen? Wo werden wir uns mit KI ergänzen (Expertensysteme, das heißt, mit Computerprogrammen, die Menschen beim Lösen komplexer Probleme wie Experten unterstützen, z.B. in der Medizin)? Wie sieht eine künftige Infrastruktur aus? Was sind die Commons, das heißt, Ressourcen der Zukunft, die der Staat regulieren muss?

Die Wirtschaft wird sich grundlegend verändern. Es entwickelt sich gegenwärtig eine Art duale Wirtschaft. Es gibt einen immer kleineren Teil der Bevölkerung, der das BSP generiert, und ein wachsender Teil, der sich außerhalb dieser Kategorien entwickelt. Wenn ich ein PDF publiziere oder bei Google etwas suche, dann sind das Tätigkeiten, die keinen Preis generieren und keinen finanziellen Aufwand haben. Wenn wir auf einer Plattform irgendwelche Waren tauschen, dann hat dies mit dem BSP nichts zu tun, und bald braucht es dazu auch keine Plattformbetreiber mehr, denn man kann alles als Community in der Blockchain abwickeln. Waren müssen in einigen Jahren nicht mehr alle von traditionellen Firmen gekauft werden, sondern können mit 3D-Druckern irgendwo produziert werden.

Die traditionellen Großfirmen müssen deshalb neue Geschäftsmodelle entwickeln, wenn sie überhaupt im Markt bleiben wollen. Die Energiewirtschaft ist dafür ein aktuelles Beispiel. Die Energiepreise fallen und gehen den Weg, den die Musikindustrie und die Printindustrie gegangen sind. Im Prinzip kann heute jedes Haus seine eigene Energie gratis herstellen. Durch den Zusammenschluss mit Nachbarn und Stadtteilen entstehen Netze, die große Firmen überflüssig machen. Was es braucht, sind neue Apps, Regelungssysteme und Menschen, die diese installieren. Da entstehen neue Jobs, die sich allerdings in der lateralen Sharewirtschaft organisieren können, einer Parallelwirtschaft, die weder im BSP noch in den Produktivitätszahlen erscheint.[201]

Es werden auch neue Aufgaben für den Staat sichtbar. Google und Facebook sind neue Commons, auf die alle Menschen zugreifen können. Sie werden damit zu neuen Infrastrukturteilen wie früher die Kohle, die Stromwirtschaft oder Autobahnen. Das heißt nicht, dass man diese Leistungen, die alle brauchen (Commons), verstaatlichen muss, aber der Staat muss regulierend eingreifen. Da sind die Politiker noch völlig überfordert. Aber das waren damals die Politiker auch, die regulierend in die Bahnwirtschaft eingegriffen haben. Das war damals auch völlig neu. Es ist auch absurd anzunehmen, dass es keinen Staat braucht. Die großen wirtschaftlichen Leistungen waren immer ein Miteinander von Privatwirtschaft und Staat.

Vor zwei, drei Jahren waren diese Themen noch verschwommener, sie werden mit jedem Jahr deutlicher und in ihren Auswirkungen drängender. Im Folgenden möchte ich vertieft auf die Arbeitsmarktsituation und das Schlagwort »Digitalisierung« eingehen und in diesem Zusammenhang auch das Thema »Produktivität« aufgreifen. Die Schweiz folgt internationalen Trends mit einer gewissen Zeitverzögerung. Darum nehme ich auch verschiedene Unterlagen aus den USA und Deutschland in meine Darstellung auf. Ich glaube nicht, dass in unserer vernetzten Welt die Schweiz eine Insel bleiben wird, die immer wieder und von allem als Sonderfall profitieren wird.

Heutiger Arbeitsmarkt

Die Situation auf dem Arbeitsmarkt wird oft schöngeredet. Avenir Suisse und andere, eher rechtspolitische Gruppierungen betonen die tiefen Arbeitslosenzahlen in den Industrieländern und die Zunahme von Jobs. In der Schweiz spricht man von 3,3% oder ca. 170 000 Menschen,[202] die keine Lohnarbeit haben, was ja wirklich wenig ist. Man kann durchaus von einer Sockelarbeitslosigkeit in der Vollbeschäftigung sprechen.

Jean-Claude Juncker, seit November 2014 Präsident der Europäischen Kommission, ist stolz, dass in seiner Amtszeit in der EU 8 Mio. Arbeitsplätze geschaffen wurden – von den 50 Mio. Arbeitslosen spricht er nicht. In Deutschland spricht man von Vollbeschäftigung.

Und auch in den USA sinken die Arbeitslosenraten. Das sind gute Botschaften, die zeigen, dass die Wirtschaft boomt. Leider gibt es einige »aber«: In der Schweiz haben wir zusätzlich zu den Arbeitslosen 345 000 Personen, die gerne mehr arbeiten würden (oder finanziell müssten). Es gibt die Ausgesteuerten, Menschen, die wohl noch beim Arbeitsamt gemeldet sind, aber kein Arbeitslosengeld mehr bekommen. Das sind jedes Jahr nochmals zusätzlich etwa 40 000 Personen. Die genauen Zahlen kennt man nicht. Der Chefstatistiker des Bundes schätzt, dass nur etwa 30% der Ausgesteuerten noch gemeldet sind.[203] Nun sprechen wir also schon von ca. 12% Problemfällen im Schweizer Arbeitsmarkt.

Andere Indikatoren weisen in dieselbe Richtung. Im Jahr 2014 lag die Armutsquote in der Schweiz bei den Erwerbstätigen bei 3,3% oder 123 000 Personen. 2013 waren es noch 95 000 Personen (2,7%); 2015 sind insgesamt (Erwerbstätige und Rentenalter) 570 000 Menschen von Einkommensarmut betroffen gewesen und 1,1 Mio. sind armutsgefährdet.[204]

Ein weiteres Phänomen wird in der Schweiz meines Wissens statistisch nicht erfasst: die Zunahme der Gig-Arbeitsplätze. Das sind nicht Teilzeitarbeitskräfte, sondern Selbständige (gemeldet oder nicht), die sich mit irgendwelchen Arbeiten über die Runden bringen oder ihr Gehalt damit aufbessern. Das sind nicht nur die ICT-Spezialisten, die irgendwo auf einer Insel im Auftrag von Firmen Software entwickeln (digitale Nomaden), es sind auch Uber-Fahrer usw.

Als Beispiel: Ich habe ein Problem mit dem Internetanschluss, und Swisscom verspricht am Telefon, einen Techniker zu schicken. Es kommt aber, vermittelt via die Firma Mila, eine Person mit etwas technischem Wissen. Dass es sich dabei nicht um einen Techniker handelt, sondern um einen interessierter User, davon erfährt man bei seinem Besuch erst auf Nachfrage. Dieser »Techniker« hat sich bei Mila, einer Vermittlungsplattform, als »Friend« angemeldet und generiert so ein (zusätzliches) Einkommen.[205] Swisscom cachiert dieses Outsourcing. BewerberInnen müssen bestätigen, dass sie als »Selbständige im Nebenerwerb« ihre Sozialabgaben entrichten (Rentenversicherung). Zusätzlich muss ein »Friend« 30% Kommission an Mila entrichten. Die Swisscom trägt kein Risiko und spart alle Sozialleistungen.

Diese Gig-Jobs werden oft mit dem Argument angepriesen, dass man keinen Chef habe und seine Arbeit flexibel einteilen könne. Untersuchungen in England zeigen jedoch, dass viele (etwa 30%) dieser »Selbständigen« nicht genug Arbeit haben. In UK stellt man auch fest, dass die Beschäftigung in den Büros und im Verkauf drastisch gesunken ist, und die wachsenden Bereiche alle ein Bachelor voraussetzen.

Im Musterland Deutschland ist diese Entwicklung noch deutlicher: Am stärksten von allen EU-Ländern stieg die sogenannte Erwerbsarmut in den vergangenen Jahren in Deutschland: Zwischen 2004 und 2014 hat sich der Anteil der Working Poor bei allen Erwerbstätigen im Alter zwischen 18 und 64 Jahren verdoppelt.[206] Insgesamt hat Deutschland gemeldete 7 Mio. SozialhilfeempfängerInnen. Dies trotz einer Familienstruktur, die viele Probleme auffängt.

Zusammenfassend kann man festhalten, dass die Quantität der Arbeitsplätze seit der Krise 2008 zugenommen hat, die Qualität aber gesunken ist. Es gibt mehr atypische Arbeitsplätze und mehr Arbeitsplätze im Niedriglohnsektor. Die Armut steigt, und die Sozialsysteme ächzen schon heute.

Es ist deutlich, dass durch neue Technologien nochmals viele traditionelle Arbeitsplätze verschwinden werden. Durch vermehrten Einsatz von Künstlicher Intelligenz auch bei den Dienstleistungsfirmen. So werden wir bald kaum noch Callcenters brauchen, da die Sprachsysteme sich weiterentwickeln und das Wissen dieser Expertensysteme laufend wächst. Ein Callcenter-Computer lernt mit jeder Frage, die in einem der vielen Centers gestellt wird, und kann die Antworten kombinieren. Sicher, es werden, wie im Buch gezeigt, auch neuartige Arbeitsplätze entstehen. Es werden aber weniger sein, und es werden neuartige Qualifikationen verlangt werden. Der Trend geht zu schlechteren und weniger Arbeitsplätzen.

Künftiger Arbeitsmarkt

Die künstliche Intelligenz wird den nächsten Innovationsschub prägen und hat Auswirkungen auf viele Arbeitsplätze. Dabei ist die Diskussion um Roboter, die Menschen versklaven, allerdings unsinnig. Es sind Algorithmen, die mit Daten gefüttert werden müssen. Das ist ihre Intelligenz. Rolf Pfeiffer beschreibt das so: *»[...] hier muss man zwischen zwei Eigenschaften unterscheiden, nämlich zwischen der Performance und der Kompetenz. Bei der Performance sind die intelligenten Systeme natürlich top, weil zum Beispiel Alpha Go sogar gegen den Weltmeister Lee Sedol gewinnt* [beim strategischen Brettspiel ›Go‹]. *Dasselbe bei der Bilderkennung. Die können dank neuronaler Netzwerke, die vorher mit sehr vielen, Hunderttausenden oder* *gar Millionen von Bildern gefüttert wurden, erkennen, ob auf einem Bild ein Kind ist, das Frisbee spielt, oder eine Katze. [...] Man darf aber dabei nicht übersehen, dass die Systeme keine Ahnung haben, was eine Katze ist. Die wissen nicht, dass Menschen gerne Katzen als Haustiere haben, dass Katzen Krallen haben, dass sie essen müssen und so weiter. Ein dreijähriger Knabe jedoch muss keine 10 Millionen Situationen sehen und analysieren, bis er merkt, was eine Katze ist. Diese Programme haben also sehr wenig oder gar keine Kompetenz. Alpha Go weiß nicht einmal, dass es Go spielt, und es will eigentlich gar nicht spielen. Es sind nur irgendwelche Algorithmen, die ablaufen.«*[207]

Wenn man also sagt, dass die Computerintelligenz die menschliche bei Weitem übertrifft, dann sind das unterschiedliche Intelligenzbegriffe. Ein Expertensystem in der Medizin speichert Millionen von Fällen und kann diese interpretieren. Insofern weiß das System mehr als der Arzt, das heißt aber nicht, dass es menschlich wird.

Die künstliche Intelligenz hat aber große Auswirkungen auf Arbeitsplätze, denn bei vielen Arbeiten geht es nur um ein bestimmtes Wissen oder eine bestimmte Fähigkeit, und da ist der Computer stärker als der Mitarbeitende.

Zwischen 2000 und 2010 gingen in den USA 5,6 Mio. Arbeitsplätze in der Industrie unwiderruflich verloren, 85% durch technologische Entwicklungen, meistens durch Roboter [siehe Grafik 21]. Die Boston Consulting Group (BCG) zeigt die Differenz an einem Beispiel: Ein Schweißer kostet USD 25/Std., ein Roboter für die äquivalente Arbeit noch USD 8. Dabei ist dieser Roboter in fünf Jahren amortisiert. Mit mehr und mehr künstlicher Intelligenz wird die Differenz noch größer.[208]

Wir haben in der Schweiz diese Großindustrien nicht,[209] und unsere Dienstleistungsfirmen sowie die pharmazeutische Industrie können sich die Arbeitsplätze noch leisten. Die pharmazeutische Industrie hat allerdings in den letzten 20 Jahren die Entwick-

Grafik 21: Fertigung in den USA – Basis: 1980 = 100

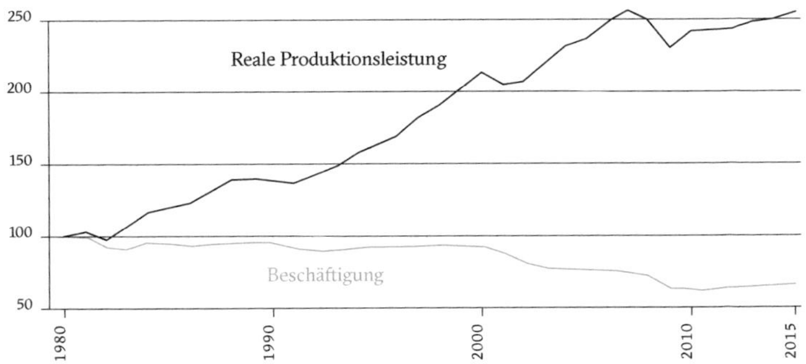

lungszeiten von neuen Medikamenten von 15 auf 4 Jahre gesenkt, dies dank vieler neuer, intelligenter Technologien.

Wenn in den USA 5,6 Mio. Industriearbeitsplätze abgebaut wurden, dann war das eine erste Welle mit relativ »dummen« Robotern. Künstliche Intelligenz wird die nächsten Wellen noch höher schlagen lassen. Die Roboter werden feinmotorisch immer besser und brauchen weniger Anleitung. Sie lernen durch Erfahrung und durch die Erfahrung aller mit ihnen vernetzten Roboter, das heißt, sie können immer differenziertere Arbeiten übernehmen und werden selbständiger. Die beruhigende Anmerkung, dass die künstliche Intelligenz schon lange erfunden, aber nicht wirksam geworden sei, ist dumm. Schon die Römer konnten die Dampfkraft nutzen, und schon vor 30 Jahren sprach man von personalisierter Medizin. Die Frage ist, wann die Entwicklung und Einführung einer neuen Technologie einen kompetitiven Vorteil ergibt. Warum wurde die Textilmaschine in England und nicht in Indien, dem damaligen Weltmarktführer, eingeführt? Die Arbeitskräfte in England waren so teuer, dass sich die Einführung von Maschinen lohnte; und England überrollte in kurzer Zeit den Textil-Weltmarkt.[210]

Die Entwicklung von künstlicher Intelligenz schreitet schnell voran. Waren vor ein paar Jahren Roboter, die Fußball spielen können, noch sehr eingeschränkt, spielen sie heute auf die Art des Barcelona-Teams, nämlich mit schnellen Pässen hin und her. Sie sehen einander, erkennen die Teammitglieder und erkennen Torchancen. Mimikry-Roboter bewegen sich wie Schmetterlinge in der Luft. Auch sie sehen einander und stimmen ihre Flugbahnen automatisch ab.

Es entsteht eine Intelligenz, die in ihrer Art unsere menschliche bei Weitem übersteigt. Ein gutes Beispiel für lernende Systeme sind die Autos von Tesla. Alle Teslas dieser Welt speichern ihre Erfahrung in der Cloud des Herstellers, und jeder einzelne Wagen kann diese Information situationsspezifisch abrufen. Daraus entsteht ein handlungsleitendes Wissen. So funktionieren auch humanoide Roboter und Expertensysteme. Sie speichern zentral alle Erfahrungen respektive Ereignisse und können diese situationsspezifisch abrufen. Darum lächelt ein humanoider Roboter am richtigen Ort, stellt Fragen und gibt Antworten auf beliebige Fragen.

Darum werden Callcenters überflüssig, die Sprachsysteme wissen dank den gespeicherten Informationen auf alle Fragen zu antworten. Sie können auch nachfragen und das Problem lokalisieren, eventuell auch per Fernzugriff lösen. Sie sprechen mit menschlichen Stimmen, sind freundlich und lassen sich nicht aus der Ruhe bringen. Sie sind auch nie müde und genervt – sind in kurzer Zeit amortisiert und wollen keine Rente!

In den letzten zwei Jahren hat sich auch die Blockchain-Technologie weiterentwickelt. Sie wird zum Trägersystem des Internet of Things (Internet der Dinge). Was mit der Blockchain auf uns zukommt, wurde an einer Veranstaltung des Gottlieb Duttweiler Instituts (GDI) zur Blockchain-Technologie diskutiert.[211] Die Experten waren sich mit Guido Fürer, Group Chief Investment Officer und Mitglied der Geschäftsleitung der Swiss Re, einig, dass die Blockchain »noch keine Revolution, aber eine revolutionäre Technologie« ist. Er zeigte auf, dass die Versicherungsindustrie sehr ineffizient arbeitet. Sie benötige heute noch viel zu viele Schritte von einem Unfall über Policen, andere Versicherungen, Banken und Broker bis hin zur Rückversicherung. Für Branchen, die nicht effizient arbeiten, böte Blockchain ein enormes Potenzial.

Konkret heißt das, im Potenzial braucht es alle Intermediäre nicht mehr. Fürer machte dazu keine quantitative Aussage, aber die Auswirkungen werden riesig sein. Viele meinen, Blockchain sei Bitcoin. Das ist aber nur eine spezielle Anwendung. Die Blockchain ermöglicht Verträge direkt zwischen Partnern, ohne jede Mittlerinstanz wie Bank, Treuhänder oder Versicherung. Die Ausgestaltung solcher Verträge kann unterschiedlich sein. Der Versicherer AXA zum Beispiel entwickelt das Car-Dossier: Alle relevanten Informationen über den Lebenszyklus eines Fahrzeugs werden in der »Chain« abgelegt und können von verschiedenen Stakeholdern eingespeist und genutzt werden, also etwa von Fahrzeugherstellern, Teilelieferanten, Versicherungen, Importeuren, Garagen, Occasionshändlern und -portalen, Fahrzeugbewertern, Straßenverkehrsämtern, Flottenmanagern, privaten Käufern, Verkäufern und Mietern, Vermietern und Verwertern. Das ist im Prinzip ein Vertrag mit einem Auto – und nicht mehr mit einem Kunden. Auch Leasingverträge können mit dem Auto abgeschlossen werden. Dabei können diese Netze ereignisbasiert programmiert werden, also bei einem Ereignis A reagiert das Auto gemäß Programm. Wenn nun jemand die Leasingrate nicht bezahlt, kann das Auto nicht mehr gestartet werden.

Die Blockchain-Technologie wird ebenfalls die Warenlogistik umgestalten. Das System kann bei einer Amazon-Auslieferung automatisch von einem Konto abbuchen, wenn ein bestimmter Status erreicht ist. Es braucht keinen Click mehr vom Kunden.

Die Uber-Plattform braucht es dann auch nicht mehr. In der Blockchain sind Autos, Kunden und Fahrer erfasst, und das System weiß bei jedem Ereignis, was zu tun ist: Einen Fahrer – später ein Auto – an einen bestimmten Ort zu schicken, Geld zu transferieren usw. Es braucht keine Zentrale mehr.

Diese Technologie bietet ganz neue Möglichkeiten der Demokratisierung. Nehmen wir an, eine Community von fünfzig Leuten produziert und verkauft mit einer Parallelwährung landwirtschaftliche Produkte und Alltagsgegenstände mit 3D-Druckern. Dann können alle Parameter im Voraus definiert werden: Wer was bei welcher Leistung verdient, wie die Produktionskosten verteilt werden, wie der Verkauf abgewickelt wird usw. All diese Bedingungen kann man im Voraus gemeinsam entwickeln.

Wie oben gezeigt, kann man sich darüber streiten, wo wir genau auf der exponentiellen Kurve dieser Entwicklungen stehen, aber irgendwo im Knie der Kurve befinden wir uns sicher. Darum sind die Beruhigungsversuche gesellschaftspolitisch fahrlässig.

Produktivität

Produktivität ist volkswirtschaftlich definiert durch Inputfaktoren (Kapital, Arbeit) und Output (Produkte, Dienstleistungen), die zum Bruttosozialprodukt (BSP) beitragen. Die traditionelle Hypothese ist, dass wenn Roboter und digitale Techniken eingesetzt werden, die Produktivität massiv steigen müsste. Im Prinzip ist diese Diskussion obsolet und wird nur von konservativen, rechtspolitischen Ökonomen gepflegt. Wie im »Manifest« ausgeführt, ist das BSP zum einen kein Indikator für das Wohlergehen einer Gesellschaft und zum anderen sind die Annahmen betreffend Produktivitätssteigerung überholt. Es werden sehr viele Leistungen erbracht, die das Wohlergehen und die Arbeitsqualität steigern, aber nichts zum BSP beitragen. Man denke nur an Kunst oder familiäre Kindererziehung. Andererseits tragen Armutsfaktoren wie

Miete und Krankenkassenprämien zum BSP bei, senken aber das Wohlbefinden.

Das BSP taugt nicht als Messgröße für qualitative Veränderungen. Welche Produktivität hat die Google-Suchmaschine? Was ist das Wissen der Tesla-Fahrzeuge wert? Was ist mit dem Expertensystem, das immer mehr zum Partner der Ärzte wird? Der Wagen fährt sicherer, und die Diagnose wird besser, aber der Arzt behandelt nicht unbedingt mehr Patienten, und die Produktionseffizienz beim Tesla-Bau häng nicht davon ab. Der Beitrag zum Bruttosozialprodukt steigt nicht. Was ist die Produktivität von Open-Source-Programmen, die wir gratis nutzen können? Welche Produktivität haben Bankprodukte oder all die Information-&-Communication-Technology (ICT)-Leute, die es ermöglichen, dass Bankprodukte generiert und gehandelt werden können? Diese Gewinne sind nicht mit der Fertigstellung einer Pizza vergleichbar.

In den letzten Jahrzehnten hat man die Governance in Unternehmen erhöht, das heißt, es sind mehr Juristen und Controller am Werk, aber damit kommt kein einziges Produkt mehr aus der Fabrik, im Gegenteil. Wir haben Qualitätssysteme eingeführt, die Heerscharen von Qualitätsfachleuten geschaffen haben. Der administrative Aufwand ist enorm gestiegen, die Produktivität entsprechend gesunken.

Wo haben wir die Vergleichsbasis zur Messung der Zunahme an Produktivität? Wenn ein VW in fünf statt 40 Tagen hergestellt wird, dann ist die Messung klar. Aber womit vergleichen wir ein Smartphone, mit dem Wandtelefon? Womit vergleichen wir Apps?

Zu bedenken ist auch die Entwicklung von Sharing-Netzwerken, die keinen Beitrag mehr zum BSP liefern, aber ein qualitativ besseres Leben ermöglichen. Produktivität spielt da keine Rolle. Die Art der Messung der Produktivität ist überholt.

Es stimmt allerdings, dass vieles erst als Potenzial vorhanden ist und es dauern wird, bis die neuen Technologien flächendeckend genutzt werden. Der Prozess ist aber angestoßen und wird immer mehr Fahrt aufnehmen. Wir können das heute schon beobachten, wenn ein paar Systemingenieure Sprachsysteme entwickeln, die die Tausenden von Callcenter-MitarbeiterInnen in Asien überflüssig machen, oder einige IT-Entwickler helfen, selbst fahrende Loks zu entwickeln, Fahrpläne zu generieren, das gesamte Bahnnetz zu steuern und damit Lokführer überflüssig zu machen.

Gruppierungen wie die Avenir Suisse sind proaktive Maschinenstürmer. Sie versuchen ein Wirtschaftssystem zu erhalten, das sich bereits überlebt hat. Darin sind sie mit den Gewerkschaften vergleichbar und finden in ihnen auch gute politische Partner. Die Abwehrargumentationen verhindern ein antizipatives Denken, das helfen würde, eine Infrastruktur für die Zukunft zu entwickeln.

Es kann auch sein, dass solche Gruppierungen ein verlängerter Arm der Monopolfirmen sind (Novartis, Nestlé, Migros, AXA, VW, Siemens …), die diese Entwicklungen aktiv verlangsamen wollen, damit sie mehr Zeit zur Umstellung haben und die Profitsituation verlängern können. Dabei muss man sich vergegenwärtigen, dass in Deutschland 1% der Firmen 65% des BSP produzieren.[212] Da besteht kein freier Wettbewerb mehr, von Konkurrenz kann man nicht mehr sprechen. Diese Firmen haben ihre Ressourcen mittelfristig verplant, sie sind nicht flexibel, Neues schnell aufzunehmen.

Die neuen Möglichkeiten werden realisiert werden. Die Frage ist, wie wir ethisch damit umgehen. Wie stellen wir uns das Menschsein in den nächsten Generationen vor? Was soll das für eine Welt sein, wenn humanoide Roboter mehr Mensch sein werden, Menschen viele technische Produkte implantiert bekommen – es wird mal keine Pillen mehr geben –, und wir gentechnisch die Menschen gestalten können? Was heißt dann »Existenzsicherung«?

In meinem Buch mögen einige Statistiken überholt oder obsolet sein, die Botschaft und die Anregung zur Diskussion bleiben.

ANHANG

ANMERKUNGEN

1 1% der deutschen Firmen produzieren 65% des gesamten Umsatzes.

2 Opportunistische Absprachen mit anderen Parteien.

3 Siehe Stichwort »Brasilianisierung«, in: Wikipedia. https://de.wikipedia.org/wiki/Brasilianisierung. Brasilianisierung des Westens ist eine Kurzformel des Soziologen Ulrich Beck aus dem Jahr 1999 für den möglichen sozialen Wandel des Westens zu einer Gesellschaft, wie sie in Brasilien bestand und besteht. Ulrich Beck: Schöne neue Arbeitswelt – Vision: Weltbürgergesellschaft. Frankfurt am Main 1999.

4 Karl Marx: Zur Kritik der politischen Ökonomie, 1859, Vorwort.

5 Ferdinand Seibt: Utopien im Mittelalter, in: Historische Zeitschrift 208. Oldenburg 1969, S. 555–594.

6 Hans Hergot: Von der newen Wandlung eynes Christlichen Lebens. Anonym veröffentlicht 1527. Hans Hergot wurde 1527 in Leipzig hingerichtet.

7 Helmuth Plessner: Abwandlungen des Ideologiegedankens (1931), in: Helmuth Plessner: Gesammelte Schriften in 10 Bänden, Band X, hrsg. von Günther Dux, Odo Marquard und Elisabeth Ströker. Frankfurt am Main 1980–1985.

8 Die folgenden Annahmen über die Entwicklung der Gesellschaftsformen als Differenzierung von Systemen habe ich von Niklas Luhmann übernommen und für meinen Gedankengang angepasst.

9 Ernst von Weizsäcker: Offene Systeme I. Beiträge zur Zeitstruktur von Entropie. Information und Evolution. Stuttgart 1974.

10 Niklas Luhmann: Gesellschaftsstruktur und Semantik. Frankfurt am Main 1980.

11 [*Siehe Fußnote 10*]

12 Ulrike Herrmann zeigt sehr schön die Treiber und die unterschiedlichen Rahmenbedingungen dieser Entwicklungen. In: Ulrike Herrman: Der Sieg des Kapitalismus,

Wie der Reichtum in die Welt kam. Frankfurt am Main 2013.

13 Fritjof Capra: Wendezeit, Bausteine für ein neues Weltbild. Bern, München, Wien 1982.

14 Siehe: www.salecina.ch/salecina/haus-geschichte/geschichte-geschichten.

15 Herbert Marcuse: One-Dimensional Man. Studies in the Ideology of Advanced Industrial Society. Boston 1964.

16 Schön und anregend zu lesen in den Schwester-Fidelma-Romanen von Peter Tremayne (Pseudonym des englischen Historikers Peter Berresford Ellis). Die Kriminalromane handeln von den Erlebnissen der irischen Nonne und Anwältin Fidelma, die im 7. Jahrhundert lebt.

17 Günter Grass stellt in seinem Vorwort zu »Wallenstein« von Alfred Döblin dar, dass schon der 30-jährige Krieg nur wegen Geld und Macht geführt wurde – die Bevölkerung in Europa wurde im Krieg um 90% reduziert. in: Alfred Döblin: Jubiläumsausgabe. Mit einem Vorwort von Günter Grass. 7 Bände. Olten 1978.

18 François Genoud: Presse- und Fremdenkonklusum, In: Historisches Lexikon der Schweiz. www.hls-dhs-dss.ch/textes/d/D17228.php.

19 W. I. Lenin: Werke. Die drohende Katastrophe und wie man sie bekämpfen soll. Band 25, Berlin 1974 (Erstpublikation 1917), S. 370. Der ganze Text kann gelesen werden unter: www.marxists.org/deutsch/archiv/lenin/1917/09/katastrophe.html.

20 Die Ausführungen sind hier nur rudimentär möglich. Es empfiehlt sich, etwa die Geschichte der Mont Pèlerin Society, der von Friedrich von Hayek 1947 gegründete Zusammenschluss von Akademikern, Geschäftsleuten und Journalisten, zu lesen oder die kurze Übersicht von Bernhard Walpen: Von Igeln und Hasen oder: Ein Blick auf den Neoliberalismus. UTOPIE kreativ, Heft 121/122 (November/Dezember 2000), S. 1066–1079. www.rosalux.de/

fileadmin/rls_uploads/pdfs/walpen121122.pdf.

21 Ebd. Berhard Walpen stellt in dem Text die verschiedenen Etappen und Richtungen des Liberalismus bis zum Neoliberalismus mit vielen Literaturhinweisen sehr übersichtlich dar.

22 1% der deutschen Firmen generiert 65% des BSP.

23 Zitiert nach: F. A. Mignet: Histoire de la Révolution française, depuis 1789 jusqu'en 1814, Première Partie. Troisième et seule édition. Continuée jusqu'à la seconde rentrée du Roi, Aug. Wahlen et Compe. Imp.-Lib. Brüssel 1824, S. 252.

24 MPIfG Discussion Paper 09/7 (Max Planck Institut).

25 Anmerkung des Autors: Mit Einschränkungen in der EU. Es ist die Frage, ob die EU-Entscheidungen wirklich politisch legitimiert sind.

26 Henry Goecke und Michael Hüther: So unterschiedlich wachsen Europas Regionen. In: IW-Kurbericht, 28.07.2016. Institut der Deutschen Wirtschaft. www.iwkoeln.de/studien/iw-kurzberichte/beitrag/regionale-konvergenz-in-europa-so-unterschiedlich-wachsen-europas-regionen-294805.html.

27 Bonnie Erbe: Alan Greenspan Speaks On The Financial Crisis. In: CBS News Online, 24.10.2008. www.cbsnews.com/news/alan-greenspan-speaks-on-the-financial-crisis. Alan Greenspan, von 1987 bis 2006 Vorsitzender der US Notenbank, war ein Guru in allen Finanz- und Marktfragen.

28 Schweizerische Bundesverfassung Art. 41.

29 Transatlantic Trade and Investment Partnership, TTIP.

30 Alan Greenspan: Testimony before the House of Representatives Committee on Oversight and Government Reform, 23.10.2008.

31 Martin Wolf: The Shifts and the Shocks. What we've learned – and have still to learn – from the financial crisis, London 2014.

32 Von 1996–2000 war Gret Haller im Auftrag der OSZE als

Ombudsfrau für Menschenrechte des Staates Bosnien und Herzegowina tätig.

33 Gret Haller: Die Grenzen der Solidarität. Europa und die USA im Umgang mit Staat, Nation und Religion. Berlin 2002, S. 173.

34 Es würde hier zu weit führen, die unterschiedlichen Ausprägungen des Kapitalismus in China und den USA darzustellen.

35 Stephen Kienzler: Overthrow: America's Century of Regime Change from Hawaii to Iraq. Times Books 2003.

36 So hatte man die »Opportunität«, nach dem Kosovokrieg 1999 eine große militärische Basis im Kosovo einzurichten (die größte außerhalb USA seit dem Vietnamkrieg).

37 Eine interessante Laufbahn mit Studium in der Schweiz (Neuenburg), http://de.wikipedia.org/wiki/Mohammad_Mossadegh.

38 Interessante geheime Protokolle von damals: Central Intelligence Agency (CIA): Overthrow of Premier Mossadeq of Iran, November 1952–August 1953, I. Preliminary steps. https://archive.org/details/CIA-Mossadeq-Iran-1953.

39 Der Spiegel berichtete am 22.1.1979: »*Zeugenaussagen von Betroffenen belegen die Vergewaltigung von Kindern in Gegenwart der Eltern, das Grillen von Opfern auf elektrisch erhitzten eisernen Bettgestellen, Einläufe von kochendem Wasser in den Anus, Ausreißen sämtlicher Finger- und Zehennägel sowie der Zähne.*«

40 Der Spiegel 50/1973. Siehe auch zum Thema: Hans-Werner Bartsch, Martha Buschmann, Gerhard Stuby und Erich Wulff (Hg.): Chile – Ein Schwarzbuch. Köln 1974, S. 101. www.blest.eu/biblio/pahl/schwarzbuch.

41 Margaret Thatcher Foundation: Archive. 1982 Feb 17 We. Archive (Hayek MSS). Conservatism: MT letter to Hayek (thougts on Chilean example). www.margaretthatcher.org/document/117179.

42 Margaret Thatcher: 1950 General Election pamphlet. General Election, 1950. Dartford Constituency. Vote Right To Keep What's Left! On Thursday February 23rd Vote Conservative For Margaret Roberts [Roberts ist Thatchers Geburtsname, Anm. des Autors]. 3.2.1950. www.margaretthatcher.org/document/100859.

43 Naomi Klein: The Shock Doctrine: The Rise of Disaster Capitalism, Penguin Books 2007, S. 55.

44 Joseph E. Stiglitz: Fair Trade For All. How Trade Can Promote Development. Oxford 2005.

45 [*Siehe Fußnote 44*] S. 17.

46 Etwa in Mika Hoffmann: Star-Ökonom Paul Krugman: »Der Euro ist wohl nicht zu retten«. In: Focus, 6.2.2015. www.focus.de/finanzen/boerse/nobelpreistraeger-krugman-ueber_id_4455876.html.

47 Percy Barnevik, gem. Zitat aus dem Tages-Anzeiger vom 15.1.2001.

48 [*Siehe Fußnote 43*].

49 Friedrich Schiller: Demetrius Fragment. 1805. Fürst Sapieha: *»Die Mehrheit? Was ist die Mehrheit? Mehrheit ist der Unsinn, / Verstand ist stets bei wen'gen nur gewesen.«*

50 Val Shawcross: Rail privatisation has failed on every count – but there is an alternative. In: NewStatesman, 5.11.2013. www.newstatesman.com/politics/2013/11/rail-privatisation-has-failed-every-count-there-alternative.

51 Troika wird die Kooperation von Europäischer Zentralbank, Internationalem Währungsfonds und Europäischer Kommission genannt.

52 Stichwort »OTE«. In: Wikipedia. https://de.wikipedia.org/wiki/OTE.

53 Reuters/AFP/dma: Griechen wollen ihre Gaskonzerne verkaufen. In: Die Welt, 7.8.2012. www.welt.de/wirtschaft/article108501377/Griechen-wollen-ihre-Gaskonzerne-verkaufen.html.

54 Katja Rietzler: Europas Investitionskrise. In: Böckler impuls 9/2014, Hans Böckler Stiftung, 21.5.2014. www.boeckler.de/impuls_2014_09_1.pdf.

55 Vgl. Hans Baumann: Staatliche Nettoinvestitionen sinken seit Jahren. Es braucht eine Trendumkehr. In: Denknetz. Jahrbuch 2016, S. 185–189. www.denknetz.ch/wp-content/uploads/2017/07/denknetz_jb16_baumann_nettoinvestitionen.pdf.

56 Katja Rietzler: Öffentliche Einnahmen des Landes Rheinland-Pfalz. Entwicklung, Struktur und Optionen für eine Aufkommenserhöhung. Institut für Makroökonomie und Konjunkturforschung, Policy Brief, August 2013. www.boeckler.de/pdf/p_imk_pb_3_2013.pdf.

57 Johannes Wartenweiler, Helen Brügger, Heinz Roland: Das Steursenkungsrennen. In: Die Wochenzeitung (WOZ), Nr. 37/2006, 14.9.2006. www.woz.ch/-976. [*Siehe auch Fußnote 55*] S. 187.

58 ver.di: Investitionen benötigt! https://wipo.verdi.

59 [*Siehe Fußnote 56*]

60 [*Siehe Fußnote 57*]

61 Gilles Duranton and Matthew A. Turner: The Fundamental Law of Road Congestion: Evidence from US Cities. In: American Economic Review, V. 101, No. 6, October 2011, S. 2616–52.

62 Frédéric Vester: Unsere Welt – ein vernetztes System. München 1999.

63 Die Befürworter sprechen natürlich von der Entlastung des Netzes – was man gemäß Experten auch anders hätte erreichen können.

64 Thomas Bublitz (Hauptgeschäftsführer Bundesverband Deutscher Privatkliniken e.V.): Forum Versorgung der Techniker Krankenkasse am 21.5.2014. Erwartungen privater Krankenhausträger. https://de.slideshare.net/TK_Presse/20140521-forum-versorgungvortragbublitz.

65 Philipp Widmer, Polynomics: www.polynomics.ch/dokumente/Polynomics_Spitalregulierung_Schlussbericht.pdf.

66 vgl. auch Kommission der EU 2001c:5, Kommission der EU 2000a:42.

67 Kommission der europäischen Gemeinschaften: Grünbuch zu Dienstleistungen

von allgemeinem Interesse. KOM (2003) 270 endgültig. Brüssel 21.5.2003. https://assets05.nrwspd.net/docs/doc_2384_2003821115758.pdf.

68 World Trade Organization: WTO work is »back on track«, says Azevêdo, 27.11.2014. www.wto.org/english/news_e/news14_e/gc_rpt_27nov14_e.htm.

69 Joseph E. Stiglitz: Fair Trade for All. How Trade Can Promote Development. Oxford 2005.

70 [*Siehe Fußnote 69*] S. 23.

71 [*Siehe Fußnote 69*] S. 195.

72 Siehe Ausführungen zum Gesundheitswesen, S. 151ff.

73 Peter Erdmeier: Die Privatisierung von Unternehmensbeteiligungen des Landes Berlin seit der Wiedervereinigung. Ausdruck wirtschaftspolitischer Neubesinnung oder finanzpolitischen Zwangs? In: FU Berlin. Digitale Dissertation, 18.9.2000, S. 111. http://webdoc.sub.gwdg.de/ebook/diss/2003/fu-berlin/2000/104/Kap3_Privatisierung_in_Deutschland.pdf.

74 Fritz Knauss: Privatisierung in der Bundesrepublik Deutschland 1983–1990, Köln 1990, zitiert nach Peter Erdmeier: Die Privatisierung von Unternehmensbeteiligungen des Landes Berlin seit der Wiedervereinigung. Ausdruck wirtschaftspolitischer Neubesinnung oder finanzpolitischen Zwangs? 2002. http://webdoc.sub.gwdg.de/ebook/diss/2003/fu-berlin/2000/104/index.html.

75 Marco Marcacci: Alfred Escher – Bundesbaron und Eisenbahnkönig. In: SWI swissinfo.ch. 27.5.2006. www.swissinfo.ch/ger/alfred-escher---bundesbaron-und-eisenbahnkoenig/5205196.

76 Eidgenössisches Finanzdepartement: Bund erhält 63,67 Millionen Franken für seinen früheren Anteil an der Swiss. Medienmitteilung. Bern 21.3.2008. www.admin.ch/gov/de/start/dokumentation/medienmitteilungen.msg-id-17916.html.

77 Würde man beispielsweise die Banken wieder auf ihre

ursprüngliche Funktion trimmen – die Funktion von Geschäftsbanken, ohne das risikoreiche Investment Banking –, dann wäre die Gefahr für die Zukunft geringer. Darüber hinaus: Mit dem Sicherungsmechanismus »Vollgeld« könnte man künftige Blasen gänzlich vermeiden. Darum wird dies von namhaften Geldtheoretikern wie Hans Christoph Binswanger seit über dreißig Jahren gefordert.

78 Lothar Ungerer: Konvergenz 2012.

79 Urs Meister: Die europäische Krise beschleunigt die Privatisierung in der Energiewirtschaft. In: Avenir Suisse. 20.12.2012. www.avenir-suisse.ch/die-europaische-krise-beschleunigt-die-privatisierung-in-der-schweizer-energiewirtschaft.

80 Achim Truger: Privatisierung und öffentliche Finanzen. In: WSI Mitteilungen 10/2008.

81 Privatisierung, Regulierung und ihre Folgen verdeutlicht am Beispiel der Deutschen Post AG, ausgearbeitet von Adrian Klein, Referent, DPVKOM Kommunikationsgewerkschaft DPV. www.dpvkom.de/fileadmin/user_upload/www_dpvkom_de/pdf/2015/150129_privatisierung_regulierung.pdf.

82 Jochen Monstadt, Ulrike v. Schlippenbach: Privatisierung und Kommerzialisierung als Herausforderung regionaler Infrastruktur. Eine Untersuchung der Berliner Strom-, Gas- und Wasserversorgung sowie Abwasserentsorgung. In: netWORKS-Papers. Heft 20. Hrsg. Von Forschungsverbund netWORKS Paper. Berlin 2005. https://books.google.ch/books?id=BL-HgRzaeicC&printsec=frontcover&hl=de&source=gbs_ge_summary_r&cad=0#v=onepage&q&f=false.

83 Jens Berger: 15% Rendite auf Kosten der Patienten – ein Irrweg der Privatisierung. In: NachDenkSeiten. Die kritische Webseite. 24.3.2011. www.nachdenkseiten.de/?p=8797.

84 Michael Rasch: Währungs-Privatisierungen gegen

Notenbank-Exzesse. In: Neue Zürcher Zeitung, 1.3.2013. www.nzz.ch/finanzen/uebersicht/boersen_und_maerkte/waehrungs-privatisierungen-gegen-notenbank-exzesse-1.18031249.

85 sda: Kommission stellt Auslandengagement der Swisscom in Frage. 11.1.2012. www.aargauerzeitung.ch/wirtschaft/kommission-stellt-auslandengagement-der-swisscom-in-frage-118807147; mrs/sda: Verlustreiche Auslandabenteuer der Swisscom. 14.12.2011. www.bernerzeitung.ch/wirtschaft/unternehmen-und-konjunktur/Verlustreiche-Auslandabenteuer-der-Swisscom/story/23303525.

86 Georg Feigl, Michael Heiling: Was kosten Privatisierungen? Eine Analyse der Auswirkungen erfolgter und allfälliger zukünftiger Privatisierungsschritte auf öffentliche Haushalte. Hrsg. von Abteilung Wirtschaftswissenschaft und Statistik der Kammer für Arbeiter und Angestellte für Wien. In: Materialien zu Wirtschaft und Gesellschaft Nr. 114, März 2012, S. 33. http://docplayer.org/13288207-Was-kosten-privatisierungen.html.

87 Holger Mühlenkamp: Zur relativen (In-)Effizienz öffentlicher (und privater) Unternehmen – Unternehmensziele, Effizienzmaßstäbe und empirische Befunde, In: Schaefer, C./Theuvsen, L. (Hrsg.): Renaissance öffentlichen Wirtschaftens, Baden-Baden 2012, S. 21–47.

88 Achim Truger: Privatisierung und öffentliche Finanzen. In: WSI Mitteilungen 10/2008, S. 555. www.boeckler.de/wsimit_2008_10_truger.pdf; Achim Truger ist Wissenschaftler im Institut für Makroökonomie und Konjunkturpolitik (IMK) in der Hans-Böckler-Stiftung.

89 John Maynard Keynes: Essays in Persuasion, New York 1963, S. 358–373.

90 Siehe: http://technik.geschichte-schweiz.ch/industrialisierung-schweiz.html.

91 Historisches Lexikon der Schweiz, Pauperismus.

www.hls-dhs-dss.ch/textes/d/D16091.php.

92 www.film-schlumpf.ch/index.html.

93 John Maynard Keynes: Essays in Persuasion, New York 1963, S. 358–373. Keynes mochte Karl Marx nicht, beiden war aber die Skepsis gegenüber Parteien gemeinsam. Marx soll mal gesagt haben, er sei kein Marxist.

94 Karl Marx, Friedrich Engels: Die deutsche Ideologie.

95 Frei erzählt nach: Erik Brynjolfsson, Andrew McAfee: Will Humans Go the Way of Horses? Labor in the Second Machine Age. In: Foreign Affairs. July/August 2015 Issue. www.foreignaffairs.com/articles/2015-06-16/will-humans-go-way-horses.

96 Sebastian Leber: Das Internet ist so gut wie erledigt. In: Der Tagesspiegel, 30.03.2015. www.tagesspiegel.de/weltspiegel/sonntag/kolumnen/kolumne-leber/spass-mit-trendforschern-das-internet-ist-so-gut-wie-erledigt/11535108.html.

97 Die letzten drei Zitate nach: www.janko.at/Zitate/Themen/Irrtuemer.htm.

98 John Psarouthakis: The Technological Revolution and Labour' Share. In: The Business Thinker, 27.11.2015. http://businessthinker.com/tag/out-of-work.

99 Erik Brynjolfsson and Andrew McAfee: The Second Machine Age. Work, Progress, and Prosperity in a Time of Brilliant Technologies. New York 2014.

100 Entwickler von integrierten Schaltkreisen und Mitbegründer der Firma Intel.

101 IBM: www.ibm.com/smarterplanet/us/en/smarter_computing/article/atomic_scale_memory.html.

102 u.a. it-production.com 2006; vgl. div. Art. zu ILIPT (Intelligent Logistics for Innovative Production Technologies), BTO (Build to Order) oder Industrie 4.0.

103 www.mckinsey.com/business-functions/digital-mckinsey/our-in...s/the-internet-of-things-the-value-of-digitizing-the-physical-world.

104 Katie Allen: Global Unemployment to rise to 212 million, says ILO. In: The Guardian, 19.01.2015. www.theguardian.com/business/2015/jan/19/global-unemployment-rising-ilo-social-unrest.

105 Rolf Pfeifer: Living with Robots – The Next Generation of Intelligent Machines. 2014. www.futuristgerd.com/wp-content/uploads/2014/12/RolfPfeiferFinalSlides0812 2014-web.pdf.

106 Nadine Oberhuber: Arbeitsmarkt ohne Arbeitslose. In: Die Zeit, 11.3.15. www.zeit.de/wirtschaft/unternehmen/2015-03/vollbeschaeftigung-arbeitslosenquote-arbeitsmarkt.

107 Lukas Eckert, Conny Wunsch: Der Schweizer Arbeitsmarkt hat in der Krise große Widerstandskraft gezeigt. In: Die Volkswirtschaft, 1.4.2014. https://dievolkswirtschaft.ch/de/2014/04/wunsch.

108 Nicole Rütti: Der Arbeitsmarkt kämpft gegen die Frankenstärke. In: NZZ, 10.11.15. www.nzz.ch/wirtschaft/deutlich-mehr-arbeitslose-in-der-schweiz-1.18644074.

109 Ignoranz war der Grund. Man fühlte sich sicher, denn die Schweizer Uhrenindustrie war die größte und beste, und man war überzeugt, dass die »Quarzuhr« keine Zukunft haben werde.

110 Etwa in: Gérard Valenduc and Patricia Vendramin (Fondation Travail-Université (FTU)): Work in the digital economy. Sorting the old from the new. Working Paper 2016.03, European Trade Union Institute. www.etui.org/content/download/23260/193793/file/16+WP+2016+03+Digital+economy+EN+Web+version.pdf.

111 Hier: BSP respektive BIP/Arbeitsstunden.

112 www.novartis.com/our-company/corporate-responsibility/cr-performance-report.

113 Bundesverfassung der Schweizerischen Eidgenossenschaft, Art.41.4.

114 Hans Ulrich Walder-Richli, Béatrice Grob Andermacher: Schweizerische Bundesverfassung 1874/1999 – ein Vergleich, mit Nachführungen. Verlag Bewegung für Unabhängigkeit, Oberwil-Lieli 2010.

115 Bundesamt für Sozialversicherungen BSV: Faktenblatt, 60 Jahre AHV. 9/2008. http://docplayer.org/19092001-F-a-k-t-e-n-b-l-a-t-t-60-jahre-ahv-vorsorge-statt-fuersorge.html.

116 Jeremy Rifkin: The Zero Marginal Cost Society. The internet of things, the collaborative commons, and the eclipse of capitalism. London 2014.

117 Stichwort »Natürliches Monopol«, In: Wikipedia. https://de.wikipedia.org/wiki/Nat%C3%BCrliches_Monopol.

118 Stefania Vitali, James B. Glattfelder, and Stefano Battiston: The Network of Global Corporate Control, ETH Zurich, 19.9.2011. https://arxiv.org/pdf/1107.5728.pdf.

119 Bsp. Mila, www.mila.com.

120 www.taskrabbit.com.

121 Jeremy Rifkin: The Zero Marginal Cost Society. The internet of things, the collaborative commons, and the eclipse of capitalism. London 2014, S.11.

122 Dirk Helbing und Evangelos Pournaras: Build digital democracy, Nature Vol 527, 33–34 (2015). www.nature.com/news/society-build-digital-democracy-1.18690.

123 Dirk Helbing: Machine Intelligence: Blessing or Curse? It Depends on Us!, Vortrag Telekom, 1.3.2016.

124 Karin Krichmayr: Dirk Helbing: »Wir müssen die Demokratie digital neu erfinden«. Interview mit Dirk Helbling. In: derStandard.at, 11.6.2016. https://derstandard.at/2000038390074/Dirk-Helbing-Wir-muessen-die-Demokratie-digital-neu-erfinden.

125 Fritjof Capra: Wendezeit. Scherz Verlag, Bern/München 1983 (Original: The Turning Point. Bantam Books, 1982).

126 Hans Christoph Binswanger: Geld und Magie, Murmann Verlag 2005 (Erstveröffentlichung 1985).

127 Schweizer Eidgenossenschaft, Staatssekretariat für Bildung, Forschung und Innovation

SBFI: Bologna-Prozess. www.sbfi.admin.ch/sbfi/de/home/hs/hochschulen/bologna-prozess.html.

128 Schweizer Medieninstitut für Bildung und Kultur: Pisa. In: educa.ch. http://pisa.educa.ch/de.

129 John F. Kennedy, Public Papers of the Presidents of the United States: John F. Kennedy, 1962.

130 Ralf Dahrendorf: Die Chancen der Krise. Über die Zukunft des Liberalismus. Stuttgart 1983.

131 [*Siehe Fußnote 130*] S. 99.

132 Joseph Stiglitz: America's GDP fetishism is a rare luxury in an age of vulnerability. In: The Guardian, 13.10.2014. www.theguardian.com/business/2014/oct/13/gdp-fetishism-luxury-vulnerability-economic-measures.

133 Robert F. Kennedy Speeches. Remarks at the University of Kansas, March 18, 1968. In: John F. Kennedy Presidential Library and Museum. www.jfklibrary.org/Research/Research-Aids/Ready-Reference/RFK-Speeches/Remarks-of-Robert-F-Kennedy-at-the-University-of-Kansas-March-18-1968.aspx.

134 Joseph Stiglitz, Amartya K. Sen, Jean-Paul Fitoussi: The measurement of economic performance and social progress revisited: Reflections and Overview. 2009. https://hal-sciencespo.archives-ouvertes.fr/hal-01069384.

135 Joseph Stiglitz, Amartya K. Sen, Jean-Paul Fitoussi: The measurement of economic performance and social progress revisited: Reflections and Overview. 2009, Executive Summery 1.

136 Schweizerische Eidgenossenschaft. Bundesamt für Statistik: Subjektives Wohlbefinden und Lebensbedingungen. www.bfs.admin.ch/bfs/de/home/statistiken/wirtschaftliche-soziale-situation-bevoelkerung/soziale-situation-wohlbefinden-und-armut/subjektives-wohlbefinden-und-lebensbedingungen.html.

137 Bericht des Bundesrates: »Grundversorgung in der

Infrastruktur (Service Public)« vom 23.6.2004. www.admin.ch/opc/de/federal-gazette/2004/4569.pdf

138 Gablers Wirtschaftslexikon, Stichwort »Infrastrukturpolitik, 19.2.2018. https://wirtschaftslexikon.gabler.de/definition/infrastrukturpolitik-38692/version-262113.

139 Stephan Sigrist: Health Horizons. Guide zu den neuen Gesundheitsmärkten. GDI-Studie Nr. 20/2006. www.gdi.ch/de/Think-Tank/Studien/ProductDetail/35.

140 Bernhard Koch, CVP Regierungsrat Thurgau, in: Privatkliniken Schweiz (Hg.): Privatkliniken Schweiz 14, Bern.

141 Privatkliniken Schweiz (Hg.): Privatkliniken Schweiz 2016, Bern. www.privatehospitals.ch/fileadmin/user_upload/news/PKS_Bericht_2016_de_160330_w.pdf.

142 [*Siehe Fußnote 140*]

143 Avenir-Direktor Gerhard Schwarz in der Neuen Luzerner Zeitung, 24.2.2012.

144 Jahresberichte 2016 des Kantonsspital Winterthur und der MediClinic.

145 Weiterführende Informationen: Caroline Roth: Wieviel Gewinn muss ein Spital erzielen, Spital EBITDA Präsentation 2017.

146 Bruce Hollingsworth, Justine Hsu: The relative efficiency of public and private service delivery. World Health Report (2010), Background Paper, 39. www.who.int/healthsystems/topics/financing/healthreport/P-P_HSUN039.pdf.

147 Annika Herr: On Hospital Competition: Quality, Efficiency, and Ownership, Inaugural-Dissertation zur Erlangung des akademischen Grades eines Doktors der Wirtschafts- und Sozialwissenschaften (Dr. rer. pol.), Friedrich-Alexander-Universität Erlangen-Nürnberg, 2009.

148 Oliver Tiemann and Jonas Schreyögg: Changes in hospital efficiency after privatization. In: Health Care Management Science 15(4), February 2012. www.researchgate.net/publication/221798942_Changes_in_hospital_efficiency_after_privatization.

149 Justine Hsu: The relative efficiency of public and private service delivery. World Health Report (2010), Background Paper, 39. World Health Organization, 2010, S. 7. www.who.int/healthsystems/topics/financing/healthreport/P-P_HSUN039.pdf.

150 Eine gute Zusammenfassung zum Thema mit weiterführender Literatur: Öffentliche Dienstleistungen unter Privatisierungsdruck, Folgen von Privatisierung und Liberalisierung öffentlicher Dienstleistungen in Europa, www2.weed-online.org/uploads/EU-Studie-Privatisierung-DL-final.pdf.

151 Bei einer materiellen Privatisierung werden Aufgaben und Verantwortung auf private Unternehmen übertragen. Die öffentliche Hand verzichtet auf weitere Einflussnahme.

152 Zu verkaufen: Spital, modern und rentabel, Erfahrungen aus dem Kanton St. Gallen. Veranstaltung der Gesundheitskommission der SP Kanton Zürich, Heidi Hanselmann, Regierungspräsidentin, Kanton St. Gallen, 6.6.2015.

153 kat/sda: Jeder Dritte bezahlt zu viel Miete. In: Tages-Anzeiger, 16.2.2017. www.tagesanzeiger.ch/wirtschaft/geld/jede-dritte-person-bezahlt-zu-viel-miete-in-der-schweiz/story/17796157 oder comparis.ch: Singles geben zu viel für die Miete aus. In: comparis.ch, 16.2.2017. www.comparis.ch/comparis/press/medienmitteilungen/artikel/2017/immobilien/budget-mieter/singles-zahlen-mehr.

154 Bundesamt für Wohungswesen (BWO), Gemeinnütziges Wohnen im Fokus. Ein Vergleich zu Miete und Eigentum, 2017.

155 Andreas Dick: Masterthesis zur Erlangung des Master of Advanced Studies in Real Estate. Anlageverhalten von Schweizer Pensionskassen im Umgang mit Immobilienanlagen. Universität Zürich 2011, S. 19. www.curem.uzh.ch/static/abschlussarbeiten/2011/Dick_Andreas_MT_2011.pdf.

156 Martin Brenner: Wem gehört Zürich?, Präsidialdepartement

Stadt Zürich, 10.11.2016. www.stadt-zuerich.ch/content/prd/de/index/statistik/publikationen-angebote/publikationen/webartikel/2016-11-10_Wem-gehoert-Zurich.html.

157 Verband der gemeinnützigen Wohnbauträger. www.wbg-schweiz.ch.

158 Dieser stützt sich auf den hypothekarischen Durchschnittszinssatz der Banken und wird jeweils auf den nächsten Viertelprozentwert gerundet.

159 Z.B. Mehrgenerationenhaus Winterthur Hegi, 15–20% nach 4 Jahren.

160 Finanzdepartement des Kantons Basel-Stadt, Immobilien Basel-Stadt: Für einen nachhaltigen und erfolgreichen Wohnungsbau der Genossenschaften. Partnerschaftlicher Baurechtsvertrag Plus. Basel, 31.8.2010. www.immobilienbs.ch/media/cms_page_media/33/Baurechtsvertrag%20plus_Brosch%C3%BCre.pdf.

161 Heutige Praxis im Sozialwesen.

162 Patrik Schellenbauer (Projektleiter Avenir Suisse): Kantonales Wohngeld statt Objektförderung, in: Caritas (Hg.): Bezahlbar wohnen – drei wohnpolitische Visionen. Publikation zum Armutsforum 2014. https://issuu.com/caritaszuerich/docs/14_visionen_zur_wohnpolitik_web_pdf.

163 Andreas Valda: 1,8 Milliarden für die Verwaltung der Pensionskassen. In: Tages-Anzeiger, 29.6.2015. www.tagesanzeiger.ch/wirtschaft/standard/Die-neue-Lust-der-Pensionskassen-auf-hohe-Verwaltungskosten/story/24574759.

164 Soziokratische Modelle oder Systemisches Konsensieren u.a.m.

165 Niall Ferguson: Der Aufstieg des Geldes. Die Währung der Geschichte. Berlin 2009.

166 Vgl. den sehr empfehlenswerten Bestseller von Matthias Weik und Marc Friedrich: Der größte Raubzug der Geschichte. Warum die Fleißigen immer ärmer und die Reichen immer reicher werden. Überarbeitete und

aktualisierte Taschenbuchausgabe. Köln 2014.

167 Helmut Creutz, 2012. www.helmut-creutz.de/pdf/grafiken/a/creutz_009.pdf.

168 Anna-Lisa Schmalz, Komplementärwährungen zur Förderung der regionalen Wirtschaft in Städten und Gemeinden. Ein innovativer Ansatz für Kommunen. München 24.07.2013. http://monneta.org/wp-content/uploads/2015/04/KommunaleWaehrungen-24.07.2013.pdf.

169 Eine Einführung in die Welt lokaler Währungssysteme. Publiziert von Magnus Neubert. In: Initiative Neue Plurale Ökonomik Halle/Saale, 19. Mai 2016. https://blogs.urz.uni-halle.de/pluraleoekonomik/eine-einfuehrung-in-die-welt-lokaler-waehrungssysteme, mit weiterführender Literatur.

170 Bsp. Bristol £, https://bristolpound.org.

171 Bsp. »Chiemgauer Regiogeld«, www.chiemgauer.info oder »Regionalwährung Elbtaler der Region Dresden«: www.elbtaler.de/archiv/4155.

172 Etwa mit dem »Chiemgauer Regiogeld«. www.chiemgauer.info.

173 Bsp. Sardex: »Sardexnet Circuito di Credito Commerciale«. www.sardex.net.

174 D. Flury: Auf dem Weg zum Komplementären Währungssystem. WIR Plus Zeitschrift, 4/09, 2009, S. 12–15.

175 Bernard Lietaer: Pourquoi les monnaies complémentaires sont-elles nécessaires à la stabilité économique? La preuve scientifique. In: https://de.scribd.com/doc/284513587/Pourquoi-les-monnaies-complementaires-sont-elles-necessaires-a-la-stabilite-economique-La-preuve-scientifique.

176 Niels Boeing: An den Banken vorbei. In: Zeit Online, 11.10.2011. www.zeit.de/zeit-wissen/2011/06/Alternative-Waehrungen.

177 Anna-Lisa Schmalz: Komplementärwährungen zur Förderung der regionalen Wirtschaft in Städten und Gemeinden, 2013 oder Sardex, www.sardex.net.

178 Rutger Bregman: Utopia for Realists. How We Can Build the Ideal World, Little Brown & Co Inc 2017, p. 78.

179 www.grundeinkommen.ch.

180 Robert B. Reich ist Chancellor's Professor of Public Policy an der University of California in Berkeley und Senior Fellow am Blum Center for Developing Economies. Er war Secretary of Labor in der Administration von US-Präsident Bill Clinton.

181 Robert Reich: Why We'll Need a Universal Basic Income. 29.9.2016. http://robertreich.org/post/151111696805.

182 [*Siehe Fußnote 181*]

183 [*Siehe Fußnote 181*]

184 Jörg Krummenacher: Entfesselung der HSG. In: Neue Zürcher Zeitung, 23.2.2015. www.nzz.ch/schweiz/entfesselung-der-hsg-1.18489276.

185 Universität St. Gallen: HSG soll mehr Autonomie erhalten, Jahresmediengespräch, 12.9.2013. www.unisg.ch/de/wissen/newsroom/aktuell/rssnews/campus/2013/september/jahresmediengespraech-12september2013.

186 Ca. 8000 Studierende, CHF 208 Mio. Aufwand in 2016.

187 Diskussion im Berner Grossen Rat 2006.

188 Gesetz über die Organisation des gesammten Unterrichtswesens im Canton Zürich. Erste Abtheilung: Organisation der Volksschulen.

189 Dass die Inhalte der Ausbildung sich auch wandeln müssen, ist evident. Die Ausbildungsinstitutionen sind noch nicht auf die digitale Welt ausgerichtet. Das ist aber hier nicht Thema.

190 Christoph Titz: Bildung à la Dänemark. Lerne lieber ungewöhnlich. Spiegel Online, 9.6.2010. www.spiegel.de/unispiegel/wunderbar/bildung-a-la-daenemark-lerne-lieber-ungewoehnlich-a-698141.html.

191 René Donzé: »Es gibt genügend gute Schweizer Studierende, da sind wir nicht auf solche aus dem Ausland angewiesen«. Interview mit Sarah Springmann. In: NZZ am Sonntag, 29.7.2015. www.nzz.ch/es-gibt-genue

gend-gute-schweizer-studie rende-da-sind-wir-nicht-auf-solche-aus-dem-ausland-angewiesen-ld.1208.

192 ETH-Rektor Lino Guzzella in seiner Rede ETH-Tag 2014. Ähnlich formuliert auch im folgenden Interview: www.alumni.ethz.ch/news-und-medien/news/2015/09/eine-gute-hochschule-lehrt-nicht-primaer-wissen-son dern-denken.html.

193 Heute Pädagogische Fachhochschule.

194 A.S. Neill's Summerhill.

195 Laborschule, Versuchsschule des Landes Nordrhein-Westfahlen an der Universität Bielefeld: Pädagogische Leitlinien. www.uni-bielefeld.de/LS/laborschule_neu/dieschule_paedagogischeleit linien.html.

196 Deutschschweizer Erziehungsdirektoren-Konferenz (Hg.): Lehrplan 21. Grundlagen. Von der D-EDK-Plenarversammlung am 31.10.2014 freigegebene Vorlage. Luzern. http://edudoc.ch/record/115300?ln=de.

197 Rico Bandle: »Man glaubt, die Schule könne die Welt verändern«. Interview mit Hanspeter Amstutz. In: Die Weltwoche, 3.7.2013. www.weltwoche.ch/ausgaben/2013-27/artikel/lehrplan--man-glaubt-die-schule-koen ne-die-welt-veraendern-die-weltwoche-ausgabe-272013.html.

198 Lucien Scherrer: Die eigene Meinung der anderen. In: Die Weltwoche, Ausgabe 33/2013.

199 https://maidsafe.net.

200 Bundesministerium für Arbeit und Soziales, Abteilung Grundsatzfragen des Sozialstaats, der Arbeitswelt und der sozialen Marktwirtschaft (Hg.): Weißbuch. Arbeiten 4.0. März 2017. www.bmas.de/SharedDocs/Downloads/DE/PDF-Publikationen/a883-weissbuch.pdf?__blob=pub licationFile.

201 Hinweise in »The Sharing Cities: Activating the Urban Commons«: www.sharingcities.net, oder sharingcities: www.sharingcities.eu/sharing cities/smartcities.

202 Aktualisierte Daten auf: Schweizer Eidgenossenschaft. Bundesamt für Statistik: Arbeitslosenstatistik. www.bfs.admin.ch/bfs/de/home/statistiken/arbeit-erwerb/erhebungen/als.html.

203 [*Siehe Fußnote 202*]

204 [*Siehe Fußnote 202*]

205 Auf der Website von Mila steht: »*Was wir tun: Mila gibt seinen Friends & Profis die Möglichkeit, mit ihren Fähigkeiten auf einfache Weise Geld zu verdienen. Unternehmen gibt Mila die Möglichkeit, ihren Kundenservice zu optimieren, erstmalig aufzubauen oder bestimmte Services von der Crowd erledigen zu lassen.*« www.mila.com/about.

206 Hans Böckler Stiftung: Arm trotz Arbeit: In Deutschland hat sich Erwerbsarmut seit 2004 verdoppelt – stärkster Anstieg unter 18 EU-Ländern. Pressemitteilung. 6.7.2017. www.boeckler.de/14_109897.htm.

207 Matthias Meili: »Das ist immer noch ein Hype«. Interview mit Rolf Pfeifer. In: Tages-Anzeiger, 8.1.2018. www.tagesanzeiger.ch/wissen/technik/das-ist-immer-noch-ein-hype/story/20650392.

208 The Financial Times, 10.12.2017.

209 Total Sekundärer Wirtschaftssektor, inkl. Baugewerbe: 4956 Beschäftigte, Bundesamt für Statistik.

210 Sehr anschaulich beschrieben in: Ulrike Herrmann: Sieg des Kapitals. Wie der Reichtum in die Welt kam: Die Geschichte von Wachstum, Geld und Krisen. Frankfurt am Main 2013.

211 GDI-Blockchain Valley Conference, 13.6.2017, Gottlieb Duttweiler Institut, Rüschlikon, Schweiz.

212 Zitiert aus Ulrike Herrmann: Sieg des Kapitals. Wie der Reichtum in die Welt kam: Die Geschichte von Wachstum, Geld und Krisen. Frankfurt am Main 2013; und: Statistisches Bundesamt 2012, S. 501.

BILDNACHWEIS

Alle Grafiken wurden gezeichnet von Saskia Noll.

Illustration Umschlag, Kapitelseiten | © 123rf.com | bloomua

Grafik 1 | Quelle: IMK Report, Nr. 86, Abb. 13, Oktober 2013

Grafik 2 | Quelle: IMK 2014 | Hans-Böckler-Stiftung 2014

Grafik 3 | Quelle: Beamten-Magazin 09/2011

Grafik 4 | Quelle: BMWI, Energiedaten

Grafik 5 | Quelle: Berliner Wassertisch

Grafik 6 | Quelle: https://de.wikipedia.org/wiki/Wochenarbeitszeit#/media/File:Workweek_development_de.svg (abgerufen am 3.4.2018)

Grafik 7 | Quelle: Stverkova, Hana. (2015). The current economic situation in China and its impact on the Czech Republic. Perspectives in Science. 7. 10.1016/j.pisc.2015.11.008

Grafik 8 | Quelle: www.greentechmedia.com/articles/read/varian-looks-to-enforce-moores-law-in-solar#gs.ZLhACVc (abgerufen am 3.4.2018)

Grafik 9 | Quelle: McKinsey, Global Institute, Juni 2015

Grafik 10 | Quelle: ING DIBA

Grafik 11 | Quelle: Andrew McAfee, research.stlouisfed.org/fred2

Grafik 12 | Quelle: Federal Reserve Bank of St. Louis, Economic Research

Grafik 13 | Quelle: Verteilung des Wohlstands in der Schweiz, Bericht des Bundesrates in Erfüllung des Postulats 10.4046 von Jacqueline Fehr vom 7.12.2010

Grafik 14 | Quelle: Willi Fehlmann

Grafik 15 | Quelle: Stephan Sigrist: Health Horizons. Guide zu den neuen Gesundheitsmärkten. GDI-Studie Nr. 20/2006. www.gdi.ch/de/Think-Tank/Studien/ProductDetail/35

Grafik 16, 17 | Quelle: Zu verkaufen: Spital, modern und rentabel, Erfahrungen aus dem Kanton St. Gallen. Veranstaltung der Gesundheitskommission der SP Kanton Zürich, Heidi Hanselmann, Regierungspräsidentin, Kanton St. Gallen, 6.6.2015.

Grafik 18 | Quelle: UBS AG – Real Estate Research (2011b), S.24. Zitiert nach: Andreas Dick: Masterthesis zur Erlangung des Master of Advanced Studies in Real Estate. Anlageverhalten von Schweizer Pensionskassen im Umgang mit Immobilienanlagen. Universität Zürich 2011, S. 19. www.curem.uzh.ch/static/abschlussarbeiten/2011/Dick_Andreas_MT_2011.pdf

Grafik 19 | Quelle: Helmut Creutz

Grafik 20 | Quelle: Helmut Creutz

Grafik 21 | Quelle: Brookings, Moody's

Porträtfoto Willi Fehlmann | © Willi Fehlmann

DANK

Die Themen in diesem Buch beschäftigen mich seit Längerem, und ich habe immer wieder neue Informationen eingearbeitet. Das verlangte viel Diskussion und Geduld von Gesprächspartnerinnen und Gesprächspartnern. Das waren Gespräche bei einem Glas Wein oder beim Abendessen, und ich möchte mich bei allen bedanken für Widerpart und Bestätigung.

Zwischenzeitlich wollte ich das Vorhaben auch wieder aufgeben und den Text schubladisieren. Freundinnen und Freunde haben mir aber keine Ruhe gelassen. Sie meinten, dass nicht die speziellen Daten und Statistiken wichtig sind, sondern die grundsätzlichen Fragen zur Gestaltung unserer Gesellschaft. Hat man die Fragen und Lösungsansätze verstanden, wird man auch die neusten Ergebnisse dazu finden.

Speziell danke ich meiner Frau Gisela Audergon, die sich viele Themen immer aufs Neue anhören musste. Sie hat auch viele Teile des Textes korrigiert und mir Verbesserungsanregungen gegeben. So danke ich auch Heinz Looser und Ivo Ramer, die sich intensiv mit dem Text auseinandergesetzt und mir partnerschaftlich Ideen gegeben haben. Den letzten Anstoß zur Veröffentlichung hat Olaf Tietje gegeben. Er hat mich motiviert, Geld zu suchen und das Buch allen zugänglich zu machen. Ein ganz toller Anstoß. Viele Freundinnen und Freunde haben das Buch finanziell unterstützt. Ganz herzlichen Dank an alle.

Ich hoffe, dass dieses Buch weitere Diskussionen anregt, und freue mich darauf.

Winterthur, im Mai 2018

BIOGRAFIE

Dr. Willi Fehlmann, 1945 geboren, studierte Pädagogik, Psychologie und Germanistik. Anfang der 1970er-Jahre war er als Dozent in der Lehrerbildung tätig, danach lernte Fehlmann als Manager in der Textilindustrie die Lebenswelt von Mitarbeitenden kennen und hatte die Gewerkschaften als Verhandlungspartner vor sich. Auf diese Erfahrung folgten einige Jahre in der Beratung an einem St. Galler Institut, das eine systemische Betriebswirtschaftslehre entwickelt hatte. In der Zusammenarbeit mit Professoren und Kolleginnen und Kollegen kamen für den Autor die psychologisch-soziologischen und betriebswirtschaftlichen Systemtheorien zusammen. In den folgenden dreißig Jahren als selbständiger Berater wurde dies für ihn zu einem zentralen Anliegen: Er verdeutlichte stets, wie wichtig es ist, Menschen und Technik in den unterschiedlichen Prozessen systemisch zu erfassen und ganzheitlich weiterzuentwickeln. In den Projekten mit Kunden aus unterschiedlichen Branchen und Firmengrößen, darunter auch Non-Profit-Organisationen, entwickelte er neue Ansätze zu Selbstorganisation, Innovationsprozessen und Strategiebildung sowohl von unten wie auch von oben.